김동완의 사주명리학 강의 Vol.2
사주명리학 완전정복

원리를 알면 실전에 강하다!

김동완의 사주명리학 강의 Vol.2

# 사주명리학 완전정복

김동완
사주명리학 연구가

동학사

# 사주명리학은 자신을 알아가는 길

『사주명리학 초보탈출』에 이어 두 번째로 이 책을 출간하게 되었다. 이 책의 가장 큰 특징은 사주명리학을 통해 사람의 성격, 적성, 직업 등을 분석할 수 있게 한 점이다. 즉 음양오행, 육친, 대운을 통해서 사주 주인공의 성격과 적성 등 심리적 특성을 파악하고, 이를 토대로 직업까지 살펴볼 수 있는데, 현실적으로 타당성이 부족한 기존의 학설과 차별성을 두면서 이론적인 근거를 밝히기 위해 노력하였으며, 사주 상담 현장에서 실제적으로 활용할 수 있도록 세심하게 배려하였다. 그런 의미에서 이 책은 서양의 진로 적성 상담이론과 충분히 견줄 만한 사주명리학 진로 적성 이론서라고 부를 수 있다.

이 책은 또한 사주팔자 내의 오행 분석을 통해서 건강상태를 살펴볼 수 있다. 웰빙이 사회적인 관심의 대상인 지금, 이 책을 통해 자신의 건강을 미리 예측하고, 정기적인 건강 검진과 규칙적인 운동 등을 통해 스스로 건강을 지킬 수 있게 하였다. 더불어 육친론과 대운 분석에서도 자기 자신의 성향을 잘 판단하고, 보다 성공적인 삶을 살기 위해 자신이 해야 할 일이 무엇이며, 자신의 삶이 장차 어떻게 흘러갈 것인지를 알아볼 수 있다.

이 책을 쓰면서, 기존의 사주명리학 이론서를 고스란히 답습하는 또 한 권의 구태의연한 사주명리학 책이 되지 않기를 바라는 마음이 간절하였다. 나름대로 이 책이 사주명리학 역사에서 의미 있는 흐름이 되리란 자부심을 가지고 있다. 기존의 사주명리학 이론들을 재정립하고 새로운 방향을 제시할 수 있기를 바라며, 또 다른 책으로 찾아뵐 수 있을 때까지 독자 여러분들의 많은 격려를 부탁드린다.

이 책이 나오기까지 회장인 대덕을 믿고 따라주신 한국역학학회 임원과 회원분들, 각 대학에서 강의하시면서 대덕의 사주명리학 이론들을 세상에 알리고 있는 제자 여러분들께 진심으로 감사의 마음을 전한다. 그리고 필자와의 인연으로 기꺼이 추천의 글을 써주신 분들과 〈김동완을 사랑하는 모임〉을 만들고 이끌어주시는 〈김사모〉 회원님들 그리고 화택규 모임을 이끌어주시는 회장단 이하 회원님들께 진심어린 감사의 인사를 전한다. 특히 각 대학과 문화센터의 제자분들께서 보내주신 격려가 큰 힘이 되었음을 밝혀둔다. 오랜 세월 사주명리학에 빠져 있는 대덕을 안타까운 시선으로 지켜봐주신 부모 형제와 가족들에게는 진심으로 미안한 마음뿐이다. 이 세상에 태어나 인연의 끈으로 만난 많은 분들과, 마지막으로 이 책의 출간을 위해 고생한 한국역학학회 사무실의 이영숙 기획실장에게 감사의 인사를 전한다.

2005년 12월 김동완

# 일러두기

**1**

『사주명리학 초보탈출』이 기초 이론에 초점을 맞추어서 내용을 전개했다면, 이 책은 사주팔자 속에 나타난 성격과 적성, 직업, 건강 등을 분석하여 생활 속에서 활용할 수 있도록 하였다.

**2**

이 책은 선배 사주명리학자들의 이론이나 수많은 사주명리학 책들의 이론과 다른 내용을 다루고 있다. 이 책을 접하기 전에 다른 사주명리학 이론서들을 공부했던 독자들은 기존의 일반 이론과 다른 내용을 보고 당황하거나 혼란스러울지도 모른다. 그러나 지금까지 습득한 사주명리학 지식은 잠시 접어두고 이 책에 전념해 보시길 바란다. 그런 후에 주위 사람들의 사주팔자로 직접 판단해본 후 기존의 이론과 대덕 이론의 타당성을 비교 검토해보기 바란다.

**3**

이 책은 『사주명리학 초보탈출』에서 소개한 내용들을 더욱 자세하고 깊이 있게 다루었고, 실전문제를 대폭 보강하여 보다 확실하게 실력을 점검할 수 있도록 하였다. 또한 필자가 평소 사주명리학을 강의하면서 전하고 싶었던 내용들을 각 부마다 〈대덕 한마디〉에 실어놓았다.

**4**

이 책으로 본격적인 사주 상담이 가능하다. 사주 상담을 하는 사람들은 나의 한마디가 상대의 인생 전반에 영향을 미칠 수 있다는 마음으로 신중하게 접근해야 한다. 정확한 사주명리학 지식만으로 사주 상담에 임하기를 바란다. 잘 이해하지 못하는 사주명리학 지식으로 상대의 운명을 함부로 판단해서는 안 된다.

**5**

한 사람의 사주팔자는 그 무엇과도 바꿀 수 없다. 이 귀중하고 소중한 삶을 온전히 살아갈 수 있도록, 사주팔자의 장점들을 모두 실현하며 살아갈 수 있도록 돕는 '진정한 상담가', '마음 따뜻한 상담가', '아름다운 카운슬러'가 되기를 바란다.

김동완의 사주명리학 강의 Vol.2
# 사주명리학 완전정복

## CONTENTS

머리말 4 / 일러두기 5

### 1부 음양오행으로 보는 심리

1. 심리 분석의 의의  10
2. 심리 분석 방법  12
3. 음양의 분석  13
   1) 음양의 의미  13
   2) 음양과 서양의 심리학  14
   3) 음양의 성질  15
4. 오행의 분석  18
   1) 오행의 의미  18
   2) 오행의 분석  19
   3) 월지의 분석  24
   4) 시지의 분석  36
5. 오행의 본질과 성분  41
   1) 목의 심리적 특징  41
   2) 화의 심리적 특징  46
   3) 토의 심리적 특징  50
   4) 금의 심리적 특징  55
   5) 수의 심리적 특징  59

실전문제 · 68
대덕 한마디 : 사주명리학은 상담학이다 · 74

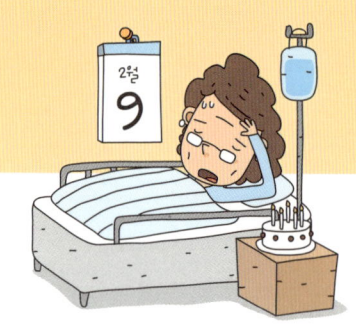

### 2부 음양오행으로 보는 건강

1. 건강 분석의 의의  78
2. 건강 분석 방법  79
3. 오행의 고립과 건강  80
   1) 목의 고립과 건강  81
   2) 화의 고립과 건강  88
   3) 토의 고립과 건강  93
   4) 금의 고립과 건강  93
   5) 수의 고립과 건강  94
4. 오행의 과다와 건강  95
   1) 목의 과다와 건강  96
   2) 화의 과다와 건강  97
   3) 토의 과다와 건강  100
   4) 금의 과다와 건강  102
   5) 수의 과다와 건강  103

실전문제 · 110
대덕 한마디 : 사주 상담은 '愛之欲其生(애지욕기생)' · 116

## 3부 육친론

1. 육친의 이해   120
   1) 육친의 정의   120
   2) 육친 분석시 주의사항   122
2. 육친의 종류   124
   1) 비견   125
   2) 겁재   126
   3) 식신   127
   4) 상관   128
   5) 편재   129
   6) 정재   130
   7) 편관   131
   8) 정관   132
   9) 편인   133
   10) 정인   134
3. 육친의 상생과 상극 작용   137
4. 육친의 성격과 직업   145
   1) 비견   146
   2) 겁재   152
   3) 식신   155
   4) 상관   160
   5) 편재   164
   6) 정재   170
   7) 편관   173
   8) 정관   180
   9) 편인   185
   10) 정인   190

실전문제 · 202
대덕 한마디 : 육친으로 보는 적성과 직업 · 208

## 4부 대운 분석

1. 육친을 통한 대운 분석   213
   1) 초년기 · 청년기   213
   2) 청년기 이후   221
2. 오행을 통한 대운 분석   227
   1) 고립된 오행이 힘을 빼앗는 대운 오행을 만나는 경우   227
   2) 과다한 오행이 도와주는 대운 오행을 만나는 경우   230
3. 대운 자체의 분석   233

실전 문제 · 238   대덕 한마디 : 암탉이 울면 알을 낳는다! · 242

## 5부 육십갑자로 보는 운명

1. 육친의 특징   248
2. 오행의 특징   251
3. 신살의 특징   252
4. 띠 동물의 특징   254
5. 육십갑자의 분석   257
   1) 갑목   257
   2) 을목   264
   3) 병화   269
   4) 정화   274
   5) 무토   280
   6) 기토   287
   7) 경금   292
   8) 신금   298
   9) 임수   304
   10) 계수   310

실전문제 · 318
대덕 한마디 : 쓸모없는 사주는 없다 · 322

음양오행에 나타난 심리적 특성과 육친에 나타난
심리적 특성 그리고 신살에 나타난 심리적 특성을 종합해보면
한 개인의 성격, 적성, 직업, 개성 등 다양한 심리적 특성이 드러난다.
사람마다 인생사가 매우 복잡하고, 각자 성격이 모두 다르고 적성이 다르며,
같은 사주를 타고난 쌍둥이마저 다른 기질을 가지고 있다.
따라서 단순하게 음양오행으로만 판단하거나 육친으로만 판단하지 않고
다양한 방법으로 다양하게 조명해야만 그 사람의 심리적 특성을 분석하고
성격, 적성, 진로, 개성 등을 판단할 수 있다.

# 1

김동완의 사주명리학 강의 Vol.2
사주명리학 완전정복

# 음양오행으로 보는 심리

심리 분석의 의의 / 심리 분석 방법 / 음양의 분석 /
오행의 분석 / 오행의 본질과 성분

# 음양오행으로 보는 심리

사주팔자에 나타난 음양오행, 육친, 신살 등을 다양하게 분석하면 성격, 적성, 직업, 건강 등을 잘 알 수 있다. 그 중에서 가장 기본을 이루는 음양과 오행의 분석 방법을 소개하고, 그 결과를 바탕으로 개개인의 심리적 특성과 직업 적성을 알아내는 방법을 설명한다.

**chapter 1**

## 1. 심리 분석의 의의

필자는 오랫동안 사주명리학 연구가 한 사람의 운명을 좌우하는 문제들, 즉 죽고 사는 일에 많은 부분을 할애해왔다고 본다. "당신은 내년에 죽을 거야", "당신 아들은 18세에 가출할 거야", "남편을 잡아먹을 팔자야", "며느리가 들어오면서 집안에 우환이 끊이지 않아" 등등 사주 상담이 인생의 조언자 역할이나 상담자 역할이 아니라, 오히려 도움이 필요한 사람을 겁주고 협박하여 부적이나 굿으로 돈이나 벌어보겠다는 사이비 역학자들의 돈벌이 수단으로 전락하고 만 것이다.

많은 사주 상담가들의 협박과 겁주는 행위, 부적을 쓰거나 굿을 하도록 강요하는 행위 때문에 역학(易學)이란 학문이 사이비 또는 미신으로 몰리고 있다. 따라서 앞으로 삶과 죽음보다는, 이 사람의 장점은 무엇이고 적성은 무엇이며 특성은 무엇인지를 살펴서 사주 주인공에게 가장 잘 어울리는 인생의 길을 알려주고 성공할 수 있다는 희망을 주는 역학과 사주명리학으로 발전시켜 나가야 한다.

최근에 자신의 성격 유형을 판단할 수 있는 MBTI(The Myers-Briggs Type Indicator)와 애니어그램(Enneagram)이 사람들에게 많은 관심을 끌고 있는데, 이 2가지는 모두 서양에서 개발된 방법이다.

애니어그램

MBTI는 인간 행동이 매우 다양하지만 그 속에는 질서정연하고 일관된 경향이 있으며, 각자 인식하고 판단하는 특징이 다르기 때문에 다양한 행동이 나타난다는 융(C.G. Jung)의 심리유형론을 근거로 한다. 이 MBTI는 사람들이 일상적으로 사용하는 단어, 즉 말 속에서 심리적 특성을 찾아내고, 그것을 성격 진단 검사로 만든 것이다.

애니어그램은 정확한 기원이 알려지지 않았지만, 오래 전 아프가니스탄에서 관상을 보고 사람의 성격을 나누고 그 성격 유형들 사이에 서로 연관관계가 있다고 본 것이 시초라고 한다. 이 애니어그램은 하나의 원 안에 9개의 점이 별 모양을 이루고 있으며, 9가지 인격 유형을 나타내는 도형으로 더 잘 알려져 있다.

이에 비해 동양에는 사람의 심리를 분석할 수 있는 체계적인 방법이 거의 없다고 볼 수 있다. 그러나 사주명리학으로 사주팔자를 뽑아 분석하면 그 사람의 성격 유형을 정확하게 판단할 수 있다. 그럼에도 불구하고, 으레 역술가를 찾아가면 인격이나 성격에 대해서는 두루뭉술하게 얼버무리거나 죽고 사는 문제에 집착하는 경향이 많다. 이로 인해 사주명리학이 사이비로 몰리거나 미신으로 몰리기 일쑤였다.

앞으로 사주명리학이 죽고 사는 문제나 사건 사고를 예측하는 데서 벗어나 인간의 삶이나 심리 상담에 초점을 맞춘다면 사주명리학이 새롭게 다시 시작되는 계기가 될 것이다. 성격, 적성, 직업 등의 특성들을 사주명리학을 통해 찾아내고, 이것을 바탕으로 각자에게 긍정적인 삶, 희망적인 삶을 제시할 수 있다면 사주명리학은 현대인에게 꼭 필요한 학문으로 인정받게 될 것이다. 더불어 대학에 관련학과가 개설되어 체계적인 학문 연구가 가능해지면 자연스럽게 사이비나 미신이 발 붙이지 못할 것이다.

필자는 대학원에서 상담심리학을 전공하고 「Holland의 진로 적성 탐색검사와 사주성명학의 상관관계 연구」라는 제목으로 서양의 진로 적성 탐색검사와 사주명리학 및 성명학에 나타난 진로, 적성, 성격 유형의 상관관계를 연구하였다. 실제로 사주명리학이나 성명학을 연구하다 보면 사람의 성격과 진로적성 등을 잘 알 수 있다.

> **point**
>
> **사주명리학의 미래**
>
> 사주명리학이 현대인에게 꼭 필요한 학문으로 인정받기 위해서는 인간의 삶이나 심리 상담에 초점을 맞추고, 긍정적이고 희망적인 삶을 제시할 수 있도록 해야 한다.

이러한 연구 성과를 토대로 수많은 고서(古書)나 선배 역학자들의 저서에서 찾아볼 수 있었던 심리 관련 내용들을 분석하고 정리한 것이 이 책에서 다룰 사주팔자와 심리적 특징의 연관성이다. 앞으로 연구해야 할 것이 많지만, 이러한 시도를 계기로 깊은 연구가 이어지기를 바란다.

## 2. 심리 분석 방법

사주팔자를 놓고 사주 주인공의 심리적 특성을 판단할 때는 음양오행, 육친, 신살 등으로 다양하게 분석한 뒤, 그 내용을 종합적으로 판단한다. 음양오행에 나타난 심리적 특성과 육친에 나타난 심리적 특성 그리고 신살에 나타난 심리적 특성을 종합해보면 한 개인의 성격, 적성, 직업, 개성 등 다양한 심리적 특성이 드러난다.

사람마다 인생사가 매우 복잡하고, 각자 성격이 모두 다르고 적성이 다르며, 같은 사주를 타고난 쌍둥이마저 다른 기질을 가지고 있다. 따라서 단순하게 음양오행으로만 판단하거나 육친으로만 판단하지 않고 다양한 방법으로 다양하게 조명해야만 그 사람의 심리적 특성을 분석하고 성격, 적성, 진로, 개성 등을 판단할 수 있다.

다시 말해서 음양오행으로 그 사람의 특성을 살펴보고 다시 육친으로 살펴보고 신살로도 살펴보아서 음양오행, 육친, 신살에서 각각 나타나는 특성들을 종합하면 한 개인의 성격, 적성, 진로, 개성 등을 자세하게 알 수 있다. 여기에서는 그 중에서도 가장 기본적인 음양과 오행으로 보는 방법을 설명한다.

## 3. 음양의 분석

### 1 음양의 의미

음양으로 심리적 특성을 분석하기 위해서는 우선 음양이 무엇인지 알아야 한다. 음양은 무(無)에서 시작되었다. 무를 무극(無極) 또는 태극(太極)이라고 하는데, 이 무는 주역 즉 역학의 처음이자 기초이며 출발점이다.

주역에서는 음을 ▬▬ 로, 양을 ▬▬▬ 로 표시한다. 무에서 음양으로 발전하고 분화하며, 다시 음이면서 음의 기운을 가진 태음(太陰)과 음이면서도 양의 기운을 가진 소양(小陽), 양이면서 양의 기운을 가진 태양(太陽)과 양이면서도 음의 기운을 가진 소음(小陰)으로 변화되어간다. 일반적으로 음은 여성을 상징하고, 양은 남성을 상징한다. 이밖에 수많은 상징성이 있지만, 여기서는 여성과 남성을 들어 음양을 설명하고자 한다.

음은 여성인데, 여성 중에서도 부드럽고 연약하고 수동적이고 소극적이고 내성적이고 안전한 것을 추구하는 여성이 있다. 이들은 외음내음(外陰內陰), 즉 태음에 해당한다고 보면 된다. 반대로 여성 중에서도 활동적이고 개방적이고 적극적이고 충동적이고 외향적이고 모험을 즐기는 여성이 있다. 이들은 외양내음(外陽內陰) 즉 소양에 해당한다고 보면 된다.

또한 남성 중에서도 활동적이고 개방적이고 적극적이고 충동적이고 외향적이고 모험을 즐기는 남성이 있다. 이들은 외양내양(外陽內陽) 즉 태양에 해당한다고 보면 된다. 반대로 남성 중에서도 소극적이고 부드럽고 연약하고 내성적이고 안전을 추구하는 남성이 있다. 이들은 외음내양(外陰內陽) 즉 소음에 해당한다고 보면 된다.

## 2 음양과 서양의 심리학

C.G.Jung

Sigmund Freud

음양사상은 동양 고유의 사상이지만, 20세기에 이르러 서양의 여러 학자들에게도 관심의 대상이 되었다. 대표적인 인물로 융(C. G. Jung)을 들 수 있다. 그는 프로이트(Sigmund Freud)와 더불어 심리학과 정신의학 분야에 획기적인 발전을 이룩한 인물이다.

융은 물질보다는 정신을 추구하는 동양학을 통해 정신의학과 심리학 분야에 접목할 수 있는 치료 방법을 찾고 인간의 심리를 분석해내기 위해서 동양을 순례한 적이 있다. 그는 인도와 중국을 방문하여 인도의 요가, 중국의 연금술과 주역에 심취하였다. 특히 주역을 접하고 '사건들의 비인과적인 동시발생'을 의미하는 동시성 이론(synchronicity)과 심리학 및 정신의학의 중요한 개념인 아니마(anima)와 아니무스(animus)를 정립하였다.

주역에 의하면 음과 양이 있고, 음이 분화되어 태음과 소양이 나타났으며, 양이 분화되어 태양과 소음이 나타났다. 이 중에서 소양이란 음 속에 양의 기운이 존재하는 것으로서 여성 속의 남성성을 상징한다고 볼 수 있다. 소음이란 양 속에 음의 기운이 존재하는 것으로서 남성 속의 여성성을 상징한다고 볼 수 있다. 아니마, 아니무스와 관계가 깊은 것이 바로 소음과 소양이다.

융은 여성이면서도 남성적 기질을 가진 경우를 아니무스라고 불렀는데, 이는 소양에 해당한다. 이런 여성은 적극적으로 활동하는 것이 어울리고 지배받기 싫어하므로 가부장적인 유교 사회에서는 스트레스가 심화되고 화병이 생길 수 있다. 융은 이를 해소하기 위해서 남성성을 살려주고 자신의 능력을 발휘할 수 있게 해주어야 한다고 설명하였다.

또한, 융은 남성이면서도 여성적 기질을 가진 경우를 아니마라고 불렀는데, 이는 소음에 해당한다. 예를 들어, 7대독자이면서 종손으로서 집안을 지켜 나가야 하는 남성이 여성적이고 소심한 성격을 가지고 있다면, 집안을 끌고 나가야 한다는 중압감 때문에 우울증이나 스트레스에 시달릴 것이다. 융에 따르면, 이 남성에게 집안 문제보다는 오로지 자신의 문제만 해결하고 자신의 삶을 살아갈 수 있게 해준다면 우울증이나 스트레스에서 벗어날 수 있다고 한다.

남성 중에서 남성 성향이 강한 경우를 태양, 남성 중에서 여성 성향이 강한 경우를 소음, 여성 중에서 여성 성향이 강한 경우를 태음, 여성 중에서 남성 성향이 강한 경우를 소양으로 분류하는 것을 사상(四象)이라고 한다. 사상은 사실 한의학 등의 동양학에서 비롯되었으며, 일반인들에게도 널리 알려져 있다. 융은 서양인이면서도 이 사상을 활용하여 정신의학과 심리학에서 중요한 발견을 해낸 것이다. 융이 아니마와 아니무스를 음양에서 발견했듯이, 동양의 음과 양은 단순히 이분법적인 음과 양이 아니고 음 속에도 양의 기운이 존재하고 양 속에도 음의 기운이 존재한다는 것을 꼭 기억해 두자.

▼ 음양의 분석

|  | 외음내음 | 외양내음 | 외음내양 | 외양내양 |
|---|---|---|---|---|
| 사상 | 태음 | 소양 | 소음 | 태양 |
| 심리학 | 내성적 | 아니무스 | 아니마 | 외향적 |
| 성향 | 여성이 여성적 | 여성이 남성적 | 남성이 여성적 | 남성이 남성적 |

### 3 음양의 성질

음양은 각각 대립적인 성격과 심리적인 특성을 가지고 있다.

#### 1) 음의 성질

음은 내성적, 수동적, 소극적인 성격이다. 생각지향(심사숙고)형이면서 부드럽다. 또한 안정적이고 현실지향적이면서 일대일 만남을 선호한다.

## 2) 양의 성질

양은 음과 반대의 성질을 가지고 있다. 즉 외향적이며 능동적이고 적극적이다. 행동지향(충동지향)형이고 힘차면서 모험적인 성격이다. 미래지향적이고 대인관계가 넓다.

### ▼ 음양의 심리적 특성

| | 음 | 양 |
|---|---|---|
| 심리적 특징 | 내성적<br>수동적<br>소극적<br>생각지향적(심사숙고형)<br>안정적<br>현실지향적<br>1:1 만남 선호<br>부드럽다<br>감각적 | 외향적<br>능동적<br>적극적<br>행동지향적(충동지향적)<br>모험적<br>미래지향적<br>다자간 만남 선호<br>힘차다<br>직관적 |

사주팔자 중에 음팔통(陰八通) 사주와 양팔통(陽八通) 사주가 있다. 음팔통 사주란 사주팔자가 모두 음으로만 이루어진 것을 말한다. 이와 반대로 양팔통 사주란 사주팔자가 모두 양으로만 이루어진 것을 말한다. 음팔통 사주는 기본적으로 음의 성질이 강하고, 양팔통 사주는 양의 성질이 강하다.

사주팔자에 음의 성분이 많을수록 음의 성질이 강하게 나타나고, 양의 성분이 많을수록 양의 성질이 강하게 나타난다. 다만, 단순히 음양이 많고 적음에 따라 성격이 결정되는 것이 아니라 오행의 발달이나 과다 정도 또는 육친의 발달이나 과다 정도에 따라 성격 형성이 다양하게 이루어진다.

양의 성분이 많은 사람이 음의 성분이 많은 사람보다 좀더 외향적이고 적극적인 것은 많은 임상 결과를 보면 알 수 있다. 그러나 단순히 사주에 음이 많은지 양이 많은지만 보고 한 사람의 심리적 특성을 분석하는 것은 섣부른 판단을 초래할 수 있기 때문에, 다른 요소들 즉 오행과 육친 분석 역시 고려하여 전체적으로 성격을 판단한다.

**생활 속 역학**

## "고전 속에 나타난 음양론_"

음양오행은 동양 고유의 사상으로서 오랜 역사를 가지고 있다. 동양학의 근간을 이루면서 음양오행 사상은 자연스럽게 고전의 중요한 주제로 언급되어왔다. 다음은 그 중에서도 음양론과 관련된 내용들이다.

### ❶ 『황제내경(黃帝內經)』의 음양론

陰陽者 天地之道也 萬物之綱紀 (음양자 천지지도야 만물지강기)
變化之父母 生殺之本始 (변화지부모 생살지본시)
神明之府也 治病必求於本 (신명지부야 치병필구어본)

음양이란 천지의 길이고 삼라만상을 통제하는 강기이다.
변화를 일으키는 주체로서 살리고 죽이는 것이 여기서 시작된다.
신명이 깃든 집으로서 모든 병은 반드시 음양의 조절을 통해서 고쳐질 것이다.

### ❷ 『주역』 「계사전(繫辭傳)」의 음양론

一陰一陽之謂道 (일음일양지위도)

한번 음이고 한번 양인 것이 곧 도이다.

『황제내경』은 가장 오래 된 중국의 의학서로서 모든 동양의학의 기초가 되는 책이다. 『주역』 「계사전」은 공자가 주역을 해석해놓은 책이다.

이 두 고전에서는 음양은 변화한다는 것을 강조하고 있다. 음양은 고정되어 있어서 절대 변하지 않는 것이 아니라 항상 변화하고 변동한다. 그로 인해 음양은 서로 조화를 이루고 안정을 유지할 수 있다.

# 4. 오행의 분석

## 1 오행의 의미

오행(五行)이란 무엇인가? 글자의 뜻을 풀이해보면 '다섯 가지 성분[五]이 서로 움직인다, 돌아다닌다[行]'는 의미이다. 그 글자에서부터 오행은 고정되어서 영원히 변하지 않는 것이 아니라 계속 변화하는 것임을 나타낸다.

이와 같이 오행은 변화를 계속하는 성분이므로 사주명리학을 공부할 때는 무엇보다도 오행의 분석에 주의를 기울여야 한다. 사주명리학의 세계는 오행을 어떻게 읽는가에 절반의 성공이 달려 있다고 해도 과언이 아니다. 오행을 제대로 분석해낼 수 있다면 육친을 읽어내고, 용신을 찾아내고, 격국을 찾아내는 것은 매우 쉬운 일이라고 할 수 있다. 그만큼 오행의 분석은 정확한 사주 분석의 중심이 된다.

**오행의 분석**
오행은 변화를 계속한다. 따라서 사주에 나타난 심리적 특성을 분석할 때 이 오행의 변화를 올바로 분석해내는 것이 매우 중요하다.

오행이 음양에서 발전되었다고 보는 사주명리학자도 있을 것이고, 여러분 중에서도 이 책에서 음양 다음에 오행을 설명하고 있으므로 오행이 음양에서 발전한 것이라고 생각할지 모른다. 한편으로는 맞는 이야기이지만, 반드시 기억해야 할 것은 음양과 오행은 절대로 분리해서 생각하면 안 된다는 것이다. 음양이 있으면 오행이 있고, 오행이 있으면 음양이 항상 곁에 따라다닌다. 그러므로 음양과 오행은 실과 바늘처럼, 사이좋은 부부처럼 한 몸으로 이루어졌다고 생각하면 이해하기가 좀더 쉬울 것이다.

오행은 크게 2가지로 분리해서 생각하고 연구해 나가야 한다. 우선, 단순하게 현실적으로 오행마다 어떤 의미가 있는지 분석해야 한다. 말하자면 오행을 이루는 5가지 요소가 각각 무엇을 상징하는지 분석하는 것이다. 다른 하나는 오행의 변화를 살펴보는 것이다.

오행은 목(木), 화(火), 토(土), 금(金), 수(水) 5가지를 말한다. 우주와 지구의 모든 만물은 이 5가지 오행으로 분류된다. 또한 한 사람 한 사람의 운명은 오행의 특성과 그 변화에 따라 삶의 큰 틀이 정해지며, 이를 통해 그 사람의 운명을 분석해낼 수 있다.

필자가 오랜 기간 강의를 해오면서 느끼는 바가 있다. 역학에 입문하는 많은 사람들이 음양이나 오행에 대하여 깊이 알지 못하고 건성건성 수박 겉핥기식으로 공부한다는 것이다. 빨리 사주를 풀고 싶어서 사주풀이에만 관심을 쏟고 정작 기초를 다지는 데에는 소홀하다. 그러나 기초적인 내용을 확실히 이해하지 못하면 중급 단계나 고급 단계에서 자신감이 없어지고 중도에 포기하거나 다시 기초 단계로 돌아와야 한다. 또한 기초를 소홀히 하고 사주풀이부터 하다 보면, 사주에 나타난 내용을 분석하기보다는 사주 상담을 하면서 상담자에게 자신의 생각을 강요하는 경우가 생긴다. 실제로 필자는 그러한 경우를 수없이 보아왔다.

다시 한번 강조하지만, 사주명리학 공부에서는 그 어떤 부분도 소홀히 여겨서는 안 된다. 사람이 인생을 살아가면서 그 어떤 부분도 중요하지 않은 것이 없듯이, 사주명리학에서도 기초부터 사주 분석까지 모두 중요하므로 가장 기본적인 음양오행부터 꼼꼼하게 공부하기 바란다.

## 2 오행의 분석

오행의 성질을 정확하게 분석하기 위해서는 오행이 발달했는가 아니면 오행이 과다한가를 알아야 한다. 일반 이론에서는 사주에서 필요한 오행인 용신(用神) 오행에 따라 성격이나 적성, 진로나 직업이 정해진다고 설명한다. 그러나 용신 오행으로 성격이나 적성이나 진로 등 심리적 특성을 읽으면 안 된다는 것이 필자의 견해이다. 반드시 오행의 발달 정도와 과다 정도를 보고 심리적 특성을 분석해야 한다.

여기서 한 가지 주의해야 할 것이 있다. 어떤 오행은 단점만 있고 어떤 오행은 장점만 있는 것이 아니라 각각의 오행은 장점과 단점이 모두 있다는 것이다. 예를 들어, 목(木)에는 목의 고유한 특징이 있고, 장점과 단점을 모두 갖고 있다. 화(火) 역시 화의 특징이 있고, 장점과 단점을 모두 갖고 있다. 이렇게 각각의 오행, 즉 목화토금수(木火土金水)에는 장점과 단점이 모두 존재한다.

오행의 발달과 과다는 오행의 개수와 점수로 분류할 수 있다. 말하자면 사주를 점수로 계량화하여 일정한 기준에 해당하면 발달 또는 과다로 판단하는 것이다. 이미 『사주명리학 초보탈출』「천간과 지지」편에서 지지를 분석하면서 태어난 달(월지)에 따라 점수를 계산해보았는데, 정확한 사주 분석을 위해서는 지지뿐만 아니라 사주 여덟 글자마다 점수를 배분하여 총 110점을 배분한다. 이 부분은 사주 판단에서 매우 중요한 내용이므로 반드시 잘 알아두어야 한다.

### 1) 천간의 점수 배분

먼저 천간은 각각 10점씩 배분한다. 연간 10점, 월간 10점, 일간 10점, 시간 10점 등 연월일시의 천간에 각각 10점씩 배분한다. 모든 천간에 같은 점수를 매기는 이유는, 천간은 지지와 달리 계절의 영향을 받지 않고, 천간 자체가 연(年)에 있거나 월(月)에 있거나 일(日)에 있거나 시(時)에 있거나 간에 오행의 변화가 없기 때문이다. 천간은 지지 속에 천간이 숨어 있는 암장도 없고 계절 구분도 없으며, 보이는 오행 그대로 분석한다. 그래서 각각 10점씩 배분하는 것이다.

**point**

**사주팔자의 점수 배분**
연월일시의 간지 중에서 천간은 각각 10점씩, 연지는 10점, 월지는 30점, 일지는 15점, 시지는 15점을 배분한다.

### 2) 지지의 점수 배분

천간의 점수 배분이 매우 간단한 데 비해서 지지의 점수 배분은 매우 복잡하다. 지지는 계절이 각각 다르고, 하루 동안에도 시간에 따라 태양과 달의 기운이 달라지며, 암장이 있으므로 단순하게 점수 배분을 하면 안 된다.

#### ❶ 월지

사주팔자의 점수 배분에서 가장 큰 비중을 차지하는 것이 바로 월지이다. 월지의 점수 배분에서 주의할 점은, 겨울과 여름의 날씨는 기온차가 매우 심하다는 점이다.

또한 월지와 연지는 오행의 구분이 매우 다르다. 예를 들어, 연지의 오화(午火)는 단순하게 음화(陰火)로서 작용하지만, 월지의 오화(午火)는 여름의 기운이 매우 강하기 때문에 음화로서의 작용을 뛰어넘어 매우 큰불로 작용한다.

사주팔자 중에서 월지를 통해 계절의 정확한 상황을 읽어낼 수 있고, 계절의 기(氣)

를 가장 잘 분석할 수 있다. 사주명리학을 절기학이라고 부르는 이유가 바로 월지에 있다. 월지를 보면 한겨울에 태어났는지 한여름에 태어났는지를 알 수 있다. 그만큼 월지는 오행의 특징을 뚜렷하게 보여준다. 그렇기 때문에 사주팔자를 점수로 계량화할 때 월지에 가장 많은 점수인 30점을 준다. 같은 월기둥에 있는 월간은 10점을 주는 데 비해 월지는 30점을 줄 정도로 중요하게 작용하는 것이다.

### ❷ 시지

시지의 점수 배분에서는 밤과 낮의 기온차가 크다는 것을 주의해야 한다. 밤낮의 기온 차이만큼 오행의 변화가 나타나기 때문이다. 물론 월지에 나타나는 겨울과 여름의 오행 변화보다는 작지만, 시지 또한 오행의 변화가 크다. 그러므로 시지는 15점을 준다.

### ❸ 일지

일지는 봄·여름·가을·겨울의 계절 변화에 따른 오행의 변화나, 아침·점심·저녁·밤 등 하루 중 기온 차이에 따른 오행의 변화처럼 뚜렷한 변화의 기운이 없다. 그러나 일주(日柱)가 차지하는 비중이 크기 때문에 15점을 준다.

### ❹ 연지

연지는 천간과 마찬가지로 10점을 준다.

### ▼ 간지의 점수 배정

| 천간 | 점수 | 지지 | 점수 |
|---|---|---|---|
| 연간 | 10 | 연지 | 10 |
| 월간 | 10 | 월지 | 30 |
| 일간 | 10 | 일지 | 15 |
| 시간 | 10 | 시지 | 15 |

## 좀더 자세히

### 사주팔자의 점수 배분

태어난 생년월일시의 천간과 지지를 점수로 환산하면 사주를 해석할 때 편리하다. 먼저 천간의 연월일시 즉 연간, 월간, 일간, 시간은 모두 똑같이 10점을 준다. 일간은 나인데 왜 10점만 주는지 궁금해하는 독자도 있을 것이다. 하지만 사주팔자 여덟 글자 모두가 나이고, 일간 하나만으로 사주가 이루어지는 것은 아니기 때문에 모두 10점씩 준다.

천간의 점수 배분은 어렵지 않지만, 지지의 점수 배분은 오랜 임상경험과 많은 공부가 필요하다. 연월일시의 지지마다 오행 변화가 각각 다르기 때문이다. 먼저 연지의 경우를 보자. 예를 들어, 지지 중에서 자(子)는 오행 중에서 수(水)에 속하며, 같은 오행 중에서도 가장 차가운 성질을 갖고 있고 음의 성질도 가장 강하다. 자(子)가 오는 해는 갑자(甲子), 병자(丙子), 무자(戊子), 경자(庚子), 임자(壬子) 등 5가지다. 그런데 이러한 수(水)의 해는 화(火)의 기운이 가장 강한 오화(午火)가 들어 있는 해보다 더 추운가? 다시 말해 차가운 음의 기운이 뜨거운 화(火)의 기운보다 더 강한가? 그렇지 않다. 연지에 따라서 특별히 춥거나 더운 변화가 나타지는 않는다.

그렇다면 월지는 어떠한가? 연지의 경우와 달리 월지의 자(子)와 오(午)는 큰 차이가 있다. 자(子)는 한겨울이고 오(午)는 한여름이다. 월지의 자(子)는 한겨울의 기운이므로 매우 춥고 음의 기운이 왕성하다. 반면 월지의 오(午)는 한여름의 기운이므로 매우 덥고 양의 기운이 왕성하다.

이와 같이 사주 안에서 오행의 성질을 가장 강하게 나타내는 것이 월지이고, 이 월지의 분석이야말로 사주 분석의 핵심이라고 할 수 있다. 그래서 월지에 가장 많은 30점을 배정하는 것이다. 이 수치는 필자가 경험적으로 판단한 수치로, 월지의 기가 사주팔자에 미치는 영향이 그만큼 크다는 것을 반영한다.

다음으로 중요한 것이 시지이다. 하루 중에도 시간에 따라 온도 차이가 생기고 그에 따라 오행을 배정하므로 시지의 작용력은 매우 크다고 볼 수 있다. 그러므로 시지에는 15점을 준다. 시지나 시지의 점수 배정은 아직 연구할 것이 많이 남아 있으므로 앞으로 연구가 지속되기를 바란다.

마지막으로 일지는 연(年)과 마찬가지로 기후의 변화가 없다. 그러나 일지의 기운이 사주 주인공에게 미치는 영향은 매우 크다고 할 수 있다. 명예살에 해당하는 진술축미(辰戌丑未), 역마살에 해당하는 인신사해(寅申巳亥), 도화살에 해당하는 자오묘유(子午卯酉), 고집을 상징하는 백호대살 · 괴강살 · 양인살의 유무에 따라 사주 주인공의 성격이 달라지기 때문이다. 그래서 일지에는 15점을 배정한다.

단, 한편 월지와 시지의 점수 배정은 단순히 오행만으로 계량화할 수 없음을 주의해야 한다.

## 3) 오행의 발달과 과다

사주팔자에서 오행의 발달과 과다를 구별하는 기준은 오행의 개수와 사주팔자를 계량화한 점수이다. 동일한 오행이 3개 있으면 발달로 보는데, 월지를 포함하는 경우에는 2개만 있어도 발달로 본다. 점수로는 30~40점이면 발달로 볼 수 있다. 과다는 개수로 4개 이상이고, 점수로는 50점 이상이면 해당한다.

발달의 경우에는 오행의 부드러운 성격과 특징이 많이 나타나는 반면, 오행의 강한 특징은 적게 나타난다. 반대로 과다의 경우에는 오행의 부드러운 성격과 특징이 적게 나타나고, 오행의 강한 특징이 많이 나타난다.

그러나 이러한 구분은 평소 생활에서 나타나는 장단점을 말한 것이지 특정 오행이 많다고 해서 반드시 단점만 있는 것은 아니다. 어떤 오행이든 발달한 오행은 안정적인 면을 발휘하고, 과다한 오행은 모험적인 면을 많이 발휘한다. 단순히 발달인지 과다인지만을 보고 그 사람의 인생을 분석하려 들지 말고 종합적으로 판단하는 자세가 필요하다.

**point**

**오행의 발달과 과다**

특정 오행이 개수로 3개(월지를 포함할 때는 2개), 점수로 30~40점이면 발달로 본다. 개수로 4개 이상, 점수로 50점 이상이면 과다로 본다.

## 3 월지의 분석

사주에서 오행의 발달과 과다 정도를 판단하기 위해서는 사주 내의 오행과 기의 흐름을 분석해야 한다. 우선 계절에 따른 오행의 변화를 알려면 월지를 분석하고, 하루의 기후 변화 즉 아침 → 점심 → 저녁 → 밤에 따라 달라지는 기후 변화를 알려면 시지를 분석한다.

사주명리학은 실제적인 기후 변화를 중시한다. 이것은 절기력(節氣曆)을 사용하는 것만 보아도 알 수 있다. 예를 들어, 사주명리학에서 한 해의 시작은 음력 생일도 아니고 양력 생일도 아닌 입춘이 지나는 시점이다. 또한 1달의 시작은 양력 1일이나 음력 1일을 기준으로 하지 않고 12절기의 절입일을 기준으로 한다.

사주명리학은 절기를 바탕으로, 계절에 따라 변화하는 기운을 음양과 오행으로 바꾸어서 해석한다. 추운 겨울은 수(水)로 나타내고, 더운 여름은 화(火)로 나타내며, 봄은 목(木)으로, 가을은 금(金)으로 그 기운을 표현한다. 여기서 목(木)은 양의 기운 즉 화(火)의 기운 속에 음의 기운이 존재한다고 보고, 금(金)은 음의 기운 즉 수(水)의 기운 속에 양의 기운이 존재한다고 본다. 금(金)은 음의 기운인 수(水)의 기운에 가깝다고 보고, 목(木)은 양의 기운인 화(火)의 기운에 가깝다고 보는 것이다. 다시 말해, 봄은 여름의 본격적인 더위가 시작되기 전에 점차 더워지고 있는 기운이고, 가을은 겨울의 본격적인 추위가 시작되기 전에 점차 차가워지고 있는 기운으로 본다.

사주명리학은 추운가 더운가에 따라 결정되는 계절학이자 조후학(調候學)이라 해도 과언이 아닐 만큼 계절이 차지하는 비중이 매우 크다. 따라서 사주 분석에서 계절을 어떻게 판단하느냐는 매우 중요한 문제이다. 많은 학자들이 서자평의 학설을 따라서 일간 중심으로 사주의 신강신약(身强身弱)을 평가한다. 물론 일간으로 육친을 분석해 내는 것은 사주명리학계의 커다란 업적임을 부인할 수 없다. 그러나 사주명리학의 기본 바탕이 계절학과 조후학임을 간과해서는 안 된다는 것이 필자의 생각이다.

사주팔자는 태어난 연월일시를 간지로 나타낸 연간, 연지, 월간, 월지, 일간, 일지, 시간, 시지로 이루어진다. 사주팔자 여덟 글자의 변화를 읽어가면서 점수를 매길 수 있다면 대부분의 사주는 쉽게 해석할 수 있게 되고, 용신 분석도 쉽게 접근할 수 있을 것이다. 기존의 일반 이론과 다른 부분이 있어서 처음에는 이해하기 쉽지 않겠지만, 제대로 알아둔다면 사주명리학을 공부하면서 실력이 부쩍 늘어날 것이다.

## 돌발퀴즈

**Q 절기는 양력으로 보는가 음력으로 보는가?**

**A** 절기는 대개 24절기를 말하는데, 음력으로 본다고 알고 있는 사람들이 많다. 오랫동안 우리 나라가 태음력을 사용해 왔기 때문에 이러한 오해가 생겨났지만, 결론적으로 말하면 절기는 태양의 움직을 고려한 것으로서 태양력의 성격을 가지고 있다.

천구상에서 태양이 움직이는 길을 황도(黃道)라고 한다. 황도 360도를 15도씩 나눈 24개 점이 24절기에 해당한다. 즉 1년을 30일 단위로 나누면 12절기가 되고, 15일 단위로 나누면 24절기가 된다.

24절기의 날짜는 양력으로 다음과 같다.

| | | | |
|---|---|---|---|
| 입춘 | → 2월 4일경 | 입추 | → 8월 6일경 |
| 우수 | → 2월 19일경 | 처서 | → 8월 23일경 |
| 경칩 | → 3월 6일경 | 백로 | → 9월 9일경 |
| 춘분 | → 3월 21일경 | 추분 | → 9월 23일경 |
| 청명 | → 4월 5일경 | 한로 | → 10월 8일경 |
| 곡우 | → 4월 20일경 | 상강 | → 10월 23일경 |
| 입하 | → 5월 5일경 | 입동 | → 11월 7일경 |
| 소만 | → 5월 21일경 | 소설 | → 11월 23일경 |
| 망종 | → 6월 6일경 | 대설 | → 12월 7일경 |
| 하지 | → 6월 21일경 | 동지 | → 12월 22일경 |
| 소서 | → 7월 7일경 | 소한 | → 1월 5일경 |
| 대서 | → 7월 23일경 | 대한 | → 1월 20일경 |

한편 24절기는 12절기와 12중기로 나누어지는데, 사주명리학에서는 12절기에 해당하는 입춘, 경칩, 청명, 입하, 망종, 소서, 입추, 백로, 한로, 입동, 대설, 소한만을 사용한다.

## 월지 분석시 주의사항

월지 분석은 사주의 음양오행 분석에서 특히 중요하다. 그런데 월지는 분석하기가 매우 어렵다. 월지는 계절, 즉 월(月)의 기후에 따라 변화가 크게 나타나기 때문이다. 그러므로 오행 자체의 기운보다는 변화하는 계절의 기운을 읽어야 한다. 마찬가지로 시지를 분석할 때에도 단순히 오행의 기운을 읽기보다는 시간에 따른 기온 변화를 읽어내야 한다.

오행 중에서 목(木)과 화(火)의 기운, 그리고 금(金)과 수(水)의 기운은 서로 비슷하다. 금(金)은 차가운 기운의 시작을 뜻하고, 목(木)은 따뜻한 기운의 시작을 뜻한다. 그러므로 금(金)과 수(水)는 차가운 성질과 음의 성질이 비슷하고, 목(木)과 화(火)는 따뜻한 성질과 양의 성질이 비슷하다.

목(木)과 화(火)의 중간 부분 그리고 금(金)과 수(水)의 중간 부분 즉 봄에서 여름으로, 가을에서 겨울로 가는 환절기는 변화가 적다. 그러나 수(水)에서 목(木)으로, 화(火)에서 금(金)으로 변화하는 계절 즉 각각 겨울에서 봄으로, 여름에서 가을로 접어드는 환절기는 변화가 크다.

예를 들어, 자오묘유(子午卯酉)월은 계절의 한가운데에 있기 때문에 계절에 큰 영향을 받지 않는다. 또한 목(木) 기운에서 화(火) 기운 즉 봄에서 여름으로 변화하는 사(巳)월과, 금(金) 기운에서 수(水) 기운 즉 가을에서 겨울로 변화하는 해(亥)월처럼, 더운 계절에서 더운 계절로 차가운 계절에서 차가운 계절로 변화하는 월은 그대로의 오행을 사용한다.

그러나 겨울에서 봄으로 가는 길목인 인(寅)월, 그리고 여름에서 가을로 가는 길목인 신(申)월은 매우 신중하게 오행을 분석해야 한다. 계절과 계절의 중간에 있는 환절기 즉 진술축미(辰戌丑未)월 또한 오행을 분석할 때 매우 신중하게 접근해야 한다.

### 1) 인월

음력 1월을 상징하는 인(寅)월은 절기상 입춘부터 경칩 전까지다. 입춘은 양력으로 2월 4~5일 무렵인데, 대개 2월 초순에서 중순까지는 아직 추운 편이고 때때로 매우 추운 날도 있다. 이와 같이 기온차가 크기 때문에 인월의 오행을 분석할 때에는 원래 목(木)으로 해석할 것인지가 문제이다. 그래서 인월은 초기, 중기, 말기로 구분하여 판단한다.

인월은 본래 목월(木月)에 해당하지만, 초기 즉 여기(餘氣)에 해당하는 2월 15일 전까지는 겨울에 해당하는 차가운 수(水) 기운이 남아 있으므로 수(水) 30점, 양력 2월 16~25일까지는 수(水) 15점, 목(木) 15점 정도의 기운이 존재한다고 본다. 즉, 양력 2

월 16~25일까지는 서서히 수(水) 기운이 물러나고 목(木) 기운이 시작한다고 판단한다. 반면 2월 26일부터는 목(木) 기운이 완전히 시작한다고 보므로 목(木) 기운을 30점으로 본다.

여기서 왜 양력으로 판단하는지 의문이 생길 수 있다. 앞에서 설명한 것처럼 사주명리학은 절기력을 바탕으로 한다. 따라서 양력에 매우 가깝다고 볼 수 있다. 일부 철학관이나 점집에서는 반드시 음력 생일을 알아야 사주팔자를 볼 수 있다고 하지만, 이는 전혀 타당성이 없다.

인월 분석에서 날짜 구분이 반드시 고정된 것은 아니다. 똑같은 2월이지만 해마다 추운 정도가 각각 다르기 때문이다. 만약 생일이 양력 2월 20일인데 이때 날씨가 매우 추웠다면 수(水) 기운이 강하다고 보고, 반대로 날씨가 매우 더웠다면 목(木) 기운이 강하다고 보아야 한다. 그러나 앞의 인월 분석은 필자가 이제까지의 오랜 임상경험을 바탕으로 정한 것이므로, 대부분의 경우 이 분류법에 따라 사주를 해석한다면 특별한 경우를 제외하고는 큰 문제가 없을 것이다. 인월 분석은 사주 해석에 큰 영향을 미치므로 반드시 잘 알아두어야 한다.

**point**

**인월 분석**

인월은 초기에는 수(水) 30점, 중기에는 수(水) 15점 · 목(木) 15점, 말기에는 목(木) 30점 등 3단계로 구분하여 점수를 배정한다.

한편 인월의 초기는 입춘부터 2월 15일까지 해당하며, 그 기(氣)는 겨울철 땅속에 파묻혀 있는 나무 또는 물속에 잠겨 있는 나무와 같다. 즉 이 기간 동안은 전혀 목(木) 구실을 할 수 없는 나무로 보면 된다. 가을에 수확한 과일에서 나온 씨앗이 한겨울 동안 추위를 견디고 있다가 봄에 싹을 틔우며 한 그루의 나무가 되는데, 이 시기의 목(木)은 얼어붙은 땅속에 꽁꽁 언 채 숨겨져 있는 씨앗과 같다. 이 씨앗 역시 목(木)의 기로 보고 언 나무, 물속에 잠겨 있는 나무, 추위 속에서 아직 싹을 틔우지 못하고 있는 나무로 보는 것이다. 그래서 오행의 개수를 계산할 때는 목(木)으로 보지만, 점수를 계산할 때는 수(水)로 판단한다.

『주역』 괘에서 중천건(重天乾) 초구(初九)에 "잠룡물용(潛龍勿用)이니라"고 하였다. "잠겨진 용(龍)은 사용하지 말지니라" 즉 용은 용이지만, 아직까지는 물속에 있으므로 용으로써 사용하지 말라는 뜻이다. 양력 2월 15일까지의 인(寅) 또한 아직 겨울의 추운 기가 남아 있으니 사용하지 말라. 이것이 필자가 주장하는 인월의 초기 분석이다.

　중기는 양력 2월 16~25일에 해당한다. 수(水) 기운이 15점, 목(木) 기운이 15점으로서 16일에 가까울수록 수(水) 기운이 강하고, 25일에 가까울수록 목(木) 기운이 강하다고 본다. 예를 들어, 16일에 가까운 날은 수(水) 기운을 20점, 목(木) 기운을 10점 정도로 볼 수 있다. 반면 25일에 가까울수록 목(木) 기운이 강해지므로 수(水) 기운은 10점 정도이고, 목(木) 기운은 20점 정도로 본다.

　말기는 양력 2월 26일부터 경칩 전까지이다. 이 시기에는 봄의 기운이 확실하게 나타난다고 보아 목(木) 30점을 준다.

| 수(水) 30점 | 수(水) 15점<br>목(木) 15점 | 목(木) 30점 |

다만, 날짜뿐만 아니라 사주 전체 상황을 살펴볼 필요가 있다. 사주 전체 여덟 글자 대부분이 차가운 성분으로 구성되어 있다면, 같은 인월인 2월 16~25일에 태어났다고 하더라도 수(水) 기운이 강한 것으로 보아 원래의 점수보다 수(水)를 조금 더 높게 계산한다. 반대로 사주 여덟 글자 대부분이 화(火)의 성분으로 이루어졌다면, 같은 인월인 2월 16~25일에 태어났다고 하더라도 원래의 점수보다 목(木)을 조금 더 높게 계산한다.

　월지는 반드시 3단계로 구분하여 분석해야 좀더 정확하게 사주를 분석할 수 있다. 실력을 더 쌓으면 보다 세밀하게 5단계로 구분하여 분석할 수 있다. 다음의 인월 분석표를 참고하면 된다. 이 경우에도 각 분석표의 점수 배정에서 주변 상황이나 태어난 시기의 기후에 따라 점수가 달라질 수 있다.

### ▼ 인월 분석표

① 3단계 분류법

| 기간(양력) | 기본 점수 |
|---|---|
| 입춘~2월 15일 | 수(水) 30점 |
| 2월 16일~2월 25일 | 수(水) 15점    목(木) 15점 |
| 2월 26일~경칩 전 | 목(木) 30점 |

② 5단계 분류법

| 기간(양력) | 기본 점수 |
|---|---|
| 입춘~2월 15일 | 수(水) 30점 |
| 2월 16일~2월 20일 | 수(水) 20점    목(木) 10점 |
| 2월 21일~2월 25일 | 수(水) 15점    목(木) 15점 |
| 2월 26일~2월 29일 | 수(水) 10점    목(木) 20점 |
| 3월 1일~경칩 전 | 목(木) 30점 |

## 2) 자오묘유월

자오묘유(子午卯酉)월은 방향의 한가운데, 계절의 한가운데에 속하는 달이다. 따라서 자(子)는 수(水)의 가장 반듯한 성분을, 오(午)는 화(火)의 가장 반듯한 성분을, 묘(卯)는 목(木)의 가장 반듯한 성분을, 유(酉)는 금(金)의 가장 반듯한 성분을 갖고 있으므로 어떠한 상황에서도 원래의 오행이 달라지지 않는다. 하나씩 자세하게 살펴보자.

자(子)는 겨울의 중앙, 즉 겨울의 한가운데 있으므로 겨울을 사이에 두고 있는 가을이나 봄의 영향을 거의 받지 않는다. 오(午)는 여름의 중앙, 즉 여름의 한가운데 있으므로 여름을 사이에 두고 있는 봄과 가을의 영향을 거의 받지 않는다. 묘(卯)는 봄의 중앙, 즉 봄의 한가운데 있으므로 봄을 사이에 두고 있는 겨울과 여름의 영향을 거의 받지 않는다. 酉(유)는 가을의 중앙, 즉 가을의 한가운데 있으므로 가을을 사이에 두고 있는 여름과 겨울의 영향을 거의 받지 않는다.

인(寅)월은 겨울에서 봄으로 넘어가는 길목에 있으므로 봄으로 분류되면서도 겨울

**point**

**자오묘유월 분석**

자오묘유월은 원래의 오행 그대로 판단한다. 자월은 수(水) 30점, 오월은 화(火) 30점, 묘월은 목(木) 30점, 유월은 금(金) 30점을 배정한다.

의 영향에서 벗어나지 못하고 겨울의 기운인 수(水)의 영향을 받는다. 이에 비해서 자오묘유(子午卯酉) 네 글자는 원래의 오행을 확고하게 지킨다. 이것은 정기(正氣) 위주로 사용하는 기존의 일반 이론과도 동일한 내용이다. 다만, 일반 이론에서는 중기(中氣)와 정기(正氣)를 함께 사용하지만 필자는 정기만을 사용한다는 점이 다르다.

▼ 자오묘유월 분석표

| 월 | 기간(양력) | 기본 점수 |
|---|---|---|
| 자(子)월 | 대설~소한 전 | 수(水) 30점 |
| 오(午)월 | 망종~소서 전 | 화(火) 30점 |
| 묘(卯)월 | 경칩~청명 전 | 목(木) 30점 |
| 유(酉)월 | 백로~한로 전 | 금(金) 30점 |

자(子)월 수(水) 30점

오(午)월 화(火) 30점

묘(卯)월 목(木) 30점

유(酉)월 금(金) 30점

### 3) 사해월

사(巳)월은 목(木) 기운에서 화(火) 기운이 점차 강해지는 시기, 즉 봄에서 여름으로 변화하는 시기이다. 더운 계절에서 더운 계절로 변화하기 때문에 본래의 오행인 화(火)를 그대로 사용한다. 화(火) 30점을 배정한다.

해(亥)월은 금(金) 기운에서 수(水) 기운이 점차 강해지는 시기, 즉 가을에서 겨울로 변화하는 시기이다. 차가운 계절에서 차가운 계절로 변화하기 때문에 역시 본래의 오행인 수(水)를 그대로 사용한다. 수(水) 30점을 배정한다.

▼ 사해월 분석표

| 월 | 기간(양력) | 기본 점수 |
| --- | --- | --- |
| 사(巳)월 | 입하~망종 전 | 화(火) 30점 |
| 해(亥)월 | 입동~대설 전 | 수(水) 30점 |

**사해월 분석**
사월은 화(火) 30점, 해월은 수(水) 30점을 배정한다.

### 4) 신월

신(申)월 또한 인(寅)월처럼 3단계 분류법을 사용해야 한다. 신월은 절기상 입추부터 백로 전까지인데, 양력으로는 8월 초순부터 9월 초순에 해당한다. 대개 8월에는 무더위가 한창이다. 신(申)은 금(金)이지만, 무더위가 한창인 신월을 단순히 금(金)으로 보기에는 문제가 있다. 따라서 입추에서 양력 8월 15일까지는 모두 화(火)로 보고, 양력 8월 16~8월 25일은 화(火) 15점·금(金) 15점으로 보고, 양력 8월 26일부터 백로 전까지는 금(金)으로 본다.

이 3단계 분류법에서 더 세분하여 5단계 분류법이나 10단계 분류법으로 사주를 분석할 수도 있다. 아직은 사주명리학의 기초를 배우는 단계이므로 3단계 분류법으로도 충분하다고 본다. 다음의 신월 분석표는 주변 상황이나 태어난 시기의 기후에 따라 점수가 달라질 수 있다.

**신월 분석**
신월은 초기는 화(火) 30점, 중기는 화(火) 15점·금(金) 15점, 말기는 금(金) 30점을 배정한다.

▼ 신월 분석표

① 3단계 분류법

| 기간(양력) | 기본 점수 |
| --- | --- |
| 입추~8월 15일 | 화(火) 30점 |
| 8월 16일~8월 25일 | 화(火) 15점    금(金) 15점 |
| 8월 26일~백로 전 | 금(金) 30점 |

② 5단계 분류법

| 기간(양력) | 기본 점수 |
| --- | --- |
| 입추~8월 15일 | 화(火) 30점 |
| 8월 16일~8월 20일 | 화(火) 20점    금(金) 10점 |
| 8월 21일~8월 25일 | 화(火) 15점    금(金) 15점 |
| 8월 26일~8월 30일 | 화(火) 10점    금(金) 20점 |
| 8월 31일~백로 전 | 금(金) 30점 |

## 5) 축월

축(丑)월은 절기상 소한부터 입춘 전까지이고 양력으로 1월에 해당한다. 당연히 매우 추운 날씨가 계속되는 달이다. 그러므로 오행이 토(土)라고 해서 토(土) 그대로 읽으면 안 된다. 개수를 계산할 때는 토(土)로 볼지언정 점수를 계산할 때는 반드시 수(水)로 보고 30점을 배정한다.

축월 분석은 매우 미묘하고 복잡하다. 또한 육친을 분석할 때에도 축월에 주의해야 한다. 단순히 토(土)로 보면 안 되기 때문이다.

**point**

**축월 분석**
축월은 오행으로는 토(土)이지만, 점수를 계산할 때는 수(水) 30점을 배정한다.

▼ 축월 분석표

| 기간(양력) | 기본 점수 |
| --- | --- |
| 소한~입춘 전 | 수(水) 30점 |

예) 1943년 12월 27일(음) 사(巳)시생 남성

```
시   일   월   연
辛   乙   乙   癸 (乾)
巳   酉   丑   未
```

원래 오행의 개수와 점수
[ 木2   火1   土2   金2   水1 ]
[ 20    15   40    25    10  ]

변환된 오행의 개수와 점수
[ 木2   火1   土2   金2   水1 ]
[ 20    15   10    25    40  ]

위 사주는 축(丑)월에 태어났으므로 월지 분석이 필요하다. 개수를 계산할 때는 토(土)이지만, 점수를 계산할 때는 토(土)가 아니라 수(水)로 분석하기 때문에 사주 내에서 수(水)의 점수는 40점이 된다.

## 6) 미월

미(未)월은 절기상 소서부터 입추 전까지이고 양력으로 7월에 해당한다. 매우 더운 날씨이기 때문에 토(土)로만 읽어서는 안 된다. 개수를 계산할 때는 토(土)로 보지만, 점수를 계산할 때는 화(火)로 보고 30점을 배정한다.

▼ 미월 분석표

| 기간(양력) | 기본 점수 |
| --- | --- |
| 소서~입추 전 | 화(火) 30점 |

**미월 분석**

미월은 오행으로는 토(土)이지만, 점수를 계산할 때는 화(火) 30점을 배정한다.

## 7) 진월

진(辰)월은 절기상 청명에서 입하 전까지이다. 진월 역시 사주 내 오행의 상황에 따라 분석이 달라진다. 사주 내에 목(木)이 많으면 진(辰) 또한 목(木)의 성질이 강해지고, 사주 내에 토(土)가 많으면 진(辰) 또한 토(土)의 성질이 강해진다. 다음의 분류표에서 주변 상황에 따라 점수가 달라질 수 있다.

**진월 분석**

진월은 초기는 목(木) 20점·토(土) 10점, 중기는 목(木) 10점·토(土) 10점·화(火) 10점, 말기는 토(土) 10점·화(火) 20점을 배정한다.

### ▼ 진월 분석표

① 3단계 분류법

| 기간(양력) | 기본 점수 | 주변 상황 점수 |
|---|---|---|
| 청명~청명 후 10일 | 목(木) 20점<br>토(土) 10점 | 주변에 토(土)가 아주 많으면 토(土) 30점, 적당히 있으면 토(土) 20점 |
| 청명 후 11일~청명 후 20일 | 목(木) 10점<br>토(土) 10점<br>화(火) 10점 | 주변에 목(木)이 많으면 목(木) 점수를, 주변에 토(土)가 많으면 토(土) 점수를, 주변에 화(火)가 많으면 화(火) 점수를 조금 더 준다 |
| 청명 후 21일~입하 전 | 토(土) 10점<br>화(火) 20점 | 주변에 목(木)이 많으면 목(木) 점수를, 주변에 토(土)가 많으면 토(土) 점수를 조금 더 준다 |

② 5단계 분류법

| 기간(양력) | 기본 점수 | | |
|---|---|---|---|
| 청명~청명 후 6일 | 목(木) 20점 | 토(土) 10점 | |
| 청명 후 7일~청명 후 12일 | 목(木) 15점 | 토(土) 15점 | |
| 청명 후 13일~청명 후 18일 | 목(木) 10점 | 토(土) 10점 | 화(火) 10점 |
| 청명 후 19일~청명 후 24일 | 토(土) 15점 | 화(火) 15점 | |
| 청명 후 25일~입하 전 | 토(土) 10점 | 화(火) 20점 | |

## 8) 술월

술(戌)월은 절기상 한로에서 입동 전까지이다. 술월 역시 사주 내 오행의 상황에 따라 분석이 달라진다. 사주 내에 금(金)이 많으면 술(戌)에서 금(金)의 성질이 강해지고, 사주 내에 토(土)가 많으면 술(戌)에서 토(土)의 성질이 강해진다. 다음의 분류표에서 주변의 상황에 따라 점수가 달라질 수 있다.

**술월 분석**

술월은 초기는 금(金) 20점·토(土) 10점, 중기는 금(金) 10점·토(土) 10점·수(水) 10점, 말기는 토(土) 10점·수(水) 20점을 배정한다.

### ▼ 술월 분석표

① 3단계 분류법

| 기간(양력) | 기본 점수 | 주변 상황 점수 |
|---|---|---|
| 한로~한로 후 10일 | 금(金) 20점<br>토(土) 10점 | 주변에 화(火)나 토(土)가 많으면 토(土) 점수를, 주변에 금(金)이 많으면 금(金) 점수를 조금 더 준다 |
| 한로 후 11일~한로 후 20일 | 금(金) 10점<br>토(土) 10점<br>수(水) 10점 | 주변에 화(火)나 토(土)가 많으면 토(土) 점수를, 주변에 금(金)이 많으면 금(金) 점수를 조금 더 준다 |
| 한로 후 21일~입동 전 | 토(土) 10점<br>수(水) 20점 | 주변에 화(火)나 토(土)가 많으면 토(土) 점수를, 수(水)가 많으면 수(水) 점수를 조금 더 준다 |

② 5단계 분류법

| 기간(양력) | 기본 점수 | | |
|---|---|---|---|
| 한로~한로 후 6일 | 금(金) 20점 | 토(土) 10점 | |
| 한로 후 7일~한로 후 12일 | 금(金) 15점 | 토(土) 15점 | |
| 한로 후 13일~한로 후 18일 | 금(金) 10점 | 토(土) 10점 | 수(水) 10점 |
| 한로 후 19일~한로 후 24일 | 토(土) 15점 | 수(水) 15점 | |
| 한로 후 25일~입동 전 | 토(土) 10점 | 수(水) 20점 | |

## 4 시지의 분석

월지 분석과 마찬가지로 시지 분석 또한 매우 중요하다. 시간에 따라 구분되는 시지는 밤과 낮, 아침과 저녁에 따라 오행이 구분되는데, 이때 하루 중 밤과 아침, 아침과 점심, 점심과 저녁, 저녁과 밤 사이를 연결하는 토(土)를 주변 상황에 따라 다르게 분석해야 한다. 예를 들어, 같은 축(丑)시라고 해도 겨울의 축시와 여름의 축시는 기온차가 매우 큰데 이러한 변화를 반영해야 사주 분석이 더욱 정확해진다.

### 생활 속 역학

" **제**왕절개_"

우리 나라에서 제왕절개 출산률이 가장 높은 곳이 강원도라는 통계가 있다. 즉 강원도의 제왕절개 출산률이 2001년, 2002년, 2003년 3년 연속 전국 1위를 기록한 것이다. 43.6%의 산모 다시 말해 2명 중 1명 가까이 제왕절개로 아이를 낳았다는 말이다.

전 세계적으로 보아도 우리 나라의 제왕절개 출산률은 매우 높은 편이다. 이유는 산모와 태아의 안전을 위해서라고 하지만, 의사와 산모의 편의에 의해 제왕절개를 하는 경우도 많다고 본다. 또한 신생아가 좋은 사주팔자를 타고나게 하려고 미리 사주를 봐두고 수술하는 경우도 있다.

사주팔자란 어머니의 뱃속에서 세상에 태어나는 순간 결정되므로, 자연분만이든 제왕절개든 똑같은 출생시점으로 간주한다. 다만, 수술을 낮에 하여 신생아의 사주에 화(火) 기운이 강하고, 그로 인해 끈기가 부족하고 성격이 급하며 정서적 안정감이 떨어지는 경우가 많다. 이러한 영향까지 고려하여 택일을 하면 좋을 것이다.

## 1) 축시

축(丑)시는 새벽 1시 30분~3시 30분 사이에 해당한다. 오행으로 보면 축(丑)은 분명 토(土)이다. 그러나 봄, 여름, 가을, 겨울 사계절의 축시가 똑같은 느낌을 주지는 않는다. 겨울의 축시는 매우 추운 반면, 여름의 축시는 열대야 때문에 매우 더워서 서로 큰 차이가 있다. 이렇게 기온 차이가 뚜렷하므로 같은 축(丑)이라고 해서 똑같이 토(土)로 분석하는 것은 무리가 있다. 오랜 임상경험을 통해서 축시의 축(丑)을 세분화해야 한다는 것이 필자의 주장이다. 다만, 사주의 주변 상황에 따라 오행의 변화가 있음을 감안해야 한다.

**축시 분석**

해자축월은 개수는 토(土)로 보고, 점수는 수(水)로 본다. 인묘진·사오미·신유술월은 오행의 개수나 점수를 계산할 때 모두 토(土)로 본다.

### ❶ 해자축월

해자축(亥子丑)월은 한겨울이다. 겨울의 축시는 매우 춥기 때문에 해자축월의 축(丑)은 개수를 계산할 때는 토(土)로 보지만, 점수를 계산할 때는 수(水)로 보아야 한다.

예1) 1974년 12월 21일(양) 축(丑)시생

| 시 | 일 | 월 | 연 |
|---|---|---|---|
| 己 | 丙 | 丙 | 甲 |
| 丑 | 申 | 子 | 寅 |

원래 오행의 개수와 점수

$$\begin{bmatrix} 木2 & 火2 & 土2 & 金1 & 水1 \\ 20 & 20 & 25 & 15 & 30 \end{bmatrix}$$

변환된 오행의 개수와 점수

$$\begin{bmatrix} 木2 & 火2 & 土2 & 金1 & 水1 \\ 20 & 20 & 10 & 15 & 45 \end{bmatrix}$$

위 사주는 자(子)월, 즉 추운 계절에 태어났다. 태어난 시간 또한 밤에 해당하는 축시이다. 시지 축(丑)은 수를 계산할 때는 토(土)이지만, 점수를 계산할 때는 수(水)로 본다. 다만, 해자축월 축시에 태어났다고 해도 주변의 오행이 화(火)와 토(土)로만 이루어진 경우는 토(土)로 보아야 할 때가 있으므로 주의해야 한다.

예2) 1958년 12월 16일(음) 축(丑)시생

| 시 | 일 | 월 | 연 |
|---|---|---|---|
| 丁 | 丙 | 乙 | 戊 |
| 丑 | 午 | 丑 | 戌 |

위 사주는 한겨울 축시에 태어났지만, 사주 내의 주변 오행이 화(火)와 토(土)로만 이루어져 있다. 따라서 축(丑)이 수(水) 구실을 하기보다는 토(土)의 구실을 할 가능성이 높다.

### ❷ 인묘진 · 사오미 · 신유술월

인묘진(寅卯辰) · 사오미(巳午未) · 신유술(申酉戌)월 등 봄, 여름, 가을에 태어난 축시생은 아주 특별한 경우를 제외하고는 오행의 개수나 점수를 계산할 때 모두 토(土)로 본다. 아주 특별한 경우에는 이러한 분석이 달라질 수 있지만, 그런 경우는 흔치 않기 때문에 이 정도로 이해해도 사주 분석에 큰 어려움이 없을 것이다.

### 2) 미시

미(未)시는 낮 1시 30분~3시 30분 사이에 해당한다. 축(丑)시와 마찬가지로 같이 미시 분석 또한 절기가 중요하게 작용한다. 여름의 미시와 겨울의 미시는 분명한 온도 차이가 있기 때문이다. 그러므로 여름의 미시는 토(土)의 구실보다는 뜨거운 화(火)의 구실을 한다고 본다. 다만, 사주의 주변 오행 중에 토(土)가 많거나 수(水)가 많으면 원래의 토(土)로 보아야 할 경우가 있다.

❶ 사오미월

예) 1966년 5월 10일(음) 미(未)시생

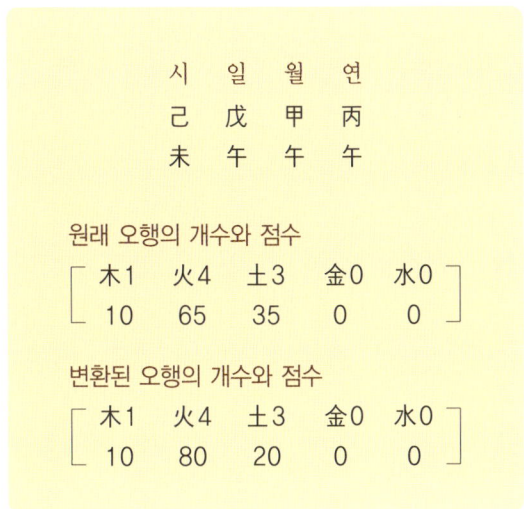

**미시 분석**

사오미월은 오행의 개수를 계산할 때는 토(土)로 보고, 점수를 계산할 때는 화(火)로 본다. 신유술, 해자축, 인묘진월은 모두 토(土)로 본다.

위 사주는 오(午)월 여름 미시에 태어났다. 여름에 태어난 미시생은 미토(未土)를 토(土)로 보지 않고 화(火)로 본다. 따라서 오행의 개수를 계산할 때는 토(土)로 보고, 점수를 계산할 때는 화(火)로 본다.

❷ 신유술·해자축·인묘진월

가을, 겨울, 봄에 태어난 미시생은 아주 특별한 경우를 제외하고는 오행의 개수나 점수를 계산할 때 모두 토(土)로 본다.

3) 진시

진(辰)시는 축(丑)시나 미(未)시와 달리 오행이 쉽게 변화하지 않고, 인묘진(寅卯辰)월 사주원국에 목(木)이 많을 때에만 변화한다. 이때 오행의 개수를 계산할 때에는 토(土)로 보고, 점수를 계산할 때에는 목(木)으로 본다.

**point**

**진시 분석**

인묘진월에 태어나고 사주 원국에 목(木)이 많으면, 오행의 개수를 계산할 때는 토(土)이지만 점수를 계산할 때는 목(木)으로 본다.

예) 1974년 2월 21일(음) 진(辰)시생

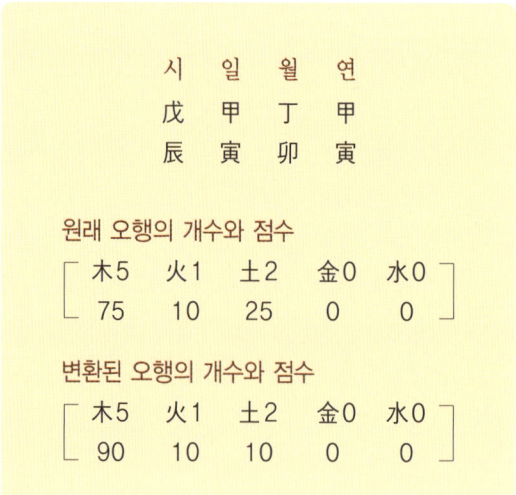

위 사주는 묘(卯)월 진(辰)시에 태어나고 사주원국에 목(木)이 많다. 따라서 시지 진(辰)은 오행의 개수를 계산할 때는 토(土)로 보고, 점수를 계산할 때는 목(木)으로 본다.

### 4) 술시

술(戌)시 또한 진(辰)시와 같이 쉽게 변화하지 않고, 주변 상황에 따라 달라진다. 가을, 즉 신유술(申酉戌)월에 태어나고 사주 안에 금(金)이 많으면 토(土)가 금(金)의 작용을 하게 된다.

예) 1980년 10월 4일(양) 술(戌)시생

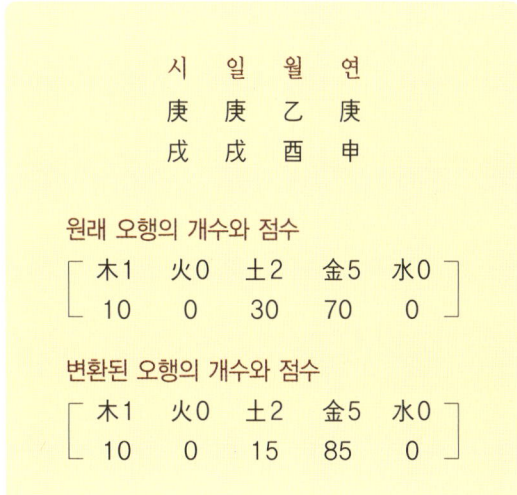

**술시 분석**

신유술월에 태어나고 사주원국에 금(金)이 많으면, 오행의 개수를 계산할 때는 토(土)이지만 점수를 계산할 때는 금(金)으로 본다.

위 사주는 유(酉)월 술(戌)시에 태어나고 사주원국에 금(金)이 많다. 따라서 시지 술(戌)은 오행의 개수를 계산할 때는 토(土)로 보고, 점수를 계산할 때는 금(金)으로 본다.

## 5. 오행의 본질과 성분

### 1 목의 심리적 특징

#### 1) 목의 성격

목(木)은 땅에 뿌리를 내린 상태에서 뻗어 나가려는 활기찬 기질을 가지고 있다. 다만, 땅 즉 토(土)에 뿌리를 내린 상태에서 활기차게 땅 위로 뻗어 올라가기 때문에 기본에서 벗어나지 않으면서 자신의 욕망과 명예를 추구하는 유형이다.

화(火) 역시 목(木)과 같이 뻗어 나가려는 활동성을 가지고 있다. 그런데 목(木)이 땅에 뿌리를 내린 채 뻗어 나가려고 하므로 안정감이 있는 반면, 화(火)는 사방으로 튀는 폭탄이나 불꽃, 폭죽을 연상하게 한다. 나무[木]는 동서남북 사방으로 가지를 뻗지만, 일단 방향이 정해지면 천천히 뻗어가면서 근본(즉 뿌리)을 땅에 단단히 내리고 자신의 목표를 추구한다. 그러나 불[火]은 언제 어디로 튈지 모르는 공처럼 안정감이 부족하다.

목(木)은 기본을 지킬 줄 알고 근본을 지킬 줄 알기 때문에 예절과 도덕을 상징한다. 그래서 목의 본성을 인(仁)이라고 한다. 목(木)은 뻗어 나가고 싶어하지만, 자신의 욕망과 명예욕, 자존심을 가능한 쉽게 드러내지 않고 자신의 목적을 성취해 나간다. 다만, 이러한 특성은 목(木)의 발달이나 과다에 따라 차이가 생길 수 있다.

목(木)은 꼼꼼하고 치밀한 것에는 흥미가 없다. 단순하고 솔직하며, 꼼꼼하게 분석하고 연구하는 복잡한 분야에서는 재능을 발휘하기 어렵다. 사주에 목(木)이 있는 사람은 시작을 먼저 하고, 매사에 앞장서는 진취적이고 적극적인 사람이며, 전체를 폭넓게 관조하고 이해하며, 적재적소에 배치하거나 큰 틀에서 구조화하는 데 탁월하다.

오행의 장단점을 분석할 때 주의할 것이 있다. 어떤 오행은 단점이 많고 어떤 오행은 장점이 많다고 볼 수 없다는 점이다. 어떤 오행이든 장점과 단점을 모두 가지고 있다. 단, 오행이 발달한 사람은 장점이 많이 나타나고, 오행이 과다한 사람은 단점이 많이 나타난다. 이것에 대해서는 오행마다 발달과 과다를 설명할 때 자세하게 설명한다. 이 부분은 사주를 분석할 때 큰 도움이 될 것이다.

> **point**
>
> **목의 성격**
>
> 기본에서 벗어나지 않으면서 자신의 욕망과 명예를 추구한다. 인(仁)을 상징하며, 진취적이고 적극적이다.

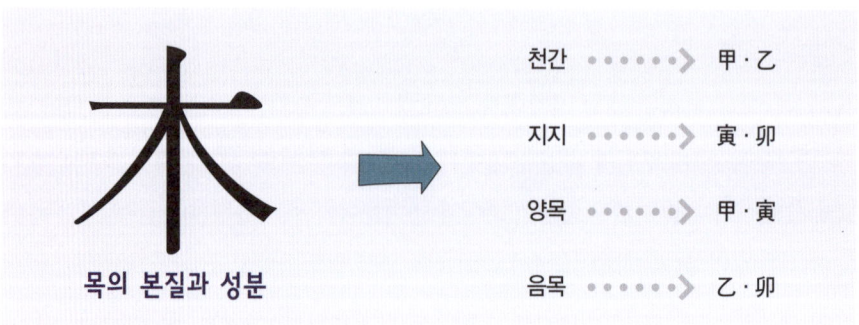

목의 본질과 성분

- 천간 ······▶ 甲·乙
- 지지 ······▶ 寅·卯
- 양목 ······▶ 甲·寅
- 음목 ······▶ 乙·卯

## 2) 목의 발달

목(木)이 3개(월지를 포함하는 경우는 2개)이거나 점수가 30~40점이면 목(木)이 발달했다고 본다.

목(木)의 발달 여부를 판단하려면 인(寅)월과 인(寅)시 분석이 중요하다. 매우 중요한 부분이므로 잘 알아두어야 한다. 월지의 성분 분석과 시지의 성분 분석만 정확하게 이해한다면 용신을 찾아내기가 매우 쉽고, 성격 판단 및 육친 판단 등 사주 전반에 대한 해석이 매우 편리할 것이다. 인월과 인시 분석은 앞서 월지의 성분 분석과 시지의 성분 분석에서 다루었기 때문에 생략한다.

**목의 발달**

사주 내에 목(木)이 3개(월지 포함 2개)이거나 점수가 30~40점이면 발달로 본다. 미래지향적이고 집중력이 높다.

목(木)이 발달하면 사주 내에서 목(木) 기운이 적당하게 자리잡고 있으며 어느 정도 힘이 있으므로 목(木)의 특성이 가장 긍정적으로 작용하고, 목(木)이 가진 중용의 장점이 나타난다.

어느 오행이 발달한 경우에는 그 오행의 부드러운 특성이 많이 나타난다. 따라서 목(木)이 발달한 사람은 목(木) 기운의 부드러운 특성들이 잘 나타난다고 보면 된다.

예) 1963년 1월 21일(양) 오전 4시 여성

| 시 | 일 | 월 | 연 |
|---|---|---|---|
| 丙 | 甲 | 癸 | 壬 (坤) |
| 寅 | 子 | 丑 | 寅 |

위 사주는 연지가 인(寅), 일간이 갑(甲), 시지가 인(寅)으로 목(木)이 3개이고 점수로는 35점이므로 목(木) 발달 사주로 본다. 필자의 제자로서 현재 치과의사로 일하는 사람의 사주이다. 단, 목(木)이 발달했다고 해서 누구나 치과의사가 된다는 것은 아니다. 직업과 관련해서는 종합적인 해석이 필요하다.

### 3) 목의 발달과 성격

목(木)이 발달한 사람은 자신감과 명예욕이 있고, 대인관계가 무난하고 적응력이 빠르다. 또한 자신의 생각과 소신을 자신 있게 표현하고, 꾸준히 자신의 목표를 성취해 나간다. 목(木)이 발달하면 항상 희망을 가지고 살아간다. 그러나 목(木)이 너무 많으면 희망이 욕망이 되어서 지나친 욕심으로 변할 수 있다.

　목(木)은 소년기를 상징한다. 목(木)이 발달한 사람은 그만큼 순수한 성격이라고 할 수 있다. 또한 목(木)이 발달한 사람은 일에 대한 집중도가 매우 높다. 목표를 정하면 주변 상황이나 어려움에 흔들리지 않고 꾸준하게 노력한다. 어린이나 청소년이 어떤 일에 빠져들면 주변 상황에 크게 신경 쓰지 않는 모습을 많이 보았을 것이다. 예를 들어, 밥먹는 시간도 잊고 부모에게 꾸중들어도 하던 일을 중간에 멈추기가 쉽지 않다. 그만큼 집중력이 강하다는 의미이다.

### 4) 목의 과다

목(木)이 4개 이상이거나 점수로 50점 이상이면 과다하다고 본다. 다시 말해 과다는 사주 안에서 한 가지 오행이 너무 많거나 지나치게 작용하는 것을 의미한다. 하나의 오행이 지나치게 작용함으로써 그 오행이 가진 기의 특성이 강하게 나타난다.

**point**

**목의 과다**
사주 내에 목(木)이 4개 이상이거나 50점 이상이면 과다로 본다. 명예욕이 강하고, 독립적이며 자유로운 것을 좋아한다.

### 5) 목의 과다와 성격

목(木)이 과다한 사람은 명예욕과 욕망이 강하다. 자신감이 지나쳐서 일을 자꾸 벌인다. 그러나 끈기가 약해서 벌여놓은 일들을 제대로 마무리하지 못한다. 자신감이 지나치다 보니 자칫 안하무인처럼 보일 수 있고, 주변의 의견을 무시하고 무엇이든 자기 뜻대로 하려고 하고, 시작은 멋들어지게 하지만 쉽게 포기한다. 또한 작은 어려움에도 크게 실망하고 쉽게 좌절하고 포기한다. 생각만 하다가 제대로 시작하지도 못하는 경우도 있다. 이러한 특성은 목(木)이 가진 소년기의 성격을 그대로 반영한다. 으레 소년기에는 모험을 좋아하지만 포기도 쉽다.

　목(木)이 발달한 경우에는 목(木)이 가진 부드러운 특징이 많이 나타나고, 과다한 경우에는 강한 특징이 많이 나타난다. 그러나 발달이나 과다 모두 목(木)의 근본 성질은 크게 다르지 않다는 것을 명심해야 한다.

목(木)은 미래지향적인 특성을 갖고 있지만, 과다한 경우에는 복잡하고 섬세한 것을 싫어하며 독립적이고 자유로운 것을 좋아한다. 이들은 그저 미래만 바라보고 미래를 향해 돌진한다. 지배받고 규제가 많은 직장을 거부하고, 자기 사업을 하거나 자유로운 직장을 선호한다. 그래서 사주팔자에 목(木)이 많은 사람은 일반 직장에서는 잘 견디지 못하고 짧은 시간 안에 그만두고 다른 직장을 찾거나 독립한다. 이들에게 적합한 자유로운 직업으로는 공무원, 교사, 교수, 세일즈맨 등이 있다.

## 6) 목과 관련된 적성 및 직업

### 학과

정치학과, 법학과, 행정학과, 어문학과, 신문방송학과, 청소년학과.

### 직업

정치가, 공무원, 법조인, 교수, 문인, 방송인, 저술가, 번역전문가, 동시통역사, 기자, 중고등학교 교사, 대학교수, 역사학자, 사무직, 화가, 출판업.

## 2 화의 심리적 특징

### 1) 화의 성격

목(木)은 지나치게 강한 태풍이 몰아치지 않는 한 어떠한 바람에도 뿌리가 뽑히지 않고 흔들거릴 뿐이다. 나무는 천천히 자라면서 땅에 뿌리를 내린 채 기본은 변하지 않으면서 자신의 고집을 키워 나간다. 웬만한 바람에는 자신을 굽히지 않고 웬만한 물에는 썩지 않는다.

이에 비해 화(火)는 작은 바람에도 쉽게 살아나서 활활 타오르기도 하고, 반대로 작은 바람에도 쉽게 꺼져버린다. 작은 불씨가 큰불이 되어 온 산을 태워버리거나 대형 건물을 한순간에 잿더미로 만들어버리는가 하면, 그러한 큰불도 순식간에 꺼져버릴 수 있다.

불꽃놀이를 한번 생각해보자. 불꽃마다 하늘로 치솟아 올라 사방으로 퍼져 나가는가 하면, 한 방향으로 몰려서 터지는 경우도 있고, 직선으로 올라가는 것, 곡선으로 올라가는 것, 원형으로 터지는 것 등 그 모습이 다양하고도 복잡하다. 이렇게 다양하게 변하는 모습처럼 화(火)는 감정 기복이 심한 것이 특징이다. 또한 어떤 상황에 처하게 되면 자신의 감정을 있는 그대로 드러낸다.

화(火)는 밝게 빛나고 따뜻하며 예(禮)를 상징한다. 어떠한 상황에서든 분명하고 명확하다. 나이어린 사람이 웃어른에게 예의바르지 않거나 부하직원이 상사에게 불량스럽게 대하면 그냥 보아넘기지 못하는 타입이다.

단, 화(火)가 발달한 사람은 옳고 그름을 정확하게 판단하지만, 화(火)가 과다한 사람은 앞뒤 가리지 않고 급하게 행동한다. 그러므로 화(火)가 발달한 사람은 예의바르게 행동하지만, 과다한 사람은 반대로 타인을 무시하고 자신의 성질을 자제하지 못해서 무례를 저지를 수 있다.

불[火]은 나무[木]를 태워서 자신을 살려 나간다. 나무가 타오르면서 불꽃은 점차 거세지고 뜨거워진다. 불은 겉모습은 화려하고 뜨겁지만, 불이 타오를수록 나무는

**화의 성격**
자신감이 넘치고 열정적이다. 예(禮)를 상징하며, 적극적이고 따뜻한 성격이다.

줄어들고 타고 남은 재만 수북하게 쌓인다. 이러한 모습에서 연상할 수 있듯이, 화(火)는 겉모습은 화려하고 다혈질이며 급해 보이지만 속은 여리며 허전함이 항상 존재한다.

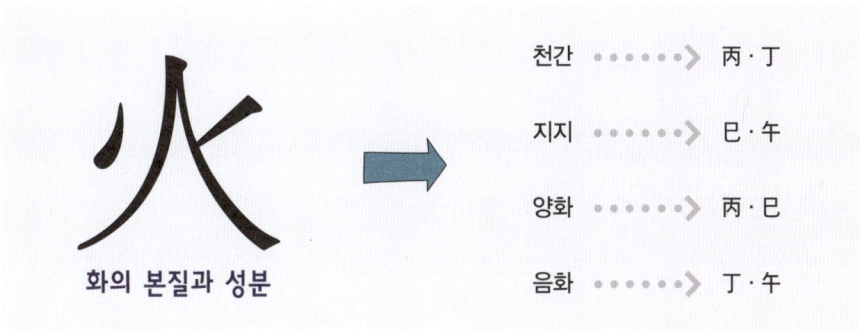

## 2) 화의 발달

사주에 화(火)가 3개(월지를 포함하는 경우는 2개)이거나 점수가 30~40점 정도이면 화(火)가 발달했다고 판단한다.

여기서 주의해야 할 부분은 미(未)월과 미(未)시이다. 미월의 미토(未土)를 보이는 그대로인 토(土)로 판단하면 전체 사주 분석에서 큰 오류가 생긴다.

미월은 소서부터 입추 전까지로, 양력 7월 초순부터 8월 초순에 해당한다. 이 시기는 무더위가 한창이라서 많은 사람들이 해수욕장이나 계곡을 찾아 더위를 식히거나, 집에서는 에어컨이나 선풍기가 없으면 지내기가 힘들다. 이렇게 무더운 날씨인데 단지 미(未)가 토(土)라는 이유로 계절을 무시하고 토(土)로 계산하면 안 된다.

미월의 미(未)는 뜨거운 화덕 또는 타오르는 불에 휩싸인 도자기 가마처럼 토(土)보다는 화(火)의 구실을 한다고 보는 것이 옳다. 그러므로 월지의 미(未)는 화(火)로 판단한다.

> **point**
>
> **화의 발달**
>
> 사주 내에 화(火)가 3개(월지 포함 2개)이거나 점수가 30~40점이면 발달로 본다. 활동적이고 적극적이며, 예술 분야에 끼가 있다.

예) 1955년 9월 8일(양) 진(辰)시생 남성

| 시 | 일 | 월 | 연 |
|---|---|---|---|
| 甲 | 丁 | 丙 | 乙 (乾) |
| 辰 | 巳 | 戌 | 未 |

위 사주는 월간이 병화(丙火)이고 일지가 사화(巳火)이며, 점수로는 35점이므로 화(火)가 발달하였다. 사법시험에 합격하고 2005년 현재 국회의원인 사람의 사주이다. 단, 화(火)가 발달하였다고 국회의원이 되는 것은 아니고 사주의 종합적인 해석이 필요하다.

### 3) 화의 발달과 성격

화(火)가 발달한 사람은 활동적이고 적극적인 성격이며, 자신의 감정을 잘 표현하면서 절제하는 능력을 가지고 있다. 적극적인 삶의 의지가 있고, 자신이 계획한 일을 자신 있게 처리해 나가는 타입이다. 또한 화(火)가 불타오르는 모습처럼 자유롭고 행동에 자신감이 넘친다. 인정이 있고 공손하며 예의바르다. 화려한 것을 좋아하고, 어떠한 순간에도 자신을 낮추고 타인에게 겸손하며 양보하는 마음이 있다. 글솜씨가 있고 예술 분야에 끼가 있으며 매사에 실천력이 있다.

### 4) 화의 과다

화(火)가 4개 이상이거나 점수로 50점 이상이면 화(火)가 과다하다고 본다. 화(火)가 과다하면 사주 내에서 화(火)가 크게 작용한다.

### 5) 화의 과다와 성격

화(火)가 과다한 사람은 불의 뜨거움처럼 매우 정열적이고 화려하다. 또한 자신을 꾸미는 것을 좋아한다. 특히 사주에 화(火)가 많은 여성은 자신을 꾸미고 치장하는 데 많은 시간과 돈을 투자한다. 오행 중에서 가장 화려한 화(火)의 기질을 그대로 나타내며 산다고 볼 수 있다. 자신을 표현하는 능력이 있기 때문에 예술적 기(氣), 예술적 감각을 가지고 있다.

화(火)는 작은 불씨로 시작해서 큰 산이나 대형 건물을 태워버리는 무서운 화력을 가지고 있다. 작은 불씨가 순식간에 큰불이 되는 것에서 연상할 수 있듯이, 화(火)가 과다한 사람은 작은 일에도 화를 내거나 목숨을 건 듯 몰입한다. 또한 성격이 매우 급하고 화끈해서 일을 시작하거나 추진하거나 계획하는 것은 잘 하지만, 금방 타올랐다 금방 꺼지듯이 끝마무리가 약한 것이 단점이다.

또한 화(火)가 과다한 사람은 아무리 힘들고 어려움이 많더라도 돌파력이 있어서 뚫고 나가지만, 시작한 일을 끝까지 밀고 나가서 결실을 맺는 끈기가 약하다. 자존심이 무척 강하여 자신의 자존심을 다치게 하거나 하고자 하는 일에 막힘이 있으면 잠시도 참지 못하고 욱하며 화를 내는 타입이다.

어려운 상황을 돌파하고 극복하는 힘은 누구보다고 강하고 적극적이다. 다만, 나중에 일을 수습하고 마무리하기까지 끈기가 부족한 것이 단점이다. 성격이 매우 급하고 불같아서 쉽게 화를 내고, 생각보다 행동을 먼저 하며, 일을 시작한 후 곧 후회하는 경우가 많다.

> **point**
>
> **화의 과다**
>
> 사주 내에 화(火)가 4개 이상이거나 50점 이상이면 과다로 본다. 화(火)가 크게 작용하므로 매우 정열적이고 화려하며, 다혈질이다.

## 6) 화와 관련된 적성 및 직업

**학과**

활동적이거나 아름다움을 추구하는 것과 관련된 학과, 무용과, 스포츠학과, 디자인학과(응용디자인학과 · 헤어디자인학과 · 의상디자인과), 피부미용학과, 연극영화학과, 컴퓨터그래픽학과.

**직업**

무용가, 체육인, 헤어디자이너, 의상디자이너, 컴퓨터그래픽디자이너.

## 3 토의 심리적 특징

### 1) 토의 성격

**point**

**토의 성격**
마음이 따뜻하며 믿음직스럽다. 신(信)을 상징하며, 화합과 포용을 의미한다.

토(土)는 모든 오행을 다 포용한다. 나무의 뿌리를 내리게 하고, 땅속 깊은 곳에 불덩어리(용암)를 감추고 있다. 또한 땅속에 물을 감추고 있고, 제방이 되어 물을 가두고, 땅속이나 땅 위에 바위나 금속을 보존하기도 한다. 이처럼 토(土)는 목(木), 화(火), 금(金), 수(水) 4가지 오행을 땅속과 땅 위에서 껴안고 막아주고 뿌리내리게 하는 등 다양한 방법으로 포용한다. 이렇게 나무[木], 불[火], 물[水], 금속과 바위[金]를 모두 수용하는 토(土)는 포용력이 넓고 가슴이 따뜻한 사람을 상징한다. 자칫 너무 넓은 마음으로 주변 상황에 쉽게 좌우되는 것이 단점이다.

토(土)는 주변에 목(木)이 많으면 목(木)의 의미가, 화(火)가 많으면 화(火)의 의미가, 금(金)이 많으면 금(金)의 의미가, 수(水)가 많으면 수(水)의 의미가 강해지고, 또한 계절에 따라 스스로를 희생해 가면서 계절의 오행에 따라 변화한다. 예를 들어, 축(丑)월은 토(土)가 아니라 수(水) 기운으로, 미(未)월은 토(土)가 아니라 화(火) 기운으로 변화한다. 이처럼 토(土)는 다른 오행을 땅속에 모두 수용하고, 넓은 마음으로 계절의 변화에 따라 그 계절의 특색에 맞게 그 계절의 성분으로 변화한다.

토(土)는 매우 변화무쌍하다. 물이나 용암이나 나무(씨앗)나 금속, 바위 등 수(水), 화(火), 목(木), 금(金)을 땅속에 감추어두고도 아무것도 없는 듯 보인다. 그러다가 갑자기 화산에서 용암[火]을 뿜어내기도 하고, 물을 솟아오르게 하기도 하고, 나무(씨앗)를 자라나게 하기도 하고, 금속이나 바위를 만들어내기도 한다.

토(土)는 목(木)이나 화(火)처럼 적극적이지 않고, 금(金)이나 수(水)처럼 사색적이지 않고 별다른 특성이 없는 듯하다. 그러나 서자평이 『연해자평(淵海子平)』에서 말한 것처럼, 토(土)는 충기(沖氣)로써 발생했다고 볼 수 있다. 화합하고 포용하는 토(土)는 금(金)과 목(木), 그리고 수(水)와 화(火)가 만들어내는 충 기운의 대립과 다툼을 중간에서 조율하고 중재하면서 새로운 변화와 새로운 창조를 이루어 나간다. 중간을 향하고 중간을 선호하는 것이 바로 토(土)의 특징이다.

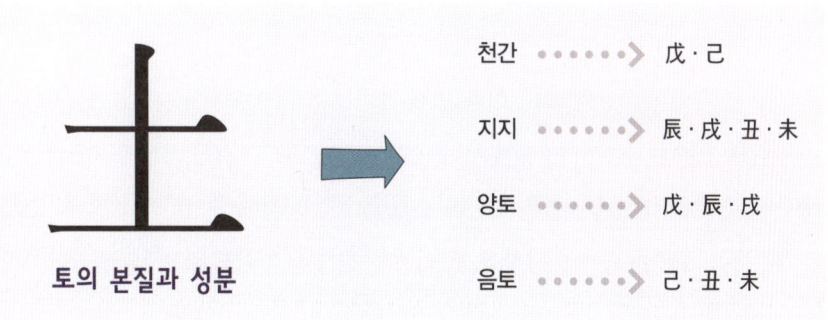

토의 본질과 성분

천간 ······▶ 戊·己
지지 ······▶ 辰·戌·丑·未
양토 ······▶ 戊·辰·戌
음토 ······▶ 己·丑·未

## 간지 배열과 토(土)의 관계

천간에서 토(土)는 갑을병정(甲乙丙丁)의 목화(木火)와 경신임계(庚辛壬癸)의 금수(金水)를 중간에서 연결하며, 목화(木火)의 더운 기운과 금수(金水)의 차가운 기운을 조절하고 중화시켜준다.

그런데 왜 목화(木火)와 금수(金水) 사이에 토(土)를 두었을까? 목화(木火)와 금수(金水)는 서로 대립적인 기운을 가지고 있지만, 목(木)과 화(火) 그리고 금(金)과 수(水)는 서로 비슷한 성질을 갖고 있으며 화합한다고 보았기 때문이다. 목화(木火)가 더운 기운, 뻗어나가려는 기운이라면 금수(金水)는 차가운 기운, 수확하려는 기운이다. 이러한 차이를 조정하는 것이 바로 토(土)의 역할이다.

한편 지지에서 토(土)는 계절과 계절 사이에 자리잡고 있다. 봄과 여름 사이에 진(辰), 여름과 가을 사이에 미(未), 가을과 겨울 사이에 술(戌), 겨울과 봄 사이에 축(丑)이 계절의 변화를 중화시키면서 자연스럽게 연결시켜준다.

또한 수(水)에서 목(木)으로, 목(木)에서 화(火)로, 화(火)에서 금(金)으로, 금(金)에서 수(水)로 변화하는 길목에서 토(土)는 오행의 갑작스런 변화나 충격을 완화시킨다.

### 2) 토(土)의 발달

토(土)가 3개(월지를 포함하는 경우는 2개)이거나 점수가 30~40점 정도이면 발달로 간주한다.

토(土)는 목(木), 화(火), 금(金), 수(水)를 중간에서 중재하고, 이들을 포용하면서 화해시켜준다. 그러나 토(土) 자체는 매우 민감한 오행이다. 특히 계절과 계절 사이에서 중재하는 환절기를 상징하는 월지와, 아침·점심·저녁·밤을 중간에서 중재하는 사이를 상징하는 시지는 단순히 오행의 논리만으로는 분석하기 어렵다. 그 중에서 월지의 진술축미(辰戌丑未)월은 토(土)가 아니라 계절에 해당하는 월의 특징을 읽어내야 한다.

예를 들어, 축월은 소한부터 입춘 전에 해당하는데, 양력으로는 1월 초순부터 2월 초순에 해당한다. 추위가 절정인 시기이므로 토(土)로 볼 것이 아니라 수(水) 기운이 가득하다고 보아야 한다. 또한 미월은 소서부터 입추 전에 해당하는데, 양력으로는 7월 초순부터 8월 초순에 해당한다. 무더위가 한창인 때이므로 미월 역시 단순히 토(土)로 볼 것이 아니라 화(火)의 기운이 가득한 토(土)로 보아야 한다.

**토의 발달**

사주에서 토(土)가 3개(월지 포함 2개)이거나 점수가 30~40점이면 발달로 본다. 믿음직스럽고 겸손하며 중후하다.

예) 1948년 5월 18일(음) 해(亥)시생 여성

```
시   일   월   연
丁   庚   戊   戊  (坤)
亥   辰   午   子
```

위 사주는 연간, 월간, 일지에 토(土)가 있으므로 개수가 3개이고 점수로는 35점이므로 토(土)가 발달하였다. 또한 월지 오화(午火)가 30점이고, 시간 정화(丁火)가 10점이므로 화(火) 또한 발달하였다. 성악가로 성공한 사람의 사주인데, 토(土)와 화(火)가 발달하였다고 성악가로 성공하는 것은 아니고 종합적인 해석이 필요하다.

### 3) 토의 발달과 성격
토(土)가 발달하면 믿음직스럽고 은근한 고집이 있다. 모나지 않고 포용력이 있으며, 겸손하고 중후한 타입이다. 타인에게 관대하고 수용하며 인색하지 않다. 말과 행동 모두 조심스럽고, 신용을 중요하게 생각하고 중용을 지킨다. 어떤 일을 맡겨도 잘해낼 것 같은 믿음을 주고, 끈기 있게 처리해 나가는 능력이 있다. 튀지 않으면서도 맡은 일을 꾸준하게 처리해 나간다. 목화금수(木火金水)의 중간에서 중재하고 계절을 중간에서 연결하는 것처럼, 토(土)는 사람과 사람을 중간에서 연결해주거나 사람들에게 무엇인가를 알려주는 역할을 한다.

### 4) 토의 과다
토(土)가 4개 이상이거나 점수로 50점 이상이면 과다하다고 본다. 토(土)가 과다하면 사주 내에서 토(土)가 지나치게 작용하게 된다.

### 5) 토의 과다와 성격
토(土)가 과다한 사람은 고집이 세고, 자신의 의지대로 살아가려고 하며, 타인의 의견

**토의 과다**

사주 내에 토(土)가 4개 이상이거나 50점 이상이면 과다로 본다. 끈기가 있고, 고집이 세며, 자신의 감정을 쉽게 내보이지 않는다.

을 무시하는 경우가 많다. 쓸데없는 고집으로 자신의 의견에 집착하여 항상 주변과 갈등을 빚는다. 쉽게 토라지고 쉽게 화해하며, 성격의 기복이 심하다. 속에 어떤 마음을 가지고 있는지 알 수 없고, 비밀이 많으며, 자신의 감정을 쉽게 내보이지 않는다. 약속한 일도 자신에게 불리한 상황이면 지키지 않는다. 쉽게 타협하려 하지 않고 자신의 생각을 쉽게 포기하지 않는 고집불통의 기질을 누구도 바꿀 수 없다. 반대로 한번 믿으면 끝까지 믿는 편이다. 그 때문에 보증을 서거나 돈 거래를 하여 큰 어려움을 겪는 경우가 흔하다.

## 6) 토와 관련된 적성 및 직업

**학과**

부동산 관련 학과, 사람과 사람을 중간에서 연결해주는 일과 관련된 학과, 건축학과, 토목학과, 임업과, 외교학과, 어문학과, 관광학과, 법학과, 항공학과.

**직업**

건축사, 토목업, 부동산업, 건축감리사, 동시통역사, 외교관, 관광안내원, 교사, 교수, 판사, 검사, 변호사, 스튜어디스, 비행사.

## 4 금의 심리적 특징

### 1) 금의 성격

금(金)은 바위, 돌, 금속, 광물 등을 상징한다. 물[水]은 자신의 기질과 전혀 달라 보이는 기체(수증기)도 되고 고체(얼음)도 되듯이 변화무쌍하고, 불[火]은 쉽게 꺼져버리기도 하고 활활 타올라서 큰 건물, 큰 산을 삼켜버리기도 한다.

이에 비해서 금(金)은 쉽게 변화하지 않는다. 금(金)을 변화시키기 위해서는 아주 높은 열로 오랫동안 녹여야만 가능하고, 녹았던 것이 식어버리면 곧 다시 딱딱한 금속이 된다. 이처럼 쉽게 변화하지 않으면서 일단 변화해도 다시 제자리로 돌아오는 것이 금(金)의 특징이다.

**금의 성격**
의리가 있고 절제력이 있다. 의(義)를 상징한다. 결단력이 있고 맺고 끊음이 확실하다.

금(金)은 자신의 마음이나 생각을 쉽게 고치지도 않고, 고친다고 해도 어느 순간 다시 원래의 생각이나 마음으로 돌아온다. 물론 칼, 시계, 도끼, 버스, 비행기, 기차, 배, 총 등 금(金)으로 다양한 것들을 만들어내는 것에서 알 수 있듯 금(金)은 녹은 상태에서는 매우 다양하게 변화한다. 그러나 자신의 기본적인 성격은 변화시키지 않는다. 즉 겉모습은 변화한 듯하지만 다시 원래의 기질을 회복하는 것이다. 예를 들어, 금속을 녹여 배와 총을 만들었다고 치자. 이 둘은 전혀 다르게 보이지만, 금속 특유의 차갑고 딱딱한 성질은 변화가 없다.

또한 금(金)은 겉과 속이 크게 다르지 않다. 금(金)은 흐트러지지 않고 한번 생각한 것, 한번 정한 것은 끝까지 밀고 나간다. 그것이 자칫 고집으로 보일 수 있지만, 대개는 의리로 평가받는다. 한번 맺은 인연은 쉽게 잊지 않는 성격으로서 의리가 강하다. 또한 금(金)은 결단력 있고, 맺고 끊음이 정확하다. 오행 중에 가장 단단하고 가장 강하고 가장 날카로운 것이 금(金)이다.

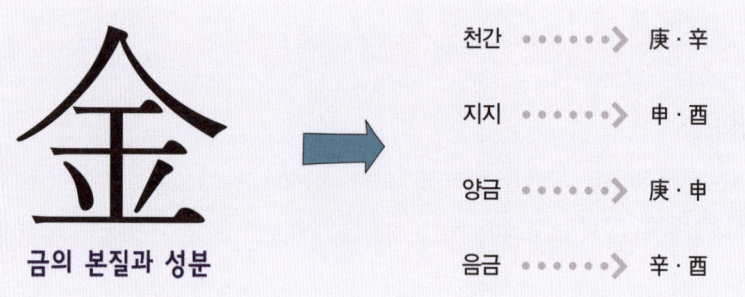

### 금에 대한 오해

금(金)은 오행 중에서 가장 날카로운 성질을 가지고 있다. 이와 관련하여 『적천수(滴天髓)』에서는 '숙살지기(肅殺之氣)'라고 하여 금(金)에는 사람의 생명을 죽이는 힘이 있다고 설명하였다. 그만큼 금(金)의 기운이 강하다고 보았다.

금극목(金剋木)으로 뼈[木]를 치고 들어가는 것이 금(金)이요, 금(金)으로 인해 뼈가 상하게 되니, 금(金)은 다른 오행에 비해 갑작스런 사건 사고와 뼈를 치고 들어가는 교통사고, 낙상 등을 일으키기 쉽다. 즉, 다른 오행은 서서히 악화되는 질병이 될 가능성이 크고 눈에 쉽게 보이는 질병은 아니기 때문에 관심을 덜 받지만, 금(金)은 교통사고나 낙상처럼 갑작스런 사건 사고와 관련되어 눈에 쉽게 띄므로 사람의 생명을 앗아간다고 본 것이다.

그러나 특정 오행만 사람의 생명을 빼앗는 것은 아니고, 각각 병명만 다를 뿐 오행의 과다나 고립에 따라 질병이 발생하고 그로 인해 생명을 잃는 것은 비슷하다는 것이 필자의 생각이다. 따라서 금(金)만을 특별히 취급해 숙살지기(肅殺之氣)로 표현하는 것은 잘못이라고 할 수 있다.

### 2) 금의 발달

금(金)이 사주 내에 3개(월지를 포함하는 경우는 2개)이거나 점수가 30~40점이면 발달로 본다. 다만, 신(申)월은 조심스럽게 접근해야 한다. 앞에서 설명한 것처럼 신월은 3단계 분류법으로 점수 분석을 해야 한다.

예) 1981년 4월 16일(음) 인(寅)시생 남성

```
시    일    월    연
壬    丁    癸    辛  (乾)
寅    酉    巳    酉
```

**금의 발달**
사주 내에 금(金)이 3개(월지 포함 2개)이거나 점수가 30~40점이면 발달로 본다. 판단력이 뛰어나고, 추진력이 있다.

위 사주는 연간에 신금(辛金), 연지와 일지에 유금(酉金)이 있고 35점이므로 금(金)이 발달하였다. 재벌가의 아들로서 그룹의 후계자인 사람의 사주이다. 단, 금(金)이 발달했다고 해서 대그룹의 후계자가 되는 것은 아니고 종합적인 해석이 필요하다.

### 3) 금의 발달과 성격
금(金)이 발달한 사람은 상황에 대처하는 판단력이 빠르다. 또한 맺고 끊음이 정확하고 결단력이 있다. 겉으로는 냉정해 보이지만 내면은 따뜻하고 정이 있다. 매사에 결단력이 있고, 과감하며, 시작한 일은 신속하게 추진하고 마무리가 확실하다. 대인관계에서도 맺고 끊음이 분명하고, 의협심이 강해 불의를 보면 참지 못하고, 의리가 있다. 자신의 속마음을 내보이지 않으면서도 타인을 도와주고 봉사정신이 강하다.

### 4) 금의 과다
금(金)이 4개 이상이거나 점수로 50점 이상이면 과다하다고 본다. 금(金)이 과다하면 사주 내에서 금(金)이 큰 작용을 하게 된다.

### 5) 금의 과다와 성격
금(金)이 과다한 사람은 지나치게 날카롭고 매섭다. 또한 독불장군에 고집불통이다. 여기에 사주 구성까지 나쁘면 성격이 난폭하고 폭력적인 면을 보일 수도 있다.

    금(金)이 과다하면 자신만의 생각을 주위 사람들에게 강요하고, 자신의 뜻대로 되지 않으면 그들에게 계속 잔소리를 한다. 그 때문에 간섭이 심하다는 불만을 늘어도,

**point**

**금의 과다**

사주 내에 금(金)이 4개 이상이거나 50점 이상이면 과다로 본다. 지나치게 날카롭고 비판정신이 강하다.

정작 본인은 진리를 추구하면서 옳은 생각만 하고 도덕적인 말만 한다고 믿는다.

　이들은 또한 칼날이나 송곳같이 매서운 말투로 마음 약한 사람에게 상처를 준다. 가끔씩 던지는 농담으로 주변 사람들을 웃게 만들기도 하지만, 잠깐의 유머는 오래가지 못하고 본래의 날카로운 말투로 돌아온다. 자신만의 독창적인 생각을 하고 그것을 실천하기 위해 노력하고, 비록 그것 때문에 손해를 보더라도 끈질기게 밀고 나간다. 이들은 비판정신이 강하기 때문에 상대의 잘못을 지적하거나 포착해내는 NGO, 경찰 등의 직업이 잘 어울린다.

## 6) 금과 관련된 적성과 직업

**학과**

원리원칙을 중시하고 맺고 끊음이 명확한 직업과 관련된 학과, 기계공학과, 금속학과, 섬유공학과, 산업공학과, 항공공학과, 재료공학과, 자동차학과, 체육학과, 의예학과, 경찰학과, 육사, 공사, 해사, NGO학과.

**직업**

금속기술자, 기계기술자, 연구원, 연구소, 컴퓨터디자이너, 과학자, 체육인, 의사, 연예인(탤런트·영화배우), 군인, 경찰, 재야운동단체, 노동단체.

## 5 수의 심리적 특징

### 1) 수의 성격

물은 항상 땅 밑으로 숨어버리려는 성질이 있다. 물은 아래로 흘러가고 더불어 땅으로 스며든다. 땅 밑에는 수없이 많은 물들이 흐르는데, 이것이 바로 수맥이다. 바다 또한 육지 위로 솟아 있는 게 아니라 육지보다 낮게 자리잡고 있다.

이와 같은 물의 특성처럼, 수(水)는 자신을 낮추고 쉽게 드러내지 않는다. 배짱이나 추진력을 내세우기보다는, 보이지 않는 곳이나 아래 또는 대중보다는 작은 집단에 있기를 원한다. 자신의 생각과 감정이 있어도 물이 땅속으로 스며들듯이 쉽게 표현하지 않는다.

그렇다고 해서 꿈과 희망, 욕망이 없다는 것은 아니다. 물은 한곳에 머물러 있기보다는 항상 흘러가며 움직이기를 좋아한다. 겉으로는 자신을 낮추고 아래로 숨어들지만 마음속에는 항상 욕망과 희망과 꿈을 갖고 있고, 다양한 생각을 한다. 매사에 심사숙고하고 생각이 끊이지 않다 보니 지혜가 발달한다. 화(火)가 생각에 앞서 행동하는 편이라면, 수(水)는 생각을 먼저 하고 상대방에 대한 배려가 먼저이다 보니 지혜가 발달하는 것이다.

한편 물은 조용히 아래로 흘러가거나 땅속으로 스며들어 수맥이 되고 땅속을 흐르지만, 어느 순간 증발하여 하늘로 올라가 가랑비가 되어 내리기도 하고 폭우가 되어 쏟아지기도 하고 매서운 태풍이 되는 등 변화가 심하다. 평소에는 얌전한 사람이 어느 순간 폭발하는 경우와 비슷하다. 단, 순간적인 폭발이 자주 있는 일은 아니다.

**point**

**수의 성격**

총명하고 지혜롭다. 지(智)를 상징한다. 심사숙고하고, 타인을 배려한다.

물은 어느 정도 규격화된 틀대로 움직여야 한다. 다시 말해 정해진 수로로 흐르지 않고 원래의 흐름에서 벗어나면 태양열에 의해 말라버리거나 반대로 넘쳐나서 주변에 피해를 주게 된다. 그러나 물처럼 유연한 것도 없다. 물은 기꺼이 자신을 낮추고 구불구불한 계곡에도 잘 적응하며 상황에 따라 스스로를 잘 변화시키는 등 생각의 자유로움과 사고의 융통성을 갖추고 있다. 둥근 그릇에 담으면 둥글게, 세모난 그릇에 담으면 세모꼴로, 긴 병에 담으면 길게 변하는데, 그 유연함과 융통성은 어떤 것도 따라올 수 없다.

이렇게 유연한 수(水)의 성질은 줏대가 없는 듯 보일 수도 있지만, 모험을 하지 않는 안정적인 성향과 깊은 사고력은 세상을 차분하게 발전시켜 나가는 원동력이 된다. 어떠한 모습으로도 변화하는 액체처럼 스스로 상황에 따라 변화하고 어떠한 의견이나 생각도 받아들인다.

그러나 자신의 생각이나 마음을 겉으로 드러내지 않고 오랫동안 속으로 감추다 보면, 그것이 스트레스가 되어 고체처럼 굳어버려서 그 누구도 만나기 싫어하고 스스로 위축되어버리는 우울증이나 자폐증을 부를 수도 있다.

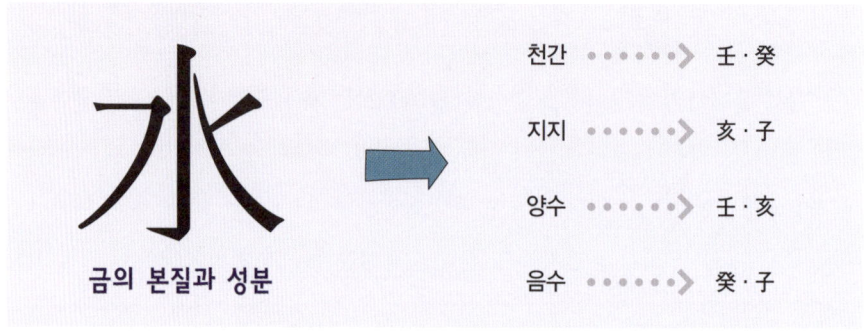

## 2) 수의 발달

수(水)가 3개(월지를 포함하는 경우는 2개)이거나 점수가 30~40점이면 발달로 본다. 여기서 반드시 주의해야 할 것은 축(丑)월과 축(丑)시이다.

월지를 제외하고, 사주의 어디에 위치하든지 축토(丑土)는 토(土)로 본다. 그러나 월지에 있는 축토는 토(土)가 아니라 수(水)로 보아야 한다. 우선 축월의 축토는 물이 가득한 흙탕물, 몸이 푹푹 빠지는 늪으로 볼 수 있다. 흙탕물은 흙으로 보기에는 물이 너무 많으므로 차라리 물로 보아야 한다. 또한 축월은 절기상 소한부터 입춘 전까지인데, 이때는 한겨울 매서운 추위가 한창이다. 이러한 축월을 단지 축(丑)이 토(土)란 이유를 들어서 토(土)로 해석한다면 사주 해석에 큰 오류가 생긴다.

**Point**

**수의 발달**

사주 내에 수(水)가 3개(월지 포함 2개)이거나 점수가 30~40점이면 발달로 본다. 이해력이 뛰어나고, 침착하며, 내성적이다.

또한 시지의 축토는 해자축월의 경우 토(土)의 구실보다는 수(水)의 구실을 한다. 해자축월이 한겨울이고 축시는 한밤중이므로 차가운 수(水) 기운에 해당하는 것이다. 나머지 연지나 일지는 축토 그대로 사용하면 된다.

예) 1937년 11월 22일(음) 묘(卯)시생 남성

| 시 | 일 | 월 | 연 |
|---|---|---|---|
| 己 | 乙 | 壬 | 丁 (乾) |
| 卯 | 酉 | 子 | 丑 |

위 사주는 월간 임수(壬水)와 월지 자수(子水)가 있고 점수로는 40점이므로 수(水)가 발달하였다. 대학 졸업 후 은행 임원과 대기업 사장을 역임한 사람의 사주이다. 단, 수(水)가 발달했다고 해서 대기업 사장이 될 수 있는 것은 아니고 종합적인 해석이 필요하다.

### 3) 수의 발달과 성격

수(水)가 발달한 사람은 지혜롭고, 총명하며, 두뇌회선이 빠르다. 매사에 기획력과 계획성이 있고, 도량이 넓고 매사 치밀하며, 식견이 높고 배움에 대한 의욕이 강하다. 이해가 빠르고, 순간적인 재치가 있어서 처세에도 능하며, 아이디어 창출에 타의 추종을 불허한다. 한 분야에 전력하고 성실하게 자신의 타고난 재능과 성격을 잘 개발해 나간다면 성공할 가능성이 크다. 성격이 예민하고 침착하며 내성적이다.

### 4) 수의 과다

사주에 수(水)가 4개 이상이거나 점수로 50점 이상이면 과다로 본다. 이 경우에는 사주 내에서 수(水)가 과도하게 작용하게 된다. 단, 50점 이상일지라도 균형 잡힌 사주라면 발달로 판단한다.

> **point**
> **수의 과다**
> 사주 내에 수(水)가 4개 이상이거나 50점 이상이면 과다로 본다. 계산이 빠르며, 지는 것을 싫어한다. 쓸데없는 생각이 많다.

### 5) 수의 과다와 성격

수(水)는 지혜를 상징하며 노년기를 상징하므로, 수(水)가 발달할수록 총명하고 지혜롭다. 그러나 지혜와 총명함이 지나치면 오히려 머리를 굴리고 잔재주가 넘치며, 과도한 상상력과 너무 많은 생각에 빠져서 헤어나오기 어렵다. 게다가 사주 구성이 나쁜 사람은 항상 음모를 품고 술수를 꾀하려고 한다.

생각이 많다 보니 자신감이 부족하고, 이 생각 저 생각에 사로잡혀서 허송세월하기도 한다. 자신의 생각이 주변 상황에 의해 반복적으로 거부당하면 자신감을 크게 상실하여 우울증이나 자폐증으로 발전할 수 있다. 냉정해 보이고, 계산이 빠르며, 자존심이 너무 강하며 지는 것을 싫어한다. 자기 주관대로 움직이는 것을 좋아하며, 과도한 욕심이나 자기 표현으로 인한 구설수가 있을 수 있다.

## 6) 수와 관련된 적성 및 직업

**학과**

지혜가 필요한 직업과 관련된 학과, 연구 관련 학과, 정확성이 필요한 직업 관련 학과, 경제학과, 경영학과, 회계학과, 무역학과, 물리학과, 수학과, 생물학과, 미생물학과, 전자계산학과, 정보처리학과, 전산통계학과, 전자과, 전자공학과, 정보관리학과.

**직업**

공인회계사, 경영지도사, 은행원, 물리학자, 수학자, 생물학자, 컴퓨터프로그래머, 시스템엔지니어, 시스템분석가, 컴퓨터그래픽디자이너, 음악가.

## 음양오행으로 본 리더십

### 1. 음양의 리더십 비교

 음

포용의 리더십
배려의 리더십
따뜻한 리더십
참모의 리더십
안정적 리더십
감각적 리더십
생각하는 리더십
물러나는 리더십
준비형 리더십
일 지향 리더십

양

통솔의 리더십
돌파의 리더십
화끈한 리더십
대장의 리더십
적극적 리더십
직선적 리더십
행동하는 리더십
앞장서는 리더십
실천형 리더십
명예 지향 리더십

## 2. 오행의 리더십(일간, 발달, 과다일 때)

① 목의 리더십

**장점**
인정이 있다
창조적이다
이지적이다
명예를 존중한다
신중하다
경청한다
중용을 지킨다
집중력이 강하다
활동적이다
사교적이다

**단점**
담력이 부족하다
끈기가 부족하다
이상에 치우친다
동정심에 이끌린다
판단력이 부족하다
추진력이 부족하다
정신력이 약하다
지나치게 신중하다
일과 사람을 분리하지 못한다
집념이 부족하다

② 화의 리더십

**장점**
적극적이다
배짱이 있다
감각적이다
결단력이 있다
창조적이다
개혁적이다
혁명적이다
현실적이다
자유를 중시한다
강한 근성이 있다

**단점**
경솔하다
성급하다
즉흥적이다
끝맺음이 약하다
탐욕스럽다
집착이 강하다
타인을 무시한다
일을 중시한다
생각이 부족하다
감정적이다

③ 토의 리더십

**장점**
- 억제할 줄 안다
- 솔선수범한다
- 통제력이 있다
- 사명감이 있다
- 지구력이 있다
- 투지와 집념이 있다
- 패기만만하다
- 주관이 뚜렷하다
- 책임감이 있다
- 성실하다

**단점**
- 고집이 세다
- 융통성이 부족하다
- 독선적이다
- 자존심이 세다
- 편협하다
- 아집이 있다
- 의욕이 지나치다
- 독재적이다
- 분열적이다
- 권력지향적이다

④ 금의 리더십

**장점**
- 이지적이다
- 원리원칙을 중시한다
- 정확하다
- 의리가 있다
- 신중하다
- 절제력이 있다
- 예리하다
- 구조화를 잘 한다
- 물질적이다
- 실리적이다

**단점**
- 편협하다
- 융통성이 부족하다
- 아집이 강하다
- 이해력이 부족하다
- 타인에 대한 배려가 부족하다
- 독선적이다
- 자만한다
- 타인과 융화가 부족하다
- 자존심과 집착이 강하다
- 자신만의 생각을 고집한다

⑤ 수의 리더십

**장점**
- 자신을 억제할 줄 안다
- 배려심이 있다
- 이해력이 높다
- 판단력이 있다
- 신중하다
- 감각적이다
- 생각이 깊다
- 이지적이다
- 상담을 잘 한다
- 참모 역할을 잘 한다

**단점**
- 배타적이다
- 이상을 추구한다
- 주관이 강하다
- 우유부단하다
- 결단력이 부족하다
- 추진력이 부족하다
- 사교성이 부족하다
- 담력이 부족하다
- 현실감이 부족하다
- 끈기가 부족하다

**생활 속 역학**

## "입태사주_"

입태(入胎)란 임신을 의미하며 태원(胎元)이라고도 한다. 입태사주란 입태가 된 시점을 연·월·일·시의 사주로 나타낸 것으로서, 태어난 연월일시 사주에 나타나지 않는 기를 찾아내는 데 사용한다. 한방에서는 질병 치료의 방법으로 이용하기도 한다.

### ❶ 사주팔자와 임신일수

지지는 모두 12개이고 지구는 360도 회전하므로 각각의 지지는 서로 30도씩 떨어져 있다. 그 중에서 자(子)는 정북(正北)을 가리키고 오(午)는 정남(正南)을 가리키는데, 지구의 축은 정남 정북을 가리키는 자오선(子午線)이 아니라 축미선(丑未線)으로 27.6도 기울어져 있다. 이는 정상적인 여성의 평균 생리일수인 27일 6시간, 그리고 임신에서 분만까지의 평균 임신일수인 276일과 같은 수이다.

입태사주를 정할 때는 자(子)일이나 오(午)일에 태어난 사람이 기준이 되고, 태어난 날에 따라 임신일수가 달라진다.

① 자(子)일이나 오(午)일에 태어난 사람은 임신 후 분만일까지 276일이다.
② 축(丑)일이나 미(未)일에 태어난 사람은 임신 후 분만일까지 266일이다.
③ 인(寅)일이나 신(申)일에 태어난 사람은 임신 후 분만일까지 256일이다.
④ 묘(卯)일이나 유(酉)일에 태어나고 사주가 신강한 사람은 임신 후 분만일까지 306일이다.
⑤ 묘(卯)일이나 유(酉)일에 태어나고 사주가 신약한 사람은 임신 후 분만일까지 246일이다.
⑥ 진(辰)일이나 술(戌)일에 태어나고 사주가 신약한 사람은 임신 후 분만일까지 296일이다.
⑦ 사(巳)일이나 해(亥)일에 태어난 사람은 임신 후 분만일까지 286일이다.

이와 같이 태어난 날의 지지 즉 일지만 알면 언제 입태했으며, 얼마만에 태어났는지 알 수 있다. 한편 임신 후부터 분만일까지 246일, 256일, 266일, 276일, 286일, 296일, 306일 등 276일을 기준으로 아래위 10일 차이를 나타내는데, 이는 입태시의 1일은 출생시와 비교할 때 1일이 아니라 10일과 같다고 보기 때문이다.

### ❷ 사주팔자와 입태사주

입태사주는 태어난 사주팔자를 보고 알아낼 수 있다. 그 중에서 입태월을 찾는 방법은 다음과 같다. 먼저 태어난 사주팔자의 월지에서 지지 순서대로 해당 지지를 포함해 네 번째에 해당하는 지지가 입태월의 지지이다. 이어서 입태월의 천간을 찾는데, 사주팔자의 월간에서 바로 다음 순서에 해당하는 천간이 입태월의 천간이다. 예를 들어, 경술(庚戌)월생이라면 월지는 술(戌)부터 세어서 네 번째에 해당하는 축(丑)이고, 월간은 경(庚) 다음 천간인 신(辛)이므로 신축(辛丑)월이다.

한편 태어난 사주팔자의 일주와 합을 이루는 날이 입태일이다. 즉 천간끼리 천간합을 이루고, 지지끼리 지지합을 이루는 것이다. 천간합에는 갑기합(甲己合), 을경합(乙庚合), 병신합(丙辛合), 정임합(丁壬合), 무계합(戊癸合)이 있고, 지지합에는 자축합(子丑合), 인해합(寅亥合), 묘술합(卯戌合), 진유합(辰酉合), 사신합(巳申合), 오미합(午未合)이 있다.

마지막으로 태어난 사주팔자의 시지와 합이 되는 시가 입태시이다. 시지끼리는 서로 합을 이루지만, 시간은 일간에 따라 달라지는데 이것은 『사주명리학 초보탈출』의 시주 세우는 방법(p.101~102)을 참고하면 쉽다.

예) 1968년 3월 11일(음) 오(午)시생 남성

사주팔자　시　일　월　연　　　입태사주　시　일　월　연
　　　　　戊　戊　丙　戊 (乾)　　　　　　己　癸　丁　丁
　　　　　午　申　辰　申　　　　　　　　　未　巳　未　未

위 사주들에서 왼쪽은 사주팔자이고, 오른쪽은 입태사주이다. 입태사주를 찾을 때 먼저 일주는 천간합과 지지합을 따져야 한다. 사주팔자의 일주인 무신(戊申)이 각각 무계합(戊癸合)과 사신합(巳申合)을 이루므로 입태일은 계사(癸巳)일이다.

시주에서 시지 오(午)는 미(未)와 합을 이루므로 입태사주의 시지는 미(未)이고, 무계(戊癸)일은 임자(壬子)시부터 시작하므로 기미(己未)시가 입태시이다.

입태월의 월지는 사주팔자의 월지인 진(辰)부터 순서대로 진행하여 네 번째인 미(未)이고, 입태월의 월간은 사주팔자의 월간인 병(丙) 바로 다음인 정(丁)이다. 따라서 입태월은 정미(丁未)월이다.

위의 입태사주로 미루어 볼 때 이 사람은 1967년 6월 21일(음) 미시에 입태되어 1968년 3월 11일(음) 오시에 태어났다. 다만, 입태사주의 월주는 입태월을 찾는 방법이 정확도가 떨어지므로 만세력을 찾아서 10개월 전에 입태일에 해당되는 날짜가 있으면 해당 월을 찾는 것이 정확도가 높다. 위 사주를 예로 들면, 태어난 날에서 10개월 전쯤의 해당 월에 계사일이 있는지 살펴보고 계사일이 있는 달을 입태월로 본다.

입태사주의 입태월은 만세력에 실제로 존재하지 않는 가상의 사주로 볼 수 있다. 따라서 태어난 사주팔자를 토대로 입태사주가 정해지면, 실제로 존재하지 않는 사주일지라도 그 기운이 존재한다고 보고 운명을 판단하는 것이다.

한의학에서는 입태사주로 건강상태를 살펴보는 등 입태사주를 매우 중요하게 여긴다. 그런데 입태사주를 알려면 태어난 사주를 정확하게 알아야 하는데, 현대에는 제왕절개를 하는 경우가 많기 때문에 태어난 사주로 입태사주를 설정하기가 어렵다. 또한 자연분만으로 태어난 신생아라고 해도 임산부의 건강상태나 운동상태에 따라 태아의 입태시기와 태어나는 시기는 달라질 수 있기 때문에 마찬가지로 어려움이 있다. 결론적으로, 어느 일간에 입태하면 어느 시기에 태어나도록 결정되어 있다는 것은 타당성이 부족하다고 보아야 한다.

# EXERCISE

**KEY POINT**

생각지향적이고 사고력이 뛰어난 것은 음(陰)의 심리적 특징이다.

## 실전문제

**1** 다음 중 양(陽)의 심리적 특징이 아닌 것은?

① 적극적이다
② 활동적이다
③ 사고력이 뛰어나다
④ 행동지향적이다
⑤ 표현력이 뛰어나다

인월은 아직까지 겨울의 기운이 남아 있으므로, 겉으로 보기에는 목(木)이지만 세부적으로 분석해보면 수(水)의 작용이 매우 큰 경우가 있다.

**2** 다음 중 인(寅)월에 대한 설명으로 옳지 않은 것은?

① 인월은 절기상 입춘부터 경칩 전까지이다.
② 인월은 목(木)의 계절이고 양이므로 목(木)의 작용이 강하다.
③ 인월은 양력으로 2월 4일 전후에 시작하므로 겨울의 기운이 아직 남아 있다.
④ 인월은 태어난 날에 따라 수(水)의 기운도 있다.
⑤ 인월은 태어난 날에 따라 세분하여 분석해야 한다.

신월은 계절적으로 매우 뜨겁기 때문에 세분하여 오행의 변화를 분석해야 한다.

**3** 다음 중 신(申)월에 대한 설명으로 옳지 않은 것은?

① 신월은 양금(陽金)이므로 금(金) 기운이 매우 왕성하다.
② 신월은 태어난 날에 따라 오행의 점수가 달라진다.
③ 신월은 절기상 입추부터 백로 전까지이다.
④ 신월은 양력으로 8월 초부터 9월 초까지이다.
⑤ 신월인데 입추 후 며칠 지나지 않았다면 화(火)가 30점이다.

월지에서 인신(寅申)은 상황에 따라 변화가 매우 크지만, 사해(巳亥)는 변화가 없다.

**4** 다음 중 월지 분석에 대한 설명으로 옳지 않은 것은?

① 월지 자오묘유(子午卯酉)는 상황에 따라 오행의 변화가 없다.
② 월지 진술축미(辰戌丑未)는 상황에 따라 오행의 변화가 있다.
③ 월지 인신사해(寅申巳亥)는 상황에 따라 오행의 변화가 있다.
④ 월지 진술(辰戌)과 인신(寅申)은 매우 복잡한 오행의 변화가 있다.
⑤ 월지 축(丑)과 미(未)는 점수로는 수(水)와 화(火)로 분석한다.

**5** 다음 중 축(丑)월에 대한 설명으로 옳지 않은 것은?

① 축월은 한겨울에 해당하므로 오행으로는 목(木)이고 점수로는 수(水) 이다.
② 축월은 절기상 소한부터 입춘 전까지이다.
③ 축월은 점수로는 무조건 수(水)이며 30점을 준다.
④ 축월은 태어난 날에 따라 세분하여 점수를 준다.
⑤ 축월에 태어난 사람은 위장질환과 여성기질환을 조심해야 한다.

**6** 다음 중 미(未)월에 대한 설명으로 옳지 않은 것은?

① 미월은 절기상 소서부터 입추 전까지이다.
② 미월은 오행의 개수로는 토(土)이고 점수로는 화(火)이다.
③ 미월은 한여름에 해당하므로 화(火) 기운이 강하다.
④ 미월은 축월과 같은 방식으로 분석한다.
⑤ 미월은 대략 양력 7월말부터 8월 말까지이다.

**7** 다음 중 축(丑)시에 대한 설명으로 옳은 것은?

① 축시는 토(土)로 보고 개수와 점수를 계산한다.
② 축시는 오후 1시 30분 ~ 3시 30분이다.
③ 축시는 무조건 수(水)로 점수를 준다.
④ 축시는 주변 상황, 특히 월지의 상황에 따라 오행의 점수 변화가 크다.
⑤ 축시는 주변 상황에 따라 변화하지 않는 오행이다.

**8** 다음 중 미(未)시에 대한 설명으로 옳은 것은?

① 미시는 사오미(巳午未)월에 태어나면 화(火)로 본다.
② 미시는 출생일에 따라 영향을 받는다.
③ 미시는 해자축(亥子丑)월에 태어나도 낮에 해당하므로 화(火)로 본다.
④ 미시는 사오미(巳午未)월에 태어나도 원래 토(土)이기 때문에 토(土)로 본다.
⑤ 미시는 주변 상황의 영향을 받지 않는다.

---

**KEY POINT**

축월은 세분하여 점수를 주지 않고 무조건 수(水) 30점을 준다.

미월은 대략 양력 7월 초부터 8월 초까지이다.

시지 축(丑)이 겨울에 해당하는 해자축(亥子丑)월에 태어나면, 특별한 사주 구성이 아닌 경우에 점수를 수(水)로 준다.

미시는 사오미(巳午未)월에 태어나면 화(火)로 점수를 준다.

축월은 오행의 개수는 토(土)로, 점수는 수(水)로 본다.

**9** 다음 사주의 점수 분석이 옳은 것은?

| 시 | 일 | 월 | 연 |
|---|---|---|---|
| 己 | 辛 | 丁 | 己 |
| 亥 | 丑 | 丑 | 丑 |

① 
| | 木 | 火 | 土 | 金 | 水 |
|---|---|---|---|---|---|
| 개수 | 0 | 1 | 5 | 1 | 1 |
| 점수 | 0 | 10 | 45 | 10 | 45 |

② 
| | 木 | 火 | 土 | 金 | 水 |
|---|---|---|---|---|---|
| 개수 | 0 | 1 | 5 | 1 | 1 |
| 점수 | 0 | 10 | 75 | 10 | 15 |

③ 
| | 木 | 火 | 土 | 金 | 水 |
|---|---|---|---|---|---|
| 개수 | 0 | 1 | 5 | 1 | 1 |
| 점수 | 0 | 10 | 50 | 10 | 10 |

④ 
| | 木 | 火 | 土 | 金 | 水 |
|---|---|---|---|---|---|
| 개수 | 0 | 1 | 4 | 1 | 2 |
| 점수 | 0 | 10 | 45 | 10 | 45 |

⑤ 
| | 木 | 火 | 土 | 金 | 水 |
|---|---|---|---|---|---|
| 개수 | 0 | 1 | 4 | 1 | 2 |
| 점수 | 0 | 10 | 70 | 10 | 15 |

월지 미(未)는 한여름에 해당하므로, 오행의 개수는 토(土)로 계산하지만 점수는 화(火)로 본다. 또한 한여름에 태어났으므로 미시 또한 오행의 개수는 토(土)로 계산하지만 점수는 화(火)로 보아 화(火)의 점수가 70점이다.

**10** 다음 사주의 점수 분석이 옳은 것은?

| 시 | 일 | 월 | 연 |
|---|---|---|---|
| 乙 | 丙 | 乙 | 辛 |
| 未 | 午 | 未 | 丑 |

① 
| | 木 | 火 | 土 | 金 | 水 |
|---|---|---|---|---|---|
| 개수 | 2 | 2 | 3 | 1 | 0 |
| 점수 | 20 | 25 | 55 | 10 | 0 |

② 
| | 木 | 火 | 土 | 金 | 水 |
|---|---|---|---|---|---|
| 개수 | 2 | 2 | 3 | 1 | 0 |
| 점수 | 20 | 70 | 10 | 10 | 0 |

③ 
| | 木 | 火 | 土 | 金 | 水 |
|---|---|---|---|---|---|
| 개수 | 2 | 2 | 3 | 1 | 0 |
| 점수 | 20 | 55 | 25 | 10 | 0 |

④ 
| | 木 | 火 | 土 | 金 | 水 |
|---|---|---|---|---|---|
| 개수 | 2 | 3 | 2 | 1 | 0 |
| 점수 | 20 | 55 | 25 | 10 | 0 |

⑤ 
| | 木 | 火 | 土 | 金 | 水 |
|---|---|---|---|---|---|
| 개수 | 2 | 4 | 1 | 1 | 0 |
| 점수 | 20 | 70 | 10 | 10 | 0 |

**11** 다음 중 오행의 발달을 잘못 설명한 것은?

① 목(木) 발달 → 명예욕이 있고 대인관계가 무난하다.
② 화(火) 발달 → 활동적이고 적극적이며 자신의 감정을 잘 표현한다.
③ 토(土) 발달 → 믿음직하고 포용력이 있으며 은근한 고집이 있다.
④ 금(金) 발달 → 적극적이며 융통성이 있고 여유롭다.
⑤ 수(水) 발달 → 지혜롭고 총명하며 기획력과 아이디어가 뛰어나다.

**KEY POINT 5**

금(金)이 발달하면 계획적이고 규칙적이며 맺고 끊음이 분명하다.

**12** 다음 중 오행의 과다를 잘못 설명한 것은?

① 오행이 과다하면 독립적이고 자유로운 기질이 있다.
② 오행이 과다하면 성격이 괴팍하고, 남을 속이는 등 못된 짓을 많이 한다.
③ 오행이 과다하면 자신감이 넘치고 적극적이다.
④ 오행이 과다하면 규율이 엄한 직장보다는 자유로운 직장이나 사업을 선호한다.
⑤ 오행이 과다하면 모험심이 있어서 일을 잘 벌인다.

오행이 과다하다고 해서 성격이 괴팍하거나 남을 잘 속이는 것은 아니다.

**13** 다음 오행의 과다 중 성격이 가장 급하고 적극적인 것은?

① 목(木) 과다
② 화(火) 과다
③ 토(土) 과다
④ 금(金) 과다
⑤ 수(水) 과다

화(火)가 과다할수록 표현력이 강하고 행동이 빠르며 적극적이다.

**14** 다음 오행에서 과다할수록 생각이 많아지고 신경이 예민해지는 것은?

① 목(木) 과다
② 화(火) 과다
③ 토(土) 과다
④ 금(金) 과다
⑤ 수(水) 과다

사주에 수(水)가 많을수록 신경이 예민해지고 생각이 많아진다. 하고 싶은 것은 많고 마음은 굴뚝 같은데 행동 즉 실천력이 따르지 않는다.

## KEY POINT

오행이 발달한다고 해서 반드시 크게 성공하는 것은 아니다. 물론, 꾸준한 발전은 가능하다.

**15** 다음 중 오행의 발달에 대한 설명으로 옳지 않은 것은?

① 오행의 발달은 중용을 상징한다.
② 오행이 발달하면 안정감이 있다.
③ 오행이 발달하면 크게 성공한다.
④ 오행이 발달하면 성격이 원만하다.
⑤ 오행이 발달하면 포용력이 있다.

토(土)가 과다할 때는 끈기 있게 밀고 나가서 일을 완성시키는 것이 장점이다.

**16** 다음 중 오행 과다의 장점을 잘못 설명한 것은?

① 목(木) 과다 → 자신을 정체시키지 않고 적극적으로 성장시킨다.
② 화(火) 과다 → 감정을 솔직하게 드러내고 매사에 적극적이다.
③ 토(土) 과다 → 끈기 있게 밀고 나가며 자신을 낮춘다.
④ 금(金) 과다 → 매사 원리원칙적이고 깔끔하게 뒷마무리한다.
⑤ 수(水) 과다 → 타인에 대한 배려가 뛰어나고 아이디어가 반짝인다.

발달은 좋고 과다는 나쁜 것이 아니라 각자 특징이 있다.

**17** 오행의 발달과 과다에 대한 설명으로 옳지 않은 것은?

① 발달은 좋은 특징이 강하고 과다는 나쁜 특징이 강하다.
② 발달은 특징이 안정되고 과다는 특징이 돌출된다.
③ 발달은 안정적이고 과다는 적극적이다.
④ 발달은 단계 지향적이고 과다는 신속 지향적이다.
⑤ 발달은 여유롭고 과다는 급하다.

오행의 발달은 점수로 30~45점을 말한다.

**18** 오행의 발달에 대한 설명 중 옳지 않은 것은?

① 오행의 개수가 3개이면 발달로 본다.
② 오행의 점수가 반드시 30점이어야 발달로 본다.
③ 발달한 오행의 특징은 안정적으로 나타난다.
④ 발달은 단점뿐만 아니라 장점도 있다.
⑤ 오행이 발달하면 단계적으로 꾸준하게 발전시켜 나간다.

**19** 오행의 과다에 대한 설명으로 옳지 않은 것은?

① 오행의 개수가 4개 이상이면 과다로 본다.
② 오행이 50점이면 무조건 과다로 본다.
③ 오행이 과다하면 적극적이다.
④ 과다는 확장하려고 하는 성격상의 특징이 있다.
⑤ 오행이 과다하면 독립적이고 자유로운 것을 좋아한다.

**20** 다음 사주에서 과다한 오행은 무엇인가?

| 시 | 일 | 월 | 연 |
|---|---|---|---|
| 癸 | 癸 | 乙 | 癸 |
| 丑 | 丑 | 丑 | 丑 |

① 목(木)　② 화(火)　③ 토(土)　④ 금(金)　⑤ 수(水)

## KEY POINT

내 편인 오행이 50점이어도 극하는 오행이 50점이면 과다로 보지 않고 균형잡힌 사주로 본다. 예를 들어, 화(火)가 50점인데 수(水) 또한 50점이면 화(火)나 수(水)는 과다의 특징을 나타내지 않고 발달의 특징을 보인다.

축월은 점수로는 수(水)로 본다. 그리고 시지 또한 겨울에 태어났기 때문에 수(水)로 본다. 이 사주는 수(水)가 75점으로 과다하다.

**여기 정답!**

1) 3　2) 2　3) 1　4) 3　5) 1
6) 5　7) 4　8) 1　9) 1　10) 2
11) 4　12) 2　13) 2　14) 5　15) 3
16) 3　17) 1　18) 2　19) 2　20) 5

## 사주명리학은 상담학이다

일반적으로 '사주팔자' 또는 '사주명리학' 하면 족집게 도사나 사이비, 미신이란 단어가 떠오른다. 실제로 족집게 도사가 사주팔자만으로 한 사람의 인생을 정확하게 알아맞힌다고 믿고, 또 어떠한 변화 없이 그 족집게 도사의 말처럼 인생이 펼쳐진다고 믿는 사람들이 있다. 이와 반대로 족집게 도사란 허무맹랑한 술수로 사람들을 현혹하는 사이비 역술가이며, 사주명리학은 미신에 불과하다고 비판하는 사람들도 있다.

많은 사람들이 사주명리학을 처음 접하면서 이것만 공부하면 앞일을 잘 알아맞힐 수 있다는 기대감을 품고 공부를 시작한다. 초보에서 막 벗어난 여러분들 역시 조금씩 실력이 늘어가면서 점점 자신감을 갖고, 사주명리학에 대해 큰 기대를 품게 될 것이다.

그러나 사주명리학은 잘 알아맞히기보다는, 한 사람의 운명을 변화시켜주고 희망을 주기 위한 카운슬링(counseling) 즉 상담(相談)의 역할을 해야 한다. 만약 누군가의 삶을 알아맞혀서 우쭐해지고 싶거나, 이 학문을 통해서 돈을 벌어보겠다는 욕심이 앞선다면 한시라도 빨리 사주명리학 공부를 그만두어야 한다. 본인의 삶을 위해서도 그렇거니와, 자칫하면 타인의 인생을 구렁텅이로 몰아갈 수 있기 때문이다.

사주명리학은 첫째 자기 자신을 찾아가는 것이고, 둘째 타인으로 하여금 그 사람의 삶을 찾아주고자 하는 것이다. 먼저 사주명리학을 통해 자신을 찾아가는 과정에서 스스로 더 나은 인생을 살기 위해 노력하고 나아가 자신의 삶을 따뜻한 시선으로 바라볼 수 있을 때, 비로소 다른 사람의 삶에 대해 상담하는 '아름다운 카운슬러' 즉 '아름다운 상담가'가 될 수 있다. 사주 주인공의 내면에 숨어 있는 성격, 심리, 적성, 특성 등을 찾아주고, 그 사람이 인생의 다양한 변화에 능동적으로 대처할 수 있도록 돕는 것이 사주명리학의 역할이자 그것을 배우는 목적이라고 할 수 있다.

여기서 '아름다운 카운슬러', '아름다운 상담가'는 사주 상담을 요청한 사람에게 듣기 좋은 이야기만 하지 않고 진정한 자신을 알도록 채찍질하되, 어려움을 이겨낼 힘과 용기를 함께 주어야 한다. 살면서 힘든 고비를 만나더라도 자존감을 잃지 않고 원칙을 지키면서 자신의 삶을 행복하게 변화 발전시키고, 또한 자신만 돌아보지 않고 자신의 주변과 세상을 볼 수 있는 안목과 균형감각을 키워주어 사회구성원 모두가 행복해질 수 있는 길을 찾게 해주어야 한다.

사주명리학은 사주상담학이다. 태어나면서부터 고정된 운명을 알아보는 학문이 아니라 더 나은 삶을 살 수 있도록 희망과 용기를 주는 학문이다. 사주명리학을 공부하는 사람들이 사주명리학의 역할을 올바로 인식할 때 비로소 사이비나 미신이란 이제까지의 오명에서 벗어날 수 있고, 사주명리학에 대한 사회적인 인식이 향상되어 더 많은 사람들에게 도움을 줄 수 있을 것이다.

사주팔자에서 오행의 고립과 과다 정도를 보면
건강상태를 판단할 수 있다. 먼저 오행의 고립은 사주 내의
어떤 오행이 다른 오행들에 둘러싸여 있을 때를 말한다.
고립에는 복잡하고 다양한 형태가 있지만,
한마디로 사주 내의 어느 오행의 관점에서 자신과 같거나
자신을 생하는 오행이 주위에 없고, 자신이 생하는 오행이나
자신이 극하는 오행 또는 자신을 극하는 오행으로
둘러싸여 있는 것을 말한다. 그리고 오행의 과다는
사주 내에 어느 오행이 지나치게 많을 때를 말한다.

김동완의 사주명리학 강의 Vol.2
사주명리학 완전정복

# 음양오행으로 보는 건강

건강 분석의 의의 / 건강 분석 방법 / 오행의 고립과 건강
오행의 과다와 건강

# 음양오행으로 보는 건강

chapter 2

오행으로 심리적 특성뿐만 아니라 건강까지 판단할 수 있다.
목(木)·화(火)·토(土)·금(金)·수(水) 등 각각의 오행은 인체
오장육부를 나누어 다스린다. 사주팔자에서 오행의 고립과 과다를
분석하면 관련 부위의 건강상태를 분석할 수 있다. 사주 분석 결과
건강 이상이 우려되는 사람은 평소 건강관리에 더욱 신경 써야 한다.

## 1. 건강 분석의 의의

사주팔자의 오행을 분석하면 건강상태에 대해 알 수 있다. 직업, 적성, 개성 등은 오행의 발달과 과다 정도를 보고 판단한다면, 건강은 오행의 고립과 과다 정도를 보고 판단한다. 즉, 사주에서 특정 오행이 고립되거나 과다할 때 관련 부위의 건강문제를 알아내는 것이다. 따라서 오행에 따른 인체 부위를 아는 것이 우선이다.

여기서 한 가지 의문이 생긴다. 타고난 사주에 건강문제가 있다고 해서 반드시 건강문제가 생기는가? 또 일단 건강문제가 나타나면 치료가 불가능한가? 다행스럽게도 그렇지 않다. 사주명리학에서 사주팔자를 바탕으로 심리적 특징이나 건강문제를 다루는 것은 미리 예측하고 예방하기 위해서이다. 자신에게 건강문제가 나타날 수 있음을 미리 알면 건강을 지켜 나가기 위해서 운동을 하거나 건강 진단을 받는 등 좀더 노력하게 될 것이다. 또한 사주 분석에서 예측한 것처럼 실제로 질병에 걸리더라도 반드시 고치도록 노력해야 한다.

우리 모두에게 자신의 건강은 그 어떤 것보다 소중하다. 사주명리학을 공부하는 것

**오행과 건강**
사주팔자의 오행은 각각 인체 부위와 관련되어 있다. 따라서 오행을 분석하면 사주 주인공의 건강상태를 파악할 수 있다.

은, 족집게처럼 알아맞히는 게 목적이 아니라 자신에 대해 잘 알고 운명을 개척해 나가기 위해서임을 기억해야 한다.

## 2. 건강 분석 방법

사주팔자에서 오행의 고립과 과다 정도를 보면 건강상태를 판단할 수 있다. 먼저 오행의 고립은 사주 내의 어떤 오행이 다른 오행들에 둘러싸여 있을 때를 말한다. 고립에는 복잡하고 다양한 형태가 있지만, 한마디로 사주 내의 어느 오행의 관점에서 자신과 같거나 자신을 생하는 오행이 주위에 없고, 자신이 생하는 오행이나 자신이 극하는 오행 또는 자신을 극하는 오행으로 둘러싸여 있는 것을 말한다. 그리고 오행의 과다는 사주 내에 어느 오행이 지나치게 많을 때를 말한다.

특정 오행이 다른 오행들에 둘러싸여 고립되거나 반대로 과다할 때 모두 그 오행과 관련된 부위에 건강문제가 나타날 수 있다. 이런 경우에는 문제가 생기기 전에 미리 조심하고 의사에게 상담해야 한다.

### ▼ 오행의 건강 배정

| 천간 | 木 | 火 | 土 | 金 | 水 |
|---|---|---|---|---|---|
| 오장 | 간 | 심장 | 비장 | 폐 | 신장 |
| 육부 | 담(쓸개) | 소장 | 위장 | 대장 | 방광 |
| 건강문제 | 뼈<br>수술 | 혈관질환<br>순환기질환<br>안과질환<br>정신과질환 | 자궁·난소<br>신장<br>산부인과질환<br>비뇨기과질환 | 우울증<br>자폐증<br>뼈<br>무기력증 | 자궁·난소<br>우울증<br>자폐증<br>불면증<br>두통<br>무기력증 |

**돌발퀴즈**

**Q** 오행의 고립과 과다 중에서 건강에 더 나쁜 영향을 미치는 것은?

**A** 사주팔자의 오행으로 건강을 판단하는 방법은 2가지다. 하나는 어느 한 오행이 지나치게 많은 경우(과다)이다. 다른 하나는 어느 한 오행이 다른 오행들에 둘러싸여 집중적인 공격을 받거나 고립된 경우이다.

그런데 둘 중 어떤 것이 건강에 더 위험할까? 둘 다 건강에 좋지 않은 영향을 주지만, 오행의 고립이 좀더 위험하다. 그래서 고립된 오행을 먼저 살펴본 다음에 과다한 오행에 대해 분석한다. 단, 이것은 어디까지나 위험순위를 말한 것뿐이며 둘 다 건강문제가 있을 수 있다. 또한 성별에 따라 달라질 수도 있다.

## 3. 오행의 고립과 건강

오행의 고립은 사주 내에서 어떤 한 오행이 다른 오행들에 둘러싸여 공격받는 것을 말한다. 고립과 비슷한 예로, 집단 따돌림 소위 '왕따'가 있다. 여러 사람들이 함께 특정한 한 사람을 따돌리는 것인데 피해자에게 매우 심각한 정신적 고통을 가져온다. 사주에서도 하나의 오행이 자신을 생하거나(도와주거나) 자신과 같은 오행이 주변에 없으면 따돌림당하게 되는데, 이것이 바로 고립이다. 이로 인해 이 오행이 상징하는 인체 부위에 건강문제가 발생하게 된다.

## 1 목의 고립과 건강

오행 중에서 목(木)은 간, 담(쓸개), 뼈와 관련된다. 사주에서 목(木)이 고립되면 교통사고나 허리디스크, 골다공증, 추락, 소아마비 등이 나타날 수 있다.

예1)

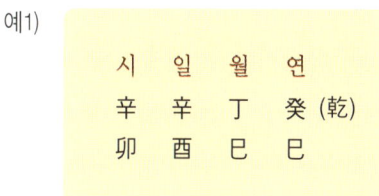
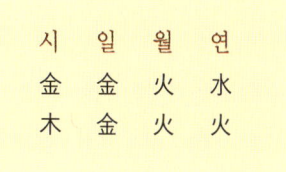

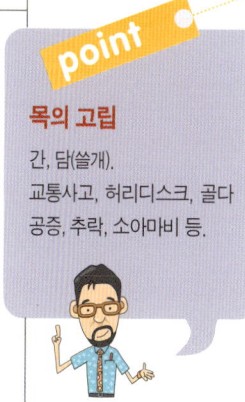

**목의 고립**

간, 담(쓸개),
교통사고, 허리디스크, 골다공증, 추락, 소아마비 등.

위에서 오른쪽 표는 왼쪽 사주의 오행을 분석한 것이다. 건강 분석에 앞서 먼저 오행을 파악하면 그 문제점이 훨씬 잘 드러난다.

위 사주는 시지 묘목(卯木)이 신신유(辛辛酉) 세 금(金)에 포위되어 공격받고 있다. 이 사람은 큰 교통사고를 두 번이나 당하여 수술을 두 번 하였고, 현재는 뇌종양 수술 후 투병 중이다.

예2)

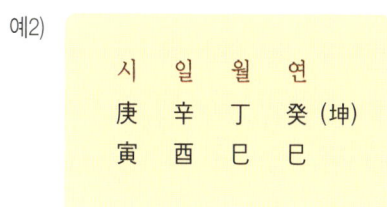

위 사주는 인목(寅木)이 신(辛), 유(酉), 경(庚)에 둘러싸여 고립되어 있으므로 목(木) 관련 부위에 건강 이상이 발생할 수 있다. 게다가 계수(癸水)마저 정(丁), 사(巳), 사(巳)에 의해 고립되어 있다. 뇌종양 수술을 두 번 했으며 현재 투병 중이다.

예3)

| 시 | 일 | 월 | 연 |
|---|---|---|---|
| 乙 | 乙 | 癸 | 癸 (坤) |
| 酉 | 亥 | 亥 | 卯 |

위 사주는 연지 묘목(卯木)이 계(癸), 계(癸), 해(亥)의 수(水)로 둘러싸여 고립되어 있다. 2004년 현재 유방암으로 투병 중이다.

예4)

| 시 | 일 | 월 | 연 |
|---|---|---|---|
| 辛 | 癸 | 癸 | 癸 (坤) |
| 酉 | 亥 | 亥 | 卯 |

위 사주는 수(水)가 물바다를 이루어 연지 묘목(卯木)이 썩어버린 형국이다. 골수암으로 27세 대운에 사망한 사람의 사주이다.

예5)

| 시 | 일 | 월 | 연 |
|---|---|---|---|
| 乙 | 己 | 丙 | 乙 (乾) |
| 丑 | 亥 | 戌 | 巳 |

위 사주는 연간 을목(乙木)이 화(火)와 토(土)에 의해 고립되어 있다. 또한 시간 을목(乙木) 또한 토(土)와 수(水)에 의해 고립되어 있다. 수생목(水生木)의 생작용으로 인해 고립되지 않은 듯 보이지만, 해수(亥水)가 양수(陽水)여서 음목(陰木)인 을목이 생을 다 받지 못하고 과도한 물에 고립되어 썩어버렸다. 현재 근육이완증으로 장애인이 된 사람의 사주이다.

예6)

| 시 | 일 | 월 | 연 |
|---|---|---|---|
| 壬 | 壬 | 壬 | 壬 (坤) |
| 寅 | 子 | 子 | 戌 |

위 사주는 사주에 수(水)가 많고 시지 인목(寅木)이 물바다에 썩어가고 있다. 간경화가 악화되어 간암으로 사망한 사람의 사주이다.

예7)

| 시 | 일 | 월 | 연 |
|---|---|---|---|
| 癸 | 壬 | 丁 | 戊 (乾) |
| 卯 | 子 | 巳 | 戌 |

위 사주는 시지 묘목(卯木)이 수(水)에 의해 고립되어 물바다에 썩어가는 상황이다. 간부전증으로 고생하고 있다.

예8)

| 시 | 일 | 월 | 연 |
|---|---|---|---|
| 戊 | 甲 | 癸 | 壬 (坤) |
| 辰 | 午 | 丑 | 午 |

위 사주는 일간 갑목(甲木)과 연지 오화(午火)가 고립되어 있다. 미리 낳을 날짜를 받아놓고 출산 도중 사망한 아이의 사주이다. 사이비 역학자나 사이비 무속인들의 잘못된 택일 때문에 귀한 생명을 잃었다고 생각하니 마음이 무겁다.

예9) 1955년 9월 8일(음) 미(未)시생

| 시 | 일 | 월 | 연 |
|---|---|---|---|
| 丁 | 丁 | 丙 | 乙 (坤) |
| 未 | 巳 | 戌 | 未 |

위 사주는 연간 을목(乙木)이 고립되어 있다. 여성의 사주에서 목(木)이 고립되면 생식기관의 수술이 우려된다. 실제로 자궁수술을 하였다.

**돌발퀴즈**

**Q** 목(木)이 수(水)에 둘러싸여 고립될 때 생길 수 있는 건강 문제는 무엇인가?

**A** 나무[木]가 물[水]에 의해 고립되면 남성의 경우에는 간질환이 우려되고, 여성의 경우에는 생식기관의 이상이 발생하여 수술까지 이르게 된다.

예10) 1997년 9월 22일(양) 신(申)시생

| 시 | 일 | 월 | 연 |
|---|---|---|---|
| 戊 | 丁 | 己 | 丁 (乾) |
| 申 | 卯 | 酉 | 丑 |

위 사주는 묘신(卯申) 귀문관살이 있고, 괴강살 · 백호대살 · 양인살 중에서 백호대살인 정축(丁丑)이 있지만 그나마 영향력이 약한 연주에 있다. 또한 연주, 월주, 일주가 음으로 이루어져 소심한 성격인데다 음년에 태어났으니 더욱 심하다. 안정적이고 소심한 타입으로 부모의 보살핌이 요구되며, 대인관계에서 적극성이 부족하여 언어 발달이 늦고, 알레르기가 있다.

예11) 1972년 10월 24일 자(子)시생

```
시  일  월  연
甲  甲  辛  壬 (坤)
子  子  亥  子
```

위 사주에서 수(水)는 5개이고 80점이다. 금(金)은 1개이고 10점인데 수(水)를 생하니 일간 갑목(甲木)이 물바다에 고립되어 있다. 금수(金水)는 음이고 찬 것이며, 여성 또한 음이니 사주 구성이 매우 차갑다. 꿈을 자주 꾸다가 신경쇠약 증세로 발전하여 현재 마비 증세에 빙의 현상까지 있다. 외부활동, 가벼운 운동, 취미생활로 스트레스를 해소하고, 꿈을 맞추어보는 습관은 없애야 한다. 꿈을 자주 꾸지 않도록 해야 한다.

예12)
```
시  일  월  연
甲  癸  辛  辛
寅  丑  丑  丑
```

위 사주는 축(丑)월에 인(寅)시이므로 시지 인(寅)을 수(水)로 보아야 한다. 시간 갑목(甲木)이 고립되었는데 소아마비가 되었다.

예13)
```
시  일  월  연
甲  壬  丙  丁
午  戌  午  酉
```

위 사주는 일간 임수(壬水)가 월간 병화(丙火)와 충하고 연간 정화(丁火)와 합하느라 스스로를 보호하기 바쁘며, 시간 갑목(甲木)이 고립되어 간암으로 고생하고 있다.

예14)

| 시 | 일 | 월 | 연 |
|---|---|---|---|
| 壬 | 壬 | 壬 | 壬 |
| 寅 | 子 | 子 | 戌 |

위 사주는 시지 인목(寅木)이 물바다에 고립되었다. 간암으로 고생하고 있다.

**돌발퀴즈**

**Q** 아래 두 사주는 공통점이 무엇이며, 건강상 어떠한 문제가 생기는가?

예1)

| 시 | 일 | 월 | 연 | |
|---|---|---|---|---|
| 己 | 乙 | 乙 | 己 | (坤) |
| 卯 | 未 | 亥 | 卯 | |

예2)

| 시 | 일 | 월 | 연 | |
|---|---|---|---|---|
| 壬 | 壬 | 壬 | 壬 | (坤) |
| 寅 | 子 | 子 | 戌 | |

**A** 이 사주들의 오행을 분석하면 예1)은 木4, 火0, 土3, 金0, 水1으로 木이 많고, 예2)는 木1, 火0, 土1, 金0, 水6으로 水가 많다. 둘 다 여성의 사주이다.

예1)

| 시 | 일 | 월 | 연 | |
|---|---|---|---|---|
| 土 | 木 | 木 | 土 | (坤) |
| 木 | 土 | 水 | 木 | |

예2)

| 시 | 일 | 월 | 연 | |
|---|---|---|---|---|
| 水 | 水 | 水 | 水 | (坤) |
| 木 | 水 | 水 | 土 | |

그러나 예1)은 단순히 개수가 많다는 이유로 목(木)이 과다하다고 볼 수는 없다. 사주팔자에서 월지는 매우 강한 기를 가지고 있으므로 월지 해수(亥水)에 30점을 준다. 그래서 이 사주는 수(水)와 목(木)이 많은 사주로 본다. 이 사람은 간암으로 사망하였다.

예2)는 수(水)가 많은 사주로서, 수(水)가 많은 것보다 목(木)이 수(水)에 둘러싸여 썩어가는 것을 주의해야 한다. 이렇게 목(木)이 고립되어 있으므로 간이나 쓸개, 뼈에 이상이 올 수 있다. 그런데 쓸개의 이상은 쉽게 발생하지 않으므로 간이나 뼈의 이상이 오기 쉽다고 볼 수 있다. 시지 인목(寅木)이 물바다에 썩어가고 있는 형상이다. 이 사람은 간경화로 고생하다가 악화되어 간암으로 세상을 떠났다.

## 목(木)과 수(水)의 관계

오행 중에서 목(木)과 관련하여 건강을 판단할 때에는 다른 경우보다 좀더 섬세한 주의가 필요하다. 다음 3가지 경우 즉 ① 수(水)는 없는데 목(木)만 많은 경우, ② 수(水)도 많고 목(木)도 많은 경우, ③ 수(水)가 많고 목(木)이 적은 경우는 목(木)과 수(水)가 밀접하게 관련되어 있다.

①은 수(水)는 없는데 목(木)만 많은 경우로, 간과 뼈 중 뼈의 문제가 발생할 가능성이 높다. 그렇다고 해서 간에 문제가 전혀 생기지 않는 것은 아니지만, 임상에서는 뼈의 이상이 더욱 심각하였다.

간혹 목(木)만 많은 사주에서도 간질환이 나타나는 사람들이 있다. 그렇지만 수(水)는 없고 목(木)만 많은 사람은 뼈와 관련된 교통사고, 허리디스크, 소아마비, 큰 수술(암이나 심장병 등) 등을 받을 가능성이 크다.

②는 수(水)도 많고 목(木)도 많은 경우이다. 수(水)가 많은 점이 ①과 다르다. ①에서는 뼈의 이상이 가장 위험하고 그 다음으로 간이 위험한데, ②의 경우에는 간의 이상이 가장 위험하다.

따라서 이러한 사주를 가진 사람은 평소 정기적인 건강 검진을 생활화하고, 간에 무리가 가지 않도록 과도한 음주를 삼가고 과로를 피해야 한다. 뼈의 이상도 나타날 수 있지만, 간이 그보다 더욱 위험하다. 여기서 뼈의 이상은 교통사고, 허리디스크, 소아마비, 큰 수술 등을 말한다.

③은 수(水)가 많고 목(木)이 적은 경우이다. 목(木)이 수(水)에 고립된 경우로, 나무에 물이 많아 썩어가는 형상의 사주이다. 이 경우에는 ②와 마찬가지로 간의 이상이 가장 우려된다.

때때로 뼈의 이상이 나타나는 사람도 있다.

## 2 화의 고립과 건강

화(火)는 오장육부 중에서 소장, 심장과 관련되어 있다. 사주에서 화(火)가 고립되면 심장판막증이나 뇌출혈, 중풍 등의 혈관질환, 중풍 등의 안과질환 그리고 정신과질환 등이 나타날 수 있다.

**화의 고립**
소장, 심장.
심장판막증, 뇌출혈, 중풍, 백내장, 안과질환, 정신과질환 등.

예1)

| 시 | 일 | 월 | 연 |
|---|---|---|---|
| 壬 | 乙 | 壬 | 丁 (乾) |
| 午 | 亥 | 子 | 亥 |

위 사주는 연간 정화(丁火)가 임(壬), 자(子), 해(亥)의 수(水)로 둘러싸인 채 고립되어 있다. 정화가 수(水)에 의해 꺼져가는 형상으로서 화(火)와 관련된 부위의 이상이 우려된다. 필자의 제자로서, 사업을 하면서 사주명리학 공부를 열심히 하였는데 2000년 경진(庚辰)년에 그만 중풍에 걸렸다.

예2)

| 시 | 일 | 월 | 연 |
|---|---|---|---|
| 庚 | 丁 | 辛 | 丙 (乾) |
| 子 | 亥 | 丑 | 戌 |

위 사주는 한겨울, 그것도 한밤중에 태어났는데 연간 병(丙)과 일간 정(丁)이 고립되어 있다. 심장판박증으로 사망한 사람의 사주이다.

예3)

| 시 | 일 | 월 | 연 |
|---|---|---|---|
| 丁 | 辛 | 辛 | 丁 (乾) |
| 酉 | 亥 | 亥 | 酉 |

위 사주는 연간 정화(丁火)와 시간 정화(丁火)가 고립되어 있다. 2001년 현재 심근경색으로 인해 심각한 건강 이상이 있는 사람이다.

예4)

| 시 | 일 | 월 | 연 |
|---|---|---|---|
| 丙 | 乙 | 壬 | 己 (坤) |
| 子 | 酉 | 申 | 亥 |

위 사주는 시간 병화(丙火)가 고립되어 있다. 을목(乙木)이 병화를 생할 것 같지만, 음목(陰木)이 양화(陽火)를 생하는 상황이므로 도움을 받을 수 없다. 2004년 현재 중풍으로 쓰러져 병원에 입원 중이다.

예5)

| 시 | 일 | 월 | 연 |
|---|---|---|---|
| 庚 | 己 | 丙 | 辛 (乾) |
| 午 | 丑 | 申 | 酉 |

위 사주는 월간 병화(丙火)와 시지 오화(午火)가 고립되어 있다. 자살을 기도한 사람의 사주이다.

예6)

| 시 | 일 | 월 | 연 |
|---|---|---|---|
| 甲 | 甲 | 壬 | 壬 (乾) |
| 子 | 子 | 子 | 午 |

위 사주는 연지 오화(午火)가 수(水)에 의해 고립되어 있다. 심장병으로 고생하고 있는 사람의 사주이다.

예7)

| 시 | 일 | 월 | 연 |
|---|---|---|---|
| 丁 | 丁 | 辛 | 丙 (坤) |
| 未 | 亥 | 丑 | 戌 |

위 사주는 한겨울에 태어나고 연간 병화(丙火)가 고립되어 있다. 심장판막증 환자로서 아기를 출산한 후에 사망하였다.

예8)

| 시 | 일 | 월 | 연 |
|---|---|---|---|
| 辛 | 庚 | 丁 | 己 |
| 亥 | 戌 | 丑 | 酉 |

위 사주는 축(丑)월 한겨울 밤에 태어나 월간 정화(丁火)가 고립되어 있다. 실명하여 맹인이 된 사람의 사주이다.

예9)

| 시 | 일 | 월 | 연 |
|---|---|---|---|
| 壬 | 辛 | 癸 | 壬 (乾) |
| 辰 | 巳 | 丑 | 午 |

위 사주는 연지 오화(午火)와 일지 사화(巳火)가 고립되어 있다. 심장병으로 수술을 하고 약물치료 중인 사람의 사주이다.

예10)

| 시 | 일 | 월 | 연 |
|---|---|---|---|
| 甲 | 甲 | 壬 | 壬 |
| 子 | 申 | 子 | 午 |

위 사주는 연지 오화(午火)가 수(水)에 의해 고립되어 있는데, 심장병을 앓고 있다.

예11)

| 시 | 일 | 월 | 연 |
|---|---|---|---|
| 庚 | 丁 | 辛 | 丙 |
| 子 | 亥 | 丑 | 戌 |

위 사주는 연간 병화(丙火)와 일간 정화(丁火)가 강력한 수(水)에 의해 고립되어 있다. 심장판막증으로 일찍 세상을 떠난 사람의 사주이다.

예12)

| 시 | 일 | 월 | 연 |
|---|---|---|---|
| 庚 | 庚 | 丁 | 己 |
| 辰 | 戌 | 丑 | 酉 |

위 사주는 월간 정화(丁火)가 고립되어 있어서 안과질환이 생길 수 있다. 현재 이 사람은 맹인이다.

### 상생작용과 건강의 관계

오행은 목생화(木生火) → 화생토(火生土) → 토생금(土生金) → 금생수(金生水) → 수생목(水生木)으로 이어지면서 한 오행이 다른 오행을 도와주게 되어 있다. 이것을 상생작용이라고 한다.

그렇다면 이러한 상생작용이 생을 받는 오행에게 언제나 도움이 될까? 답은 '아니다'이다.

도움이 필요할 때 적절한 생작용은 효과를 나타낼 수 있지만, 지나치거나 일방적인 생작용은 도리어 역효과를 부른다. 이것은 마치 너무 많이 먹으면 배탈이나 소화불량에 걸리는 것과 같은 이치다.

예를 들어, 수(水)가 4개이고 목(木)이 하나일 때 수생목(水生木)이 되어 좋을 것 같지만, 오히려 목(木)이 너무 많은 수(水) 때문에 썩어버린다. 사람의 건강과 관련해서도 마찬가지로 풀이할 수 있다.

### 3 토의 고립과 건강

토(土)는 오장육부 중에서 비장, 위장과 관련되어 있고, 산부인과질환 및 비뇨기과질환과도 관련이 있다. 사주에서 토(土)가 고립되면 위장 등의 소화기관과 자궁, 난소 등의 생식기관에 이상이 나타날 수 있다.

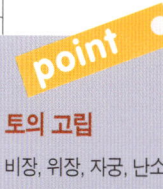

**토의 고립**
비장, 위장, 자궁, 난소, 소화기질환, 산부인과질환, 비뇨기과질환.

예1)

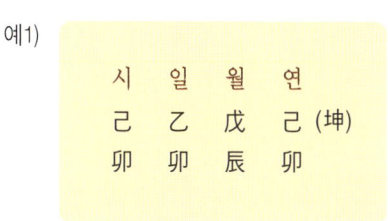

위 사주는 시간 기토(己土)가 일주 을묘(乙卯)의 목(木)과 시지 묘목(卯木)에 의해 고립되어 있다. 2004년 현재 선천성면역결핍증을 앓고 있는 아이의 사주이다.

예2)

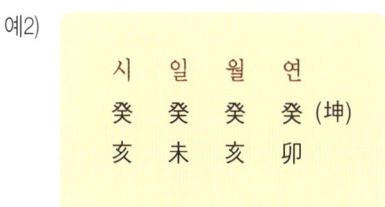

위 사주는 연지 묘목(卯木)과 일지 미토(未土)가 수(水)에 의해 고립되어 있다. 토(土)의 고립으로 인한 위장질환과 목(木)의 고립으로 인한 수술이 우려된다. 2003년에 위암이 발병하여 투병 중이다.

### 4 금의 고립과 건강

금(金)은 오장육부 중에서 폐와 대장과 관련되어 있고, 뼈와 우울증과도 관련이 있다. 사주에서 금(金)이 고립되면 대장이나 폐에 이상이 생길 수 있다.

예1)

| 시 | 일 | 월 | 연 |
|---|---|---|---|
| 壬 | 庚 | 丁 | 庚 (乾) |
| 午 | 午 | 亥 | 辰 |

**금의 고립**
폐, 대장, 뼈,
우울증, 자폐증, 무기력증

위 사주는 일간 경금(庚金)이 고립되어 있다. 폐암으로 사망한 코미디언 이주일의 사주이다.

예2)

| 시 | 일 | 월 | 연 |
|---|---|---|---|
| 甲 | 丁 | 丙 | 丙 (乾) |
| 辰 | 巳 | 申 | 戌 |

위 사주는 신금(申金)이 매우 뜨거운 불바다 속에 녹아가고 있는 형상이다. 금(金)이 고립된 사주인데, 이 사람은 대장암으로 사망하였다.

예3)

| 시 | 일 | 월 | 연 |
|---|---|---|---|
| 庚 | 壬 | 甲 | 癸 |
| 子 | 子 | 子 | 卯 |

위 사주는 시간 경금(庚金)이 너무 많은 수(水)를 생하느라 설기당하고 고립되었다. 폐암으로 사망한 사람의 사주이다.

### 5 수의 고립과 건강

수(水)는 오장육부 중에서 신장과 방광을 나타내고, 산부인과질환, 우울증, 자폐증,

두통, 불면증 등과 관련되어 있다. 사주에서 수(水)가 고립되면 신장결석이나 방광, 자궁 등에 문제가 나타날 수 있다.

예1)

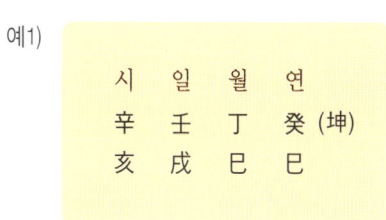

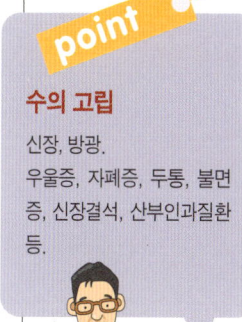

**수의 고립**

신장, 방광, 우울증, 자폐증, 두통, 불면증, 신장결석, 산부인과질환 등.

위 사주는 연간 계수(癸水)가 화(火)에 둘러싸여 고립되었다. 보험회사 직원인데 갑상선으로 고생하고 있으며, 잦은 교통사고에 시달리고 있다.

예2)

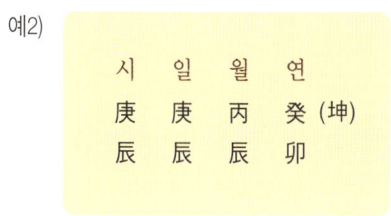

위 사주는 연간 계수(癸水)가 고립되어 있어서 생식기질환이 생길 수 있다. 자궁 수술을 하였고, 신장 또한 문제가 있으며, 팔다리의 마비 증세가 심하고, 심장도 약하다.

## 4. 오행의 과다와 건강

오행의 과다를 판단할 때는 1부에서 설명한 점수 계산법을 쓴다. 각각의 오행을 점수로 계산해서 어떤 한 오행의 점수가 많으면 과다하다고 판단한다.

상황에 따라 과다의 형태는 다양하게 나타나지만, 일반적으로 특정 오행이 50점 이상이면 과다하다고 본다. 그러나 상황에 따라 어느 오행이 40점 정도인데 이것을 생하는 오행이 20점이나 30점 정도일 때는 이 또한 과다로 볼 수 있다. 따라서 50점 이상이라는 기준에 얽매이지 말고 사주 내의 오행 분포를 잘 살펴보아야 한다.

그러나 어떤 한 오행이 50점 이상일 때는 그 오행이 나타내는 신체 부위에 건강 이상이 크든 작든 발생하므로, 정기적인 건강 검진과 건강 관리에 신경 쓰는 등 미리 대비하는 것이 현명하다.

### 1 목의 과다와 건강

목(木)이 과다하면 간경화, 간염, 간암 등 간의 이상과 교통사고 등이 발생할 수 있다.

**목의 과다**
간경화, 간염, 간암 등 간의 이상, 교통사고 등.

예1)

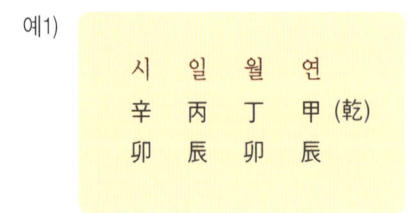

위 사주는 목(木)이 50점으로 과다하고, 묘진(卯辰)합이 겹쳐서 지지가 모두 깨져 있다. 2003년 계미(癸未)년에 간암으로 사망한 사람의 사주이다.

예2)

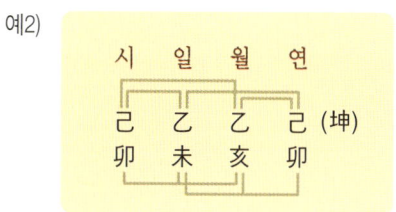

위 사주는 목(木) 기운이 강하고, 천간과 지지가 두 줄이 가서 많이 깨져 있다. 간암으로 사망하였다.

예3)

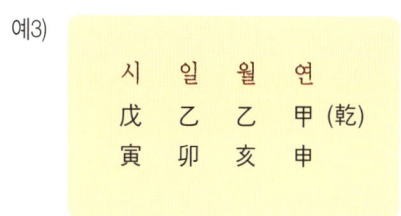

위 사주는 수(水)와 목(木)의 기운이 강하여 간에 이상이 나타날 수 있고, 일간 을목(乙木)과 같은 목(木) 기운이 강하여 신경성질환이 생길 수 있다.

예4)

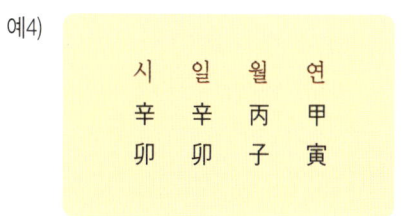

위 사주는 목(木)이 너무 많아서, 토(土)운에 이르면 목극토(木剋土)로 토(土)가 극을 당해 위장에 이상이 생길 수 있다. 위장병으로 고생하고 있는 사람의 사주이다.

## 2 화의 과다와 건강

화(火)가 과다하면 정신질환, 심장질환, 뇌출혈, 뇌경색, 중풍, 화병 등이 우려된다.

예1)

| 시 | 일 | 월 | 연 |
|---|---|---|---|
| 丙 | 丁 | 丁 | 壬 |
| 午 | 巳 | 未 | 寅 |

**화의 과다**
정신질환, 심장질환, 뇌출혈, 뇌경색, 중풍, 화병 등.

위 사주는 한여름에 태어나고 한낮에 태어났으므로 사주 구성이 뜨겁다. 또한 사주 전체에 화(火)의 기운이 강하고, 임수(壬水)마저 정임합화목(丁壬合化木)으로 목생화(木生火)하고, 인목(寅木) 또한 불기운이 강한 사주에 땔감 노릇을 하여 화(火)가 지나치게 강하다. 현재 정신병으로 인해 정신병원에 입원과 퇴원을 반복하면서 고통을 겪고 있는 사람의 사주이다.

예2)

| 시 | 일 | 월 | 연 |
|---|---|---|---|
| 丁 | 戊 | 戊 | 癸 (乾) |
| 巳 | 午 | 午 | 未 |

위 사주는 사주에 화(火)가 70점이고, 연간 계수(癸水)가 고립되어 있다. 기능직 공무원으로 있다가 협심증으로 고생하고 있는 사람의 사주이다.

예3)

| 시 | 일 | 월 | 연 |
|---|---|---|---|
| 丙 | 庚 | 乙 | 丙 |
| 戌 | 午 | 未 | 午 |

위 사주는 한여름에 태어나고 사주에 화(火) 기운이 강하다. 뇌출혈을 일으킨 사람의 사주이다.

예4)

| 시 | 일 | 월 | 연 |
|---|---|---|---|
| 丙 | 壬 | 丙 | 丁 |
| 午 | 午 | 午 | 卯 |

 위 사주는 화(火) 기운이 태왕하고 묘목(卯木)과 임수(壬水)가 고립되어 눈이 잘 보이지 않는다.

예5) 1960년 4월 22일(음) 사(巳)시생

| 시 | 일 | 월 | 연 |
|---|---|---|---|
| 辛 | 乙 | 辛 | 庚 (坤) |
| 巳 | 巳 | 巳 | 子 |

위 사주는 화(火)가 60점으로 과다하다. 정신적인 문제가 생겨서 무당이 된 사람의 사주이다.

예6) 1960년 4월 22일(음) 미(未)시생

| 시 | 일 | 월 | 연 |
|---|---|---|---|
| 癸 | 乙 | 辛 | 庚 (坤) |
| 未 | 巳 | 巳 | 子 |

위 사주는 여름 미(未)시에 태어났기 때문에 화(火)가 많다. 이 사람 역시 정신적인 문제가 생겨서 무당이 되었다.

예7)

|시|일|월|연|
|---|---|---|---|
|丙|甲|癸|丙 (乾)|
|寅|午|巳|申|

위 사주는 화(火)가 65점, 목(木)이 25점인데 목생화(木生火)까지 해 화(火) 기운이 아주 강하다. 대학재학 중 정신분열 증세로 공부를 중단하고 정신과 치료를 받고 있다.

예8)

|시|일|월|연|
|---|---|---|---|
|壬|庚|乙|丙|
|午|午|未|午|

위 사주는 화(火)가 80점으로 너무 강하다. 뇌출혈을 일으킨 사람의 사주이다.

### 3 토의 과다와 건강

토(土)가 과다하면 위장, 자궁, 난소 등에 이상이 발생하기 쉽다.

**point**

**토의 과다**
위암이나 대장암 등 소화기 질환, 자궁암이나 난소암 등 산부인과질환.

예1)

|시|일|월|연|
|---|---|---|---|
|辛|丁|丙|戊 (乾)|
|丑|丑|辰|戌|

위 사주는 토(土)가 80점으로, 토(土)와 관련된 부위에 이상이 생길 수 있다. 또한 축토(丑土)와 진토(辰土)는 위장의 이상을 보여준다. 현재 위장병으로 고생이 심하며, 머리가 아파서 병원 치료를 받고 있다. 기력이 없어서 걷는 것도 불편한 상태이다.

예2)

| 시 | 일 | 월 | 연 |
|---|---|---|---|
| 癸 | 丁 | 甲 | 甲 (坤) |
| 卯 | 未 | 戌 | 辰 |

위 사주는 토(土)가 55점으로 과다하여 토(土)와 관련된 부위에 이상이 나타날 수 있다. 계수(癸水) 역시 고립되어 있고, 갑목(甲木)이 2개 있지만 천간에서 뿌리를 내리지 못해서 고립되었다.

한편 지지는 묘미(卯未), 묘술(卯戌), 묘진(卯辰), 진술(辰戌) 등 합충을 이루며 3개나 깨져 있다. 대장암으로 인해 미(未) 대운에 36세의 나이로 사망하였다.

예3)

| 시 | 일 | 월 | 연 |
|---|---|---|---|
| 戊 | 己 | 戊 | 辛 |
| 辰 | 未 | 戌 | 未 |

위 사주는 토(土)가 너무 강하고 형살이 있다. 이 사람은 위암 수술을 받았다.

예4)

| 시 | 일 | 월 | 연 |
|---|---|---|---|
| 甲 | 己 | 戊 | 辛 |
| 戌 | 未 | 戌 | 未 |

위 사주 역시 토(土)가 매우 강해서 위장 문제가 발생할 수 있다. 위암으로 사망한 사람의 사주이다.

## 4 금의 과다와 건강

금(金)이 과다하면 대장과 폐에 문제가 생길 수 있고, 우울증과 자폐증 그리고 뼈와 관련해 교통사고, 허리디스크, 소아마비, 관절질환을 주의해야 한다.

**금의 과다**
대장과 폐의 이상, 우울증, 자폐증, 교통사고, 허리디스크, 소아마비, 관절질환 등.

예1)
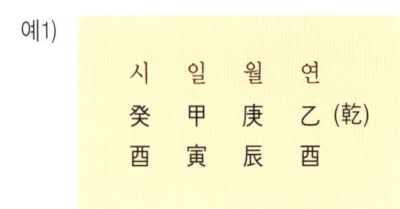

| 시 | 일 | 월 | 연 |
|---|---|---|---|
| 癸 | 甲 | 庚 | 乙 (乾) |
| 酉 | 寅 | 辰 | 酉 |

위 사주는 연간 을목(乙木)이 고립되어 있고, 금(金) 기운이 강하다. 2000년 경진(庚辰)년에 직장 수술을 하였다.

예2)
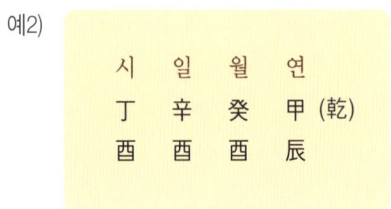

| 시 | 일 | 월 | 연 |
|---|---|---|---|
| 丁 | 辛 | 癸 | 甲 (乾) |
| 酉 | 酉 | 酉 | 辰 |

위 사주는 유(酉)월 유(酉)시에 태어났고 금(金)이 많아서 금(金) 기운이 태왕하다. 소아마비로 고생하는 사람의 사주이다.

예3)
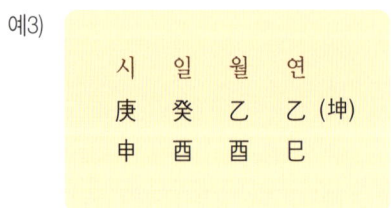

| 시 | 일 | 월 | 연 |
|---|---|---|---|
| 庚 | 癸 | 乙 | 乙 (坤) |
| 申 | 酉 | 酉 | 巳 |

위 사주는 유(酉)월에 태어나고 금(金) 기운이 강하다. 소아마비로 고생하는 사람의

사주이다. 개인적으로도 불운하여 모친은 가출하고 부친은 사망하여 동생과 단 둘이 생활하면서 열심히 살고 있다.

예4)

| 시 | 일 | 월 | 연 |
|---|---|---|---|
| 庚 | 辛 | 乙 | 庚 (乾) |
| 申 | 巳 | 酉 | 申 |

위 사주는 유(酉)월 신(申)시에 출생하여 금(金) 기운이 강하고, 월간 을목(乙木)이 고립되어 있다. 1997년에 교통사고를 당해 장애인이 된 사람의 사주이다.

## 5 수의 과다와 건강

수(水)가 과다하면 신장염이나 방광염 등 신장과 방광에 이상이 나타날 수 있다. 또한 여성은 자궁이나 난소 등의 이상이 올 수 있다. 불면증, 우울증, 자폐증, 두통 등도 우려된다.

예1)

| 시 | 일 | 월 | 연 |
|---|---|---|---|
| 戊 | 丙 | 辛 | 丙 (坤) |
| 子 | 子 | 丑 | 午 |

**수의 과다**
신장염, 방광염, 자궁이나 난소의 이상, 불면증, 우울증, 자폐증, 두통 등.

위 사주는 축(丑)월 한겨울에 태어났다. 월지 축(丑)은 수(水)로 보는데, 위 사주는 수(水)가 60점으로 과다하다. 두 번 결혼하여 두 번 모두 이혼하고, 아이를 못 낳았으며, 우울증과 자폐증 증세가 있다.

예2)

| 시 | 일 | 월 | 연 |
|---|---|---|---|
| 辛 | 癸 | 癸 | 壬 (乾) |
| 酉 | 丑 | 丑 | 寅 |

위 사주는 수(水)가 많고 연지 인목(寅木)이 고립되어 있다. 30대에 7번의 교통사고를 당하였다.

예3)

| 시 | 일 | 월 | 연 |
|---|---|---|---|
| 乙 | 乙 | 癸 | 癸 (坤) |
| 酉 | 亥 | 亥 | 卯 |

위 사주는 수(水)가 많고 연지 묘목(卯木)이 고립되어 있다. 유방암으로 인해 유방절제 수술을 하였다.

예4)

| 시 | 일 | 월 | 연 |
|---|---|---|---|
| 壬 | 癸 | 壬 | 丁 (坤) |
| 子 | 丑 | 子 | 卯 |

위 사주는 정임합(丁壬合)이 겹치기 때문에 연간 정화(丁火)가 깨진데다가, 수(水) 기운이 강하다. 신경성 증세로 고생하다가 정신착란증으로 인해 정신병원에 입원한 사람의 사주이다.

예5) 1949년 12월 23일(음) 자(子)시생

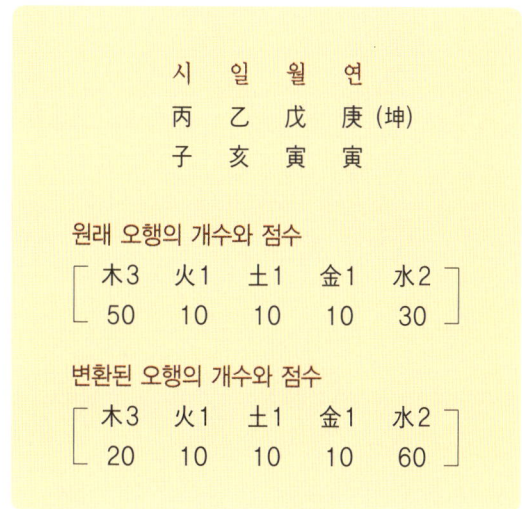

위 사주는 인(寅)월에 태어났기 때문에 월지 분석에 따라야 한다. 양력으로 2월 9일 출생인데, 인(寅)을 수(水)로 본다. 수(水)가 60점이고, 연지 인목(寅木)이 고립되어 있다. 자궁 적출 수술을 하였다.

**돌발퀴즈**

Q 다음 사주는 어떠한 건강문제가 있을까?

| 시 | 일 | 월 | 연 |
|---|---|---|---|
| 乙 | 壬 | 丙 | 丁 (坤) |
| 巳 | 戌 | 午 | 酉 |

A 사주팔자 중에는 오행뿐만 아니라 사주구성상 여러 가지 문제가 복합된 경우가 많다.

먼저 오행 분포를 보면 목(木)이 1개, 화(火)가 4개, 토(土)가 1개, 금(金)이 1개, 수(水)가 1개이다. 건강문제만 보더라도 매우 복잡한 양상을 띠고 있다. 화(火)의 수가 많으므로 화(火)와 관련된 부위에 이상이 올 수 있다.

사주팔자 분석

또한 연지 유금(酉金)이 화(火)에 둘러싸여 있다. 뜨거운 용광로에 쇠붙이 하나가 들어가 있는 형상이다. 이 금(金)은 열기를 견디지 못하고 녹아버릴 것이다. 바로 이 금(金)이 녹아버리면서 금(金)과 관련된 부위에 이상이 올 수 있다.

또한 시간 을목(乙木)은 한여름 한낮에 태어났으니 뜨겁고, 사화(巳火)와 술토(戌土) 그리고 임수(壬水)로 둘러싸인 채 고립되어 있다. 여기서 임수는 을목을 생하기 때문에 고립이 아니라는 의견이 있을 수 있다. 그러나 자세히 들여다보면 임수는 양수이고 을목은 음목이기 때문에 큰물이 작은 나무를 살리려다가 오히려 작은 나무가 큰물에 떠내려가는 형상이다. 그러므로 이 사주는 목(木)과 관련된 부위에도 이상이 나타날 수 있다.

결론적으로 이 사주는 화(火)가 많아 화(火)의 건강문제, 유금(酉金)의 고립으로 인한 금(金)의 건강문제, 을목(乙木)의 고립으로 인한 목(木)의 건강문제가 모두 우려된다. 실제로 고혈압, 대장, 간경화, 당뇨 등으로 고생하고 있는 사람의 사주이다.

생활 속 역학

## "당사주_"

당사주(唐四柱)는 중국 당나라 때 시작되었다고 해서 이름붙여진 운명학의 한 종류로서, 태어난 연월일시와 사람의 일생에 영향을 준다는 12가지 별을 연관지어서 운명을 판단한다. 당사주의 역사는 무려 천년인데, 그처럼 오랜 역사를 가진 학설이 지금까지 이어져왔다는 것은 매우 놀라운 일이다. 지은이는 알려져 있지 않고,『토정비결』처럼 누구나 쉽게 볼 수 있도록 만들어져 있어서 우리 나라 민간에 널리 퍼졌다. 특히 운명학을 다룬 책에서 흔히 볼 수 없는 그림을 그려넣었고, 누구나 쉽게 볼 수 있도록 해놓았기에 어렵게만 느껴지던 운명학을 보다 가깝게 느끼게 해주는 장점이 있었다. 한마디로 말해 일반 서민들이 자신의 삶에 대한 운명론적 갈증을 해결하는 데 기여한 대중 운명학이라고 할 수 있다. 비록 토정비결만큼은 아니지만, 우리 나라에서 당사주의 인기는 실로 대단하였다. 1970년대 이후로 서서히 자취를 감추어가고 있지만, 지금도 공원이나 유원지에서 그림책을 펴놓고 운명을 감정하는 사람들을 쉽게 볼 수 있다.

당사주가 비록 많은 사람들에게 운명판단법으로 사랑받았지만, 임상적인 측면에서 본다면 통계적인 연구 성과가 없어서 아쉽다. 일부에서는 적중률이 높다고 하여 연구하는 사람도 있고, 당사주를 보았더니 자신의 운명을 매우 잘 알아맞히더라는 사람도 있지만, 필자의 임상 결과에 비추어 보면 과학적이고 통계적인 학문으로 보기에는 미흡한 점이 많다. 당사주는 하루가 다르게 복잡해지는 현대에 적용하기에는 문제가 있지만, 단순하고 평면적인 운명을 감정하는 데에는 활용할 수 있으므로 여기에 간단히 소개한다.

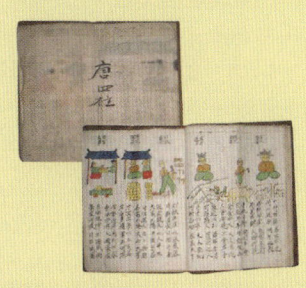

### ❶ 당사주의 12개 별

 천귀성(天貴星)에 해당하며, 자천귀(子天貴)라 부른다.

 천액상(天厄星)에 해당하며, 축천액(丑天厄)이라 부른다.

 천권성(天權星)에 해당하며, 인천권(寅天權)이라 부른다.

 천파성(天破星)에 해당하며, 묘천파(卯天破)라 부른다.

 천간성(天奸星)에 해당하며, 진천간(辰天奸)이라 부른다.

 천문성(天文星)에 해당하며, 사천문(巳天文)이라 부른다.

**午** 오 　천복성(天福星)에 해당하며, 오천복(午天福)이라 부른다.

**未** 미 　천역성(天驛星)에 해당하며, 미천역(未天驛)이라 부른다.

**申** 신 　천고성(天孤星)에 해당하며, 신천고(申天孤)라 부른다.

**酉** 유 　천인성(天刃星)에 해당하며, 유천인(酉天刃)이라 부른다.

**戌** 술 　천예성(天藝星)에 해당하며, 술천예(戌天藝)라 부른다.

**亥** 해 　천수성(天壽星)에 해당하며, 해천수(亥天壽)라 부른다.

### ❷ 당사주 뽑는 방법

당사주는 연월일시 4개의 당사주를 뽑아서 초년운, 청년운, 중년운, 말년운을 살펴본다. 먼저 띠를 살펴서 당사주를 뽑고, 띠에서부터 음력 생월에 해당하는 숫자를 시계방향으로 세어 월에 해당하는 당사주를 뽑고, 다시 월에서부터 음력 생일에 해당하는 숫자를 시계 방향으로 세어 일에 해당하는 당사주를 뽑고, 마지막으로 태어난 시간에 해당하는 당사주를 찾는다.

### ❸ 당사주의 수장법(手掌法)

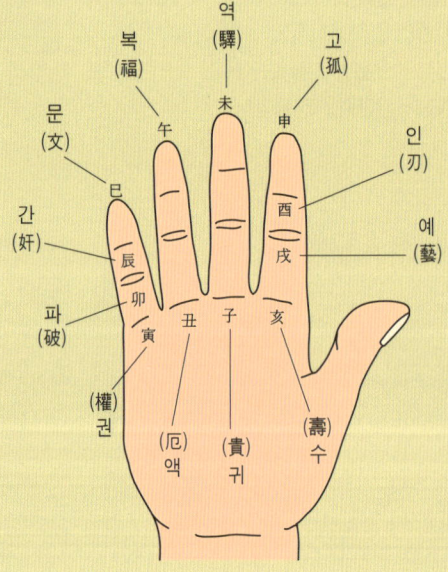

예를 들어, 1963년 6월 12일(음) 유(酉)시생의 당사주를 뽑아보자. 1963년생은 토끼띠이므로 생년의 당사주는 파(破)이고 연은 천파성에 해당한다. 생월의 당사주는 6월생이므로 생년 묘(卯)에서 1월을 시작하여 6월까지 시계방향으로 6을 세면 신(申) 즉 고(孤)에 해당하여 월은 천고성에 해당한다. 생일은 12일이므로 생월 신(申)에서 시작하여 시계방향으로 12를 세면 역(驛)에 해당하므로 천역성에 해당한다. 시간은 유(酉)시이므로 인(刃)이고 천인성에 해당한다. 이를 종합하면 1963년 음력 6월 12일 유시생의 당사주는 연은 천파성, 월은 천고성, 일은 천역성, 시는 천인성이다. 연으로는 초년운을, 월로는 청년운을, 일로는 중년운을, 시로는 말년운을 본다.

### ④ 당사주의 해설

子天貴 **자천귀**
귀하게 된다. 명예를 얻는다.

丑天厄 **축천액**
액운이 많다. 굴곡이 심하다.

寅天權 **인천권**
권력을 얻고 사람이 따른다.

卯天破 **묘천파**
파괴를 당하고 굴곡이 심하다.

辰天奸 **진천간**
지혜가 넘치고 심하면 간사하다.

巳天文 **사천문**
문장이 뛰어나고 학문에 열정이 많다.

午天福 **오천복**
복이 넘쳐나고 인덕이 넘친다.

未天驛 **미천역**
움직임이 크고 활동성이 매우 크다.

申天孤 **신천고**
외롭고 인덕이 없다.

酉天刃 **유천인**
사건 사고가 많고 몸에 흉터가 남는다.

戌天藝 **술천예**
예술이나 연예인의 기질이 있다.

亥天壽 **해천수**
건강하고 장수한다.

### ⑤ 초청중말년의 구분

초년운  출생부터 20세까지로 본다.
청년운  21~40세까지로 본다.
중년운  41~60세까지로 본다.
말년운  61세에서 사망시까지로 본다.

# EXERCISE

**KEY POINT**

우울증은 수(水)나 금(金)과 관련되어 있다.

위장은 토(土)와 관련되어 있다.

폐는 금(金)과 관련되어 있다.

남성은 양적인 기질을 가지고 태어나므로, 화(火)가 사주에 많으면 음적인 기질을 가진 여성보다 화(火)와 관련된 건강문제가 발생하기 쉽다. 중년 남성들의 돌연사 또한 심장질환, 뇌출혈, 뇌일혈은 화(火)와 관련되어 있다.

남성 역시 신장, 요도, 전립선 등에 문제가 생길 수 있으나 여성보다 발병 가능성이 낮고 늦게 발생한다. 남성도 50대 이후에는 우울증, 자폐증을 유의해야 한다.

## 실전문제

**1** 다음 중 오행 목(木)과 관련된 건강문제가 아닌 것은?

① 우울증   ② 간   ③ 담(쓸개)   ④ 뼈   ⑤ 수술

**2** 다음 중 오행 화(火)와 관련된 건강문제가 아닌 것은?

① 심장   ② 화병   ③ 중풍   ④ 뇌출혈   ⑤ 위장

**3** 다음 중 오행 수(水)와 관련된 건강문제가 아닌 것은?

① 신장   ② 방광   ③ 자궁   ④ 폐   ⑤ 난소

**4** 다음 중 오행 화(火)와 건강의 관계를 잘못 설명한 것은?

① 화(火)가 사주 내에 많을 때 화(火)의 건강문제가 발생한다.
② 화(火)와 관련된 건강문제는 남성보다 여성에게 일찍 발생한다.
③ 직업이 자유로운 사람보다 스트레스가 많고 여유가 없는 직업에 종사하는 사람에게 건강문제가 흔히 발생한다.
④ 화(火)가 많은 여성이 가부장적인 집안에 시집 가면 자신의 화(火)를 발산하기 힘들어 화병이나 갑상선 관련 질병이 생긴다.
⑤ 화(火)가 사주 내에서 고립될 때 화(火)와 관련된 건강문제가 발생한다.

**5** 다음 중 오행 수(水)와 관련된 건강문제를 잘못 설명한 것은?

① 수(水)가 사주 내에 많거나 고립되어 있을 때 수(水)와 관련된 건강문제가 발생한다.
② 수(水)와 관련된 건강문제는 남성보다 여성에게 더 위험하다.
③ 사주 내에 수(水)가 많은 여성은 무기력해지고 꿈을 자주 꿀 수 있다.
④ 남성도 여성만큼 건강문제가 심각하고 수(水)와 관련된 건강문제가 일찍 발생한다.
⑤ 수(水)가 많은 사람은 생각이 많아지고, 잔걱정이 많아지며, 가슴에 묻어두는 타입이라서 스트레스가 심하다.

**6** 다음 중 오행 목(木)과 관련된 건강문제를 잘못 설명한 것은?

① 목(木)이 사주 내에 많을 때 여성은 간의 이상이 가장 위험하다.
② 목(木)이 사주 내에 많을 때 남성은 술을 잘 마시는 경우가 많다.
③ 목(木)이 사주 내에 고립되어 있으면 뼈, 관절, 교통사고 등의 건강 문제를 조심해야 한다.
④ 목(木)은 건강과 관련하여 간, 쓸개, 뼈, 수술 등을 상징한다.
⑤ 다른 오행과 마찬가지로 목(木)이 과다하거나 고립되면 심각한 건강 문제가 있다.

> **KEY POINT**
>
> 여성 사주에 목(木)이 많으면 수술을 할 가능성이 높다. 유방, 자궁 등 부인과질환을 조심해야 한다.

**7** 다음 중 오행 금(金)과 관련된 건강문제를 잘못 설명한 것은?

① 금(金)이 사주에 많으면 뼈, 관절, 허리디스크, 교통사고 등의 위험이 있다.
② 금(金)이 사주에 많으면 우울증을 조심해야 한다.
③ 금(金)이 화(火)에 의해 고립되면 대장과 폐의 이상을 유의해야 한다.
④ 금(金)이 많은 여성은 불면증에 시달릴 수 있다.
⑤ 금(金)이 많은 사람은 신장, 방광, 자궁 등 부인과질환을 유의해야 한다.

> 신장, 방광, 자궁 등과 관련된 부인과질환은 수(水)가 과다할 때 상태가 나빠진다.

**8** 다음 중 오행 토(土)와 관련된 건강문제를 잘못 설명한 것은?

① 토(土)가 많은 여성은 부인과질환에 걸리기 쉽다.
② 토(土)가 많은 여성은 생리통이 심할 수 있다.
③ 토(土)가 많은 남성은 고혈압의 가능성이 있다.
④ 토(土)가 많은 남성은 위장질환을 조심해야 한다.
⑤ 토(土)가 많고 목(木)이 하나 있으면 추락 등의 위험이 있다.

> 고혈압은 화(火)와 관련되어 있다. 토(土)가 많고 목(木)이 고립되면 추락으로 인한 뇌의 이상이나 골절 등의 위험이 있다.

**KEY POINT**

위 사주에 대장의 이상은 나타나 있지 않다.

위 사주는 경금(庚金)이 화(火)와 토(土)에 의해 고립되어 있다.

※ 9~10 다음 사주를 보고 문제에 답하시오.

```
시  일  월  연
庚  庚  丙  癸 (坤)
辰  辰  辰  卯
```

**9** 위 사주에 나타난 건강문제가 아닌 것은?

① 위장   ② 자궁   ③ 신장   ④ 심장   ⑤ 대장

**10** 다음 중 위 사주에 대한 설명으로 옳지 않은 것은?

① 위 사주는 계수(癸水)가 고립되어 있으므로 부인과질환이 생길 수 있다.
② 위 사주는 진토(辰土)가 많아 부인과질환이 있다.
③ 위 사주는 병화(丙火)가 고립되어 심장의 문제가 있을 수 있다.
④ 위 사주는 진토(辰土)가 많아 위장에 문제가 있을 수 있다.
⑤ 위 사주는 경금(庚金)이 토(土)의 지나친 생을 받아서 팔다리 마비나 대장, 폐에 문제가 있을 수 있다.

※ 11~13 다음 사주를 보고 문제에 답하시오.

```
시  일  월  연
甲  甲  壬  壬 (坤)
子  申  子  午
```

**11** 위 사주에 해당하는 건강문제가 아닌 것은?

① 신장    ② 위장    ③ 심장    ④ 우울증    ⑤ 간

**12** 다음 중 위 사주에 대한 설명으로 옳지 않은 것은?

① 위 사주는 사주 내에 토(土)가 전혀 없으므로 위장의 건강이 위험하다.
② 위 사주는 사주 내에 수(水)가 많으므로 신장 이상이나 부인과질환이 우려된다.
③ 위 사주는 사주 내에 수(水)가 많으므로 냉이 심하다.
④ 위 사주는 연지 오화(午火)가 고립되어 심장의 건강이 위험하다.
⑤ 위 사주는 일간과 시간의 갑목(甲木)이 고립되어 간의 건강이 위험하다.

**13** 위 사주의 건강상태에 대한 설명으로 옳은 것은?

① 위 사주는 지지의 신자(申子)가 합을 이루고 자오(子午)가 충을 하느라 모두 깨져 있으므로 건강문제가 생길 수 있다.
② 일지 신금(申金)이 고립되어 있어서 금(金)과 관련된 부인과질환이 나타날 수 있다.
③ 사주 내에 임수(壬水)가 2개 있으면 신장질환이나 부인과질환이 나타날 수 있다.
④ 두 개의 갑목(甲木)을 지지의 수(水)가 생하여 고립되지 않으므로 목(木)의 건강문제는 없다.
⑤ 시지 자수(子水)가 고립되어 있으므로 수(水)와 관련된 건강문제가 있을 수 있다.

---

**KEY POINT**

위 사주는 토(土)가 사주 내에 없으므로 위장의 문제가 없다.

사주 내에 고립되거나 과다한 오행은 건강 문제가 심각하지만, 사주 내에 없는 오행은 고립이나 과다에 비해 위험이 적다.

지지에 합이나 충이 2개 이상 있으면 깨진 것으로 본다. 이 경우 큰 수술을 하게 된다.

## KEY POINT

※ 14~16 다음 사주를 보고 문제에 답하시오.

| 시 | 일 | 월 | 연 |
|---|---|---|---|
| 甲 | 己 | 戊 | 辛 (坤) |
| 戌 | 未 | 戌 | 未 |

시간 갑목(甲木)의 고립으로 인해 간이나 뼈, 토(土)의 과다로 인해 자궁, 연간 신금(辛金)의 고립으로 인해 대장과 폐의 건강이 우려된다.

**14** 다음 중 위 사주와 관련된 건강문제로만 이루어진 것은?

① 간 · 자궁 · 대장
② 뼈 · 심장 · 대장
③ 뼈 · 심장 · 폐
④ 위장 · 대장 · 우울증
⑤ 중풍 · 대장 · 위장

위 사주는 갑목(甲木)이 고립되어 있다.

**15** 다음 중 위 사주에 대한 설명으로 옳은 것은?

① 위 사주에서 금(金)은 고립되어 있지 않으므로 금(金)과 관련된 건강 문제는 나타나지 않는다.
② 위 사주는 화(火)가 전혀 없으므로 화(火)와 관련된 건강 문제가 발생한다.
③ 위 사주는 토(土)가 많으므로 위장이 튼튼하다.
④ 위 사주는 목(木)이 고립되어 있으므로 간이나 뼈에 이상이 있다.
⑤ 위 사주는 수(水)가 전혀 없으므로 수(水)와 관련된 건강 문제가 있다.

여성 사주에서 토(土)가 과다하면 위장보다는 비뇨기과나 산부인과 등의 여성기질환과 관련되어 있다.

**16** 다음 중 위 사주에서 토(土)의 과다와 관련된 문제는 무엇인가?

① 대장  ② 폐  ③ 자궁  ④ 뼈  ⑤ 폐

**17** 다음 사주들에 나타난 고립 중에서 가장 위험한 고립은?

① 
| 시 | 일 | 월 | 연 |
|---|---|---|---|
| 辛 | 辛 | 乙 | 辛 |
| 酉 | 酉 | 酉 | 酉 |

②
| 시 | 일 | 월 | 연 |
|---|---|---|---|
| 己 | 己 | 乙 | 己 |
| 未 | 未 | 未 | 未 |

③
| 시 | 일 | 월 | 연 |
|---|---|---|---|
| 丁 | 丁 | 乙 | 丁 |
| 巳 | 巳 | 巳 | 巳 |

④
| 시 | 일 | 월 | 연 |
|---|---|---|---|
| 癸 | 癸 | 乙 | 癸 |
| 亥 | 亥 | 亥 | 亥 |

⑤
| 시 | 일 | 월 | 연 |
|---|---|---|---|
| 乙 | 乙 | 乙 | 乙 |
| 卯 | 卯 | 卯 | 卯 |

> **KEY POINT**
> 어떤 오행이 자신을 극하는 오행으로 둘러싸여 있을 때가 가장 위험하다.

**18** 다음 사주는 어느 부위에 건강문제가 나타나는가?

| 시 | 일 | 월 | 연 |
|---|---|---|---|
| 丙 | 丁 | 丁 | 壬 |
| 午 | 巳 | 未 | 寅 |

① 정신병   ② 대장   ③ 폐   ④ 간   ⑤ 우울증

> 화(火)가 90점인데 인목(寅木)의 생 작용으로 화(火)가 너무 과다하다. 귀문관살까지 있어서 정신병을 앓고 있다.

**19** 다음 중 올바른 설명이 아닌 것은?

① 화(火)의 과다는 여성보다 남성에게 더 위험하다.
② 수(水)의 과다는 남성보다 여성에게 더 위험하다.
③ 화(火)가 많은 여성은 화(火)가 많은 남성보다 화(火) 관련 건강문제가 빨리 나타난다.
④ 수(水)가 많은 여성은 수(水)가 많은 남성보다 수(水) 관련 건강문제가 빨리 발생한다.
⑤ 여성은 음의 기운이 남성보다 강하고, 남성은 양의 기운이 여성보다 강하다.

> 여성은 음의 기운이 강하며, 수(水)의 건강문제가 강하고 빠르게 나타난다. 남성은 양의 기운이 강하며, 화(火)의 건강문제가 강하고 빠르게 나타난다.

> **여기 정답!**
> 1) 1  2) 5  3) 4  4) 2  5) 4
> 6) 1  7) 5  8) 3  9) 5  10) 5
> 11) 2  12) 1  13) 1  14) 1  15) 4
> 16) 3  17) 1  18) 1  19) 3

## 대덕 한마디

# 사주 상담은 '愛之欲其生_애지욕기생'

사주 상담을 할 때는 '애지욕기생' 해야 한다. 사주 상담에는 사랑이 담겨 있어야 한다는 말이다.

필자가 좋아하는 동화책 두 권이 있다. 하나는 트리나 폴러스의 『꽃들에게 희망을』이란 책이고, 또 하나는 권정생의 『강아지똥』이란 책이다. 『꽃들에게 희망을』은 26년 동안 200만 부 이상 팔려나간 베스트셀러이다. 수많은 애벌레들이 서로 밟고 밟히는 과정 속에서 힘들게 살아가지만, 결국에는 아름다운 나비가 되어 꽃들에게 희망을 준다는 내용이다. 『강아지똥』은 누구도 쳐다보지 않는 울타리 밑의 강아지똥에게 민들레 꽃씨가 날아와서 아름다운 민들레꽃을 피운다는 내용이다.

『꽃들에게 희망을』의 시선은 철저한 서양적 관점이라 할 수 있다. 상대와 경쟁하여 이기는 것이 성공이라고 말하며, 블루오션(Blue ocean)의 정반대인 레드오션(Red ocean)적인 것이 바로 이 책에서 말하는 서양적 관점이자 현대 사회를 지배하는 자본주의적 관점이다.

반면에 『강아지똥』은 동양적 관점, 사랑의 관점이자 김위찬 교수가 발표해서 유명해진 블루오션의 관점으로 세상을 바라본다. 세상에서 누구도 쳐다보지 않는 작고 보잘 것 없는 것이지만, 이 강아지똥에게도 아름다운 민들레꽃을 피울 수 있는 잠재력이 숨어 있다는 것이다.

이것이 바로 사주 상담의 근본정신이다. 사주팔자의 주인공 각자에게는 자신만의 삶을 아름답게 할 수 있는 무엇인가가 존재한다는 것이다. 그것을 찾아내는 것이 사주 상담이다. 소똥이 논의 벼를, 돼지똥이 밭의 콩을 키우는 거름이 되듯이, 하잘 것 없어 보이는 강아지똥 역시 살면서 아름다운 작은 꽃을 피울 수 있다는 것이다. 사주 상담은 이렇게 각자 자신의 삶을 아름답게 살아갈 수 있도록 해주어야 한다. 이것을 '애지욕기생' 한다고 말한다.

　사랑에 대한 정의는 세상에 수없이 많다. 어느 유명한 시인은 사랑은 손을 맞잡고 같은 방향으로 걸어가는 것이라고 했고, 또 다른 시인은 서로 마주보는 것이라고 하였다. 그러나 필자가 생각하기에 사랑은 바로 '애지욕기생' 하는 것이다. 이는 『논어(論語)』에 나오는 말로서, 사주명리학과 관련해서는 '사랑이란 그 사람의 삶 즉 사주팔자를 다 살게 해주는 것이다'라고 풀이할 수 있다. '애지욕기생', 이것이 바로 사랑이고 바로 사주 상담의 목표이다.

어떤 착하고 마음씨 고운 여성이 있었다. 이 여성은 남편의 무리한 사업 확장으로 인해 가정환경이 어려워지고, 성격이 맞지 않아서 남편과 헤어지게 되었다. 이후 이런 저런 장사를 하며 생활을 이어가다가 고객 중에 자신을 좋아하는 사람을 알게 되었다. 이 남성과 안정된 가정을 꾸리고 싶은 마음도 있었지만, 한번 결혼에 실패한 터라 조심스러울 수밖에 없었다. 상대방 남성도 한번 결혼에 실패한 사람이어서 연민의 정은 있었지만 마음을 두지 않았다. 그러던 어느 날 이 남자가 청혼을 하였다.

"밖에서 비 맞으면서 혼자서 고생하지 마세요. 내 우산 속으로 들어오세요. 당신이 비 맞게 하지 않겠소."

　이 여성은 밖에서 비 맞지 말고 자신의 우산 속으로 들어오라는 그의 말에 감동하여 결혼에 동의하기에 이른다. 그러나 그 사람의 우산 속으로 들어가 부부의 인연을 맺은 후 남편은 의처증 증세를 보이기 시작하였다. 폭력적으로 변해서 의심하고 구타하는 상황까지 벌어졌다.

여기서 필자가 이야기하고 싶은 말은, 사랑이란 상대방을 내 우산 속에 들어오게 하는 것이 아니라 사랑하는 사람에게 우산을 건네주어서 직접 쓸 수 있게 도와주는 것이어야 한다는 것이다. 그것이 바로 사랑이고 '애지욕기생'이다.

　사주 상담은 바로 사랑이요, 사주 상담이란 바로 애지욕기생 할 수 있도록 자신의 삶을 다 살게 도와주는 것이다. 그러므로 사주 상담은 바로 '애지욕기생'이다.

육친은 사주팔자에서 부모, 형제, 배우자, 자식 등의
가족관계를 통틀어 일컫는 말로 육신이라고도 한다.
인간은 사회적 동물이다. 그러므로 개개인마다 자신을 중심으로
다양한 인간관계나 사회관계가 복잡하게 얽혀 있고,
그러한 관계들 속에서 개개인의 사주팔자 또한 흘러가고 있다.
이러한 부모, 형제, 배우자, 자녀, 친구, 선후배 등의 인간관계 그리고
사람, 의식주, 재물, 명예, 학업, 부동산 등의 사회적 관계를 해석해낼 수 있는
적절하고도 타당성 높은 도구가 바로 육친이다.
육친만 제대로 알면 직업, 적성, 사회성, 가족과의 관계 등
사주팔자를 폭넓게 해석할 수 있다.

김동완의 사주명리학 강의 Vol.2
사주명리학 완전정복

# 육친론

육친의 이해 / 육친의 종류 / 육친의 상생과 상극 작용 /
육친의 성격과 직업

# 육친론

chapter 3

육친은 음양오행의 상생·상극 관계를 바탕으로 구성되며, 사주팔자 내의 육친 분포를 통해서 사주 당사자의 인간관계와 사회성 등을 유추할 수 있다. 여기에서는 육친의 발달과 과다를 판단하고, 그 결과를 바탕으로 성격과 직업 등을 분석하는 방법을 소개한다.

육친(六親)은 음양오행의 상생·상극 관계를 바탕으로 하여 사주 당사자의 인간관계와 사회관계를 나타낸 것이다. 이 육친을 다루는 육친론은 사주명리학에서 빼놓을 수 없는 중요한 분야이다. 육친은 우리가 살아가면서 만나게 되는 가족을 포함한 인간관계들, 그리고 다양한 인간관계 속에서 이루어지는 사회성과 사회관계를 내포하고 있다. 육친을 제대로 알면 그 사람의 인격이나 사회성을 파악할 수 있다. 육친을 알면 인간이 보이고, 세상이 보인다.

## 1. 육친의 이해

### 1 육친의 정의

육친은 사주팔자에서 부모, 형제, 배우자, 자식 등의 가족관계를 통틀어 일컫는 말로 육신(六神)이라고도 한다. 인간은 사회적 동물이다. 그러므로 개개인마다 자신을 중심으로 다양한 인간관계나 사회관계가 복잡하게 얽혀 있고, 그러한 관계들 속에서 개개인의 사주팔자 또한 흘러가고 있다. 이러한 부모, 형제, 배우자, 자녀, 친구, 선후배 등의 인간관계 그리고 사람, 의식주, 재물, 명예, 학업, 부동산 등의 사회적 관계를 해석해낼 수 있는 적절하고도 타당성 높은 도구가 바로 육친이다. 육친만 제대로 알면 직업, 적성, 사회성, 가족과의 관계 등 사주팔자를 폭넓게 해석할 수 있다. 이렇게 중요하게 쓰이기 때문에 육친 부분은 잘 이해하고 넘어가야 한다.

육친에는 비견(比肩), 겁재(劫財), 식신(食神), 상관(傷官), 편재(偏財), 정재(正財), 편관(偏官), 정관(正官), 편인(偏印), 정인(正印)이 있다. 비견과 겁재를 묶어서 비겁(比劫), 식신과 상관을 묶어서 식상(食傷), 편재와 정재를 묶어서 재성(財星), 편관과 정관을 묶어서 관성(官星) 또는 관살(官殺), 편인과 정인을 묶어서 인성(印星)이라고 한다.

한편 육친에는 10가지 종류가 있다고 해서 육친을 십신(十神)이라고도 부른다. 그러나 용어가 육신이든 육친이든 십신이든 간에, 그것이 의미하는 바를 정확하게 이해하고 사주 분석에 적용하는 것이 가장 중요하다. 각각의 육친은 저마다 독특한 특징을 가지고 있으므로 한 사람의 운명을 판단하고 분석해내는 데 귀중한 자료가 된다.

> **point**
>
> **육친**
> 음양오행의 상생·상극 작용을 바탕으로 사주 당사자의 인간관계와 사회관계를 나타낸 것이다. 부모, 형제, 자매, 부인, 남편, 자식 등을 통틀어서 일컫는다.
> 비견, 겁재, 식신, 상관, 편재, 정재, 편관, 정관, 편인, 정인 등이 있다.

### ▼ 육친의 종류

| 종류 | 의미 |
| --- | --- |
| 비견 | 나(일간)와 오행이 같고 음양이 같은 것 |
| 겁재 | 나(일간)와 오행이 같고 음양이 다른 것 |
| 식신 | 내가(일간이) 생하고 음양이 같은 것 |
| 상관 | 내가(일간이) 생하고 음양이 다른 것 |
| 편재 | 내가(일간이) 극하고 음양이 같은 것 |
| 정재 | 내가(일간이) 극하고 음양이 다른 것 |
| 편관 | 나(일간)를 극하고 음양이 같은 것 |
| 정관 | 나(일간)를 극하고 음양이 다른 것 |
| 편인 | 나(일간)를 생하고 음양이 같은 것 |
| 정인 | 나(일간)를 생하고 음양이 다른 것 |

비견 + 겁재 = 비겁
식신 + 상관 = 식상
편재 + 정재 = 재성
편관 + 정관 = 관성
편인 + 정인 = 인성

### ▼ 육친의 명칭

| 원래 명칭 | 별칭 |
|---|---|
| 비겁 | 양인살(羊刃殺·陽刃殺) |
| 식신 | 수복신(壽福神)·수성(壽星)·누기(漏氣) |
| 상관 | 도기(盜氣) |
| 편관 | 칠살(七殺) |
| 편인 | 도식(倒食)·효신살(梟神殺) |
| 정인 | 인수(印綬) |

## 2 육친 분석시 주의사항

사주명리학은 아주 오래 전에 시작되어 지금까지 전해오는 동안 꾸준히 발전해왔다. 사주명리학 역사에서 가장 큰 획을 그은 사람은 당나라 때 대부(大夫)를 지낸 이허중(李虛中)이다. 그는 사람이 태어난 생년, 생월, 생일, 생시를 천간과 지지에 배속시키고, 이것들이 서로 생하고 극하는 관계를 보고 그 사람의 운명을 판단하는 자료로 삼아 부귀, 빈천, 장수, 단명 등을 알아보았다.

그 후 송대(宋代)에 이르러서는 서자평(徐子平)이 현대 사주명리학의 토대를 이루는 일간 중심의 사주명리학을 정립하였다. 즉 사주의 일간을 위주로 하여 사주 내의 천간과 지지의 생극제화(生剋制化) 작용을 살펴서 사람의 운명을 판단하였다.

필자의 이론(이후 대덕 이론이라고 칭함)에서는 육친을 발달과 과다로 구분하여 분석하는데, 각각의 육친은 발달과 과다에 따라서 성격 유형이나 직업적 특성 그리고 적성이 다르게 나타난다고 본다.

대덕 이론에서는 이제까지 일반 이론에서 제대로 설명하지 못한 직업 이론, 즉 용신을 찾아내고 용신에 따라 직업을 정하는 이론을 과감하게 버렸다. 이미 필자가 여러 번 언급했듯이, 누구든 자신에게 나타나는 특성 즉 개성이 자신의 직업으로 이어질 가능성이 높다. 그러나 용신으로 정하는 오행은 사주 내에서 발달하거나 개수가 많은 것이 아니라 단순히 지지에 뿌리를 내리고 있는 정도에 불과하다. 이러한 오행과 육친으로는 사주 당사자의 장점을 나타낼 수 없고, 따라서 그것으로 직업이나 적성을 판단하는 것은 문제가 있다.

육친 중에서 비견과 겁재, 식신과 상관, 편재와 정재, 편관과 정관, 편인과 정인은 똑같은 성격이라고 할 수는 없지만 비슷한 성격을 갖고 있다고 보아야 한다. 그래서 비견이 발달하였는데 겁재가 한두 개 더 있어서 비견과 겁재를 합한 수가 과다에 해당하는 경우에는 발달로 보지 않고 과다로 보아야 한다. 즉 이때는 비견과 겁재를 통틀어 비겁 과다라고 한다.

　이것을 성격 분석과 관련해 생각해보자. 예를 들어, 편관도 발달하고 정관도 발달한 경우에는 편관 발달의 성격도 있고 정관 발달의 성격도 있다고 보지 않고, 편관과 정관을 합쳐서 관성 과다로 판단한 후 과다에 해당하는 성격과 직업 유형으로 분석한다. 비견과 겁재 역시 과다할 때 성격 유형이 똑같고, 마찬가지로 식신과 상관, 편재와 정재, 편관과 정관, 편인과 정인은 과다할 때 성격 유형이 똑같다.

여기서 한 가지 질문이 생긴다. 편관만 과다할 때의 성격 유형과 정관만 과다할 때의 성격 유형, 그리고 편관과 정관이 모두 과다할 때의 성격 유형은 각각 어떠한가? 이 세 가지에서 성격 유형은 똑같이 나타난다. 그러므로 비견·겁재, 식신·상관, 편재·정재, 편관·정관, 편인·정인은 발달일 때는 나누어서 해석하지만, 과다일 경우에는 나누어서 판단하지 않고 같은 육친으로 보아야 한다.

조금 복잡한 듯하지만 일반 이론에 비해서는 쉬운 이론이므로, 이 부분을 잘 이해하여 자신이나 주위 사람들의 사주팔자로 적성이나 성격 등을 분석할 때 적용하기 바란다. 자녀들의 적성을 분석해내고 배우자의 성격과 자신의 성격을 분석해서 현재 자신이 다니고 있는 직장에 적응하지 못하는 이유는 무엇인지, 부부 사이에 또는 자녀와의 사이에 갈등이 나타나는 이유가 무엇인지를 따져보면 다른 사람을 이해하는 폭이 넓어지고, 자신을 정확하게 판단하여 서로를 배려하는 데 큰 도움이 된다. 이 육친론을 공부하면서 배우자와 나는 어떤 타입이기에 서로 대립하고 반목하는지, 이 자녀와는 성격이 잘 맞는데 저 자녀와는 왜 사사건건 어긋나는지에 대한 궁금증이 하나하나 해결될 것이다.

## 2. 육친의 종류

육친에는 비견, 겁재, 식신, 상관, 편재, 정재, 편관, 정관, 편인, 정인 등 모두 10개가 있다. 이러한 육친 10가지는 오행의 상생 및 상극의 원리를 이용한 것으로, 나와 같은가, 내가 생하는가, 나를 생하는가, 내가 극하는가, 나를 극하는가 등을 나타낸다. 여기서 '나'는 일간을 말하며, 이 일간을 위주로 하여 일간 오행과 일간을 제외한 다른 오행들의 관계를 본다. 육친의 상생·상극 관계를 잘 알아두어야 사주를 해석할 수 있으므로 반드시 숙지하기 바란다.

책마다 조금씩 다르지만 겁재, 상관, 편관, 편인을 흉한 것으로 분류하는 경우가 대부분인데, 절대로 어떤 육친은 좋고 어떤 육친은 나쁘다고 구분하지 말아야 한다. 어떤 육친이든 장점과 단점을 두루 가지고 있다. 다만, 장점을 잘 살리면 성공하는 것이요, 단점으로 흘러가면 실패하는 것이다. 육친 중에서 좋은 육친과 나쁜 육친의 구분은 있을 수 없으며, 단지 장점과 단점이 구분될 뿐이다.

육친은 발달했는가 과다한가(많은가)에 따라 장점과 단점이 다르게 나타난다. 발달일 때는 안정적인 면이 장점으로 많이 나타나고, 과다일 때는 적극적인 면이 장점으로 많이 나타난다.

## 1 비견

비견(比肩)은 '견줄 비(比)', '어깨 견(肩)' 즉 어깨를 나란히 한다는 뜻을 가지고 있으며, 나(일간)와 오행도 같고 음양도 같은 경우를 말한다. 일간이 갑(甲)일 때 갑(甲)·인(寅), 일간이 을(乙)일 때 을(乙)·묘(卯), 일간이 병(丙)일 때 병(丙)·사(巳), 일간이 정(丁)일 때 정(丁)·오(午), 일간이 무(戊)일 때 무(戊)·진(辰)·술(戌), 일간이 기(己)일 때 기(己)·축(丑)·미(未), 일간이 경(庚)일 때 경(庚)·신(申), 일간이 신(辛)일 때 신(辛)·유(酉), 일간이 임(壬)일 때 임(壬)·해(亥), 일간이 계(癸)일 때 계(癸)·자(子)가 비견에 해당한다.

**point**

**비견**
나(일간)와 음양이 같고 오행도 같은 경우를 말한다.

이때 한 가지 주의할 점이 있다. 『사주명리학 초보탈출』에서 설명한 것처럼(p. 74~77 참고), 지지의 화(火)인 사(巳)와 오(午), 수(水)인 해(亥)와 자(子)는 서로 음양을 바꾸어주어야 한다. 사화(巳火)가 양화로, 오화(午火)가 음화로, 해수(亥水)가 양수로, 자수(子水)가 음수로 변하는 것을 꼭 기억해서 육친에 적용시켜야 한다.

### 비견

① 갑(甲) 일간일 때 갑(甲)·인(寅).

② 을(乙) 일간일 때 을(乙)·묘(卯).

③ 병(丙) 일간일 때 병(丙)·사(巳).

④ 정(丁) 일간일 때 정(丁)·오(午).

⑤ 무(戊) 일간일 때 무(戊)·진(辰)·술(戌).

⑥ 기(己) 일간일 때 기(己)·축(丑)·미(未).

⑦ 경(庚) 일간일 때 경(庚)·신(申).

⑧ 신(辛) 일간일 때 신(辛)·유(酉).

⑨ 임(壬) 일간일 때 임(壬)·해(亥).

⑩ 계(癸) 일간일 때 계(癸)·자(子).

## 2 겁재

**겁재**
나(일간)와 오행은 같지만 음양이 다른 경우를 말한다.

겁재(劫財)는 나(일간)와 오행이 같고, 음양은 다른 경우를 말한다. 일간이 갑(甲)일 때 을(乙)·묘(卯), 일간이 을(乙)일 때 갑(甲)·인(寅), 일간이 병(丙)일 때 정(丁)·오(午), 일간이 정(丁)일 때 병(丙)·사(巳), 일간이 무(戊)일 때 기(己)·축(丑)·미(未), 일간이 기(己)일 때 무(戊)·진(辰)·술(戌), 일간이 경(庚)일 때 신(辛)·유(酉), 일간이 신(辛)일 때 경(庚)·신(申), 일간이 임(壬)일 때 계(癸)·자(子), 일간이 계(癸)일 때 임(壬)·해(亥)가 각각 겁재에 해당한다. 일반적으로 비견과 겁재를 통틀어서 비겁이라고 한다.

겁재는 육친의 하나로서 재물을 관장하는 재성(財星)을 극하기 때문에 '재물을 겁탈한다'는 의미로 겁재라고 부른다. 그러나 이렇게 부정적으로 단정하는 것은 올바른 사주 분석에 방해가 된다. 이미 설명한 것처럼 좋은 육친, 나쁜 육친이 따로 있는 것이 아니라 육친마다 서로 다른 특징이 존재할 뿐이기 때문이다.

또한, 비견에 비해서 겁재가 매우 나쁘다고 평가하지만, 겁재는 비견과 거의 같은 작용을 하고 단지 오행이 다를 뿐이다. 일반 이론에서는 비견과 겁재를 분리해서 해석하지만, 대덕 이론에서는 그 동안의 오랜 연구와 임상실험 결과 비견과 겁재의 차이는 거의 없다고 본다.

**겁재**

① 갑(甲) 일간일 때 을(乙) · 묘(卯).

② 을(乙) 일간일 때 갑(甲) · 인(寅).

③ 병(丙) 일간일 때 정(丁) · 오(午).

④ 정(丁) 일간일 때 병(丙) · 사(巳).

⑤ 무(戊) 일간일 때 기(己) · 축(丑) · 미(未).

⑥ 기(己) 일간일 때 무(戊) · 진(辰) · 술(戌).

⑦ 경(庚) 일간일 때 신(辛) · 유(酉).

⑧ 신(辛) 일간일 때 경(庚) · 신(申).

⑨ 임(壬) 일간일 때 계(癸) · 자(子).

⑩ 계(癸) 일간일 때 임(壬) · 해(亥).

### 3 식신

식신(食神)은 내(일간)가 생하면서 음양이 같은 경우를 말한다. 일간이 갑(甲)일 때 병(丙) · 사(巳), 일간이 을(乙)일 때 정(丁) · 오(午), 일간이 병(丙)일 때 무(戊) · 진(辰) · 술(戌), 일간이 정(丁)일 때 기(己) · 축(丑) · 미(未), 일간이 무(戊)일 때 경(庚) · 신(申), 일간이 기(己)일 때 신(辛) · 유(酉), 일간이 경(庚)일 때 임(壬) · 해(亥), 일간이 신(辛)일 때 계(癸) · 자(子), 일간이 임(壬)일 때 갑(甲) · 인(寅), 일간이 계(癸)일 때 을(乙) · 묘(卯)가 각각 식신에 해당한다.

**point**

**식신**
내(일간)가 생하고 음양이 같은 경우를 말한다.

식신은 말 그대로 '밥 귀신'이란 의미이며, 편관을 극한다고 해서 수성(壽星)이라고도 부른다. 일반 이론에서는 편관이 일간을 극한다고 해서 나를 죽이는 육친으로 보아 '살(殺)'이라고 부르고, 육친 중 일곱 번째에 해당한다고 하여 칠(七)을 붙여서 '칠살(七殺)'이라고 한다. 편관을 육친 중에서 가장 나쁘게 보는데, 이 편관 즉 칠살을 극하는 것이 바로 식신이기 때문에 나(일간)의 목숨을 살려준다고 해서 목숨을 살려주는 별의 호칭인 수성이라고 한다. 그러나 대덕 이론에서는 편관이 특별히 나를 극한다고 보는 것은 잘못이라고 해석한다. 이 부분은 편관에서 자세하게 다룬다.

### 식신

① 갑(甲) 일간일 때 병(丙)·사(巳).

② 을(乙) 일간일 때 정(丁)·오(午).

③ 병(丙) 일간일 때 무(戊)·진(辰)·술(戌).

④ 정(丁) 일간일 때 기(己)·축(丑)·미(未).

⑤ 무(戊) 일간일 때 경(庚)·신(申).

⑥ 기(己) 일간일 때 신(辛)·유(酉).

⑦ 경(庚) 일간일 때 임(壬)·해(亥).

⑧ 신(辛) 일간일 때 계(癸)·자(子).

⑨ 임(壬) 일간일 때 갑(甲)·인(寅).

⑩ 계(癸) 일간일 때 을(乙)·묘(卯).

## 4 상관

**상관**
내(일간)가 생하고 음양이 다른 경우를 말한다.

상관은 내(일간)가 생하고 음양이 다른 경우를 말한다. 일간이 갑(甲)일 때 정(丁)·오(午), 일간이 을(乙)일 때 병(丙)·사(巳), 일간이 병(丙)일 때 기(己)·축(丑)·미(未), 일간이 정(丁)일 때 무(戊)·진(辰)·술(戌), 일간이 무(戊)일 때 신(辛)·유(酉), 일간이 기(己)일 때 경(庚)·신(申), 일간이 경(庚)일 때 계(癸)·자(子), 일간이 신(辛)일 때 임(壬)·해(亥), 일간이 임(壬)일 때 을(乙)·묘(卯), 일간이 계(癸)일 때 갑(甲)·인(寅)이 각각 상관에 해당한다.

대부분의 일반 이론에서는 상관이 정관을 극한다고 해서 흉한 육친으로 본다. 정관은 관직과 명예를 상징하는데 이러한 관직을 극하기 때문에 상관을 극도로 꺼린 것이다. 그러나 이 부분도 크게 신경 쓰지 말아야 한다. 앞서 말했듯이 어떤 육친이든 장점과 단점이 모두 존재하기 때문이다.

관(官)에게 상처를 준다는 이유로, 즉 명예에 상처를 준다는 이유로 명칭 자체가 상관(傷官)이다. 그런데 필자가 보기에 10개의 육친 중에서 가장 부적절한 이름이 바로 이 상관이다. 육친의 내용이나 뜻 때문이 아니라 명칭 자체가 잘못되었다고 본다.

'관을 상하게 한다.' 이것은 잘못된 해석이다. 무조건 관을 상하게 하는 것이 아니라 어떤 경우에는 관을 도와줄 수도 있기 때문이다. 예를 들어, 관이 많아 내가 힘들 때는 상관이 나를 못 살게 구는 관을 극하기 때문에 오히려 상관이 나에게 큰 힘이 되는 것이다. 따라서 상관은 무조건 흉신이라는 전제 아래 사주를 분석하는 것은 절대 금물이다. 이러한 이유로 필자는 상관이란 호칭이 이제 막 사주명리학에 입문한 사람들에게 혼란을 불러일으키기 쉽다고 생각한다. 사주명리학이 좀더 학문적인 체계를 갖추게 되면 이와 같은 명칭 변경도 생각해봄직하고, 또 반드시 그렇게 되어야 한다고 본다.

### 상관

① 갑(甲) 일간일 때 정(丁)·오(午).

② 을(乙) 일간일 때 병(丙)·사(巳).

③ 병(丙) 일간일 때 기(己)·축(丑)·미(未).

④ 정(丁) 일간일 때 무(戊)·진(辰)·술(戌).

⑤ 무(戊) 일간일 때 신(辛)·유(酉).

⑥ 기(己) 일간일 때 경(庚)·신(申).

⑦ 경(庚) 일간일 때 계(癸)·자(子).

⑧ 신(辛) 일간일 때 임(壬)·해(亥).

⑨ 임(壬) 일간일 때 을(乙)·묘(卯).

⑩ 계(癸) 일간일 때 갑(甲)·인(寅).

## 5 편재

편재는 내(일간)가 극하고 음양이 같은 경우를 말한다. 일간이 갑(甲)일 때 무(戊)·진(辰)·술(戌), 일간이 을(乙)일 때 기(己)·축(丑)·미(未), 일간이 병(丙)일 때 경(庚)·신(申), 일간이 정(丁)일 때 신(辛)·유(酉), 일간이 무(戊)일 때 임(壬)·해(亥), 일간이 기(己)일 때 계(癸)·자(子), 일간이 경(庚)일 때 갑(甲)·인(寅), 일간이 신(辛)

일 때 을(乙)·묘(卯), 일간이 임(壬)일 때 병(丙)·사(巳), 일간이 계(癸)일 때 정(丁)·오(午)가 편재에 해당한다.

**편재**
내(일간)가 극하고 음양이 같은 경우를 말한다.

### 편재

① 갑(甲) 일간일 때 무(戊)·진(辰)·술(戌).

② 을(乙) 일간일 때 기(己)·축(丑)·미(未).

③ 병(丙) 일간일 때 경(庚)·신(申).

④ 정(丁) 일간일 때 신(辛)·유(酉).

⑤ 무(戊) 일간일 때 임(壬)·해(亥).

⑥ 기(己) 일간일 때 계(癸)·자(子).

⑦ 경(庚) 일간일 때 갑(甲)·인(寅).

⑧ 신(辛) 일간일 때 을(乙)·묘(卯).

⑨ 임(壬) 일간일 때 병(丙)·사(巳).

⑩ 계(癸) 일간일 때 정(丁)·오(午).

## 6 정재

정재는 내(일간)가 극하면서 음양이 다른 경우를 말한다. 일간이 갑(甲)일 때 기(己)·축(丑)·미(未), 일간이 을(乙)일 때 무(戊)·진(辰)·술(戌), 일간이 병(丙)일 때 신(辛)·유(酉), 일간이 정(丁)일 때 경(庚)·신(申), 일간이 무(戊)일 때 계(癸)·자(子), 일간이 기(己)일 때 임(壬)·해(亥), 일간이 경(庚)일 때 을(乙)·묘(卯), 일간이 신(辛)일 때 갑(甲)·인(寅), 일간이 임(壬)일 때 정(丁)·오(午), 일간이 계(癸)일 때 병(丙)·사(巳)가 정재에 해당한다.

**정재**
내(일간)가 극하고 음양이 다른 경우를 말한다.

### 정재

① 갑(甲) 일간일 때 기(己)·축(丑)·미(未).

② 을(乙) 일간일 때 무(戊)·진(辰)·술(戌).

③ 병(丙) 일간일 때 신(辛)·유(酉).

④ 정(丁) 일간일 때 경(庚)·신(申).

⑤ 무(戊) 일간일 때 계(癸)·자(子).

⑥ 기(己) 일간일 때 임(壬)·해(亥).

⑦ 경(庚) 일간일 때 을(乙)·묘(卯).

⑧ 신(辛) 일간일 때 갑(甲)·인(寅).

⑨ 임(壬) 일간일 때 정(丁)·오(午).

⑩ 계(癸) 일간일 때 병(丙)·사(巳).

## 7 편관

편관은 나(일간)를 극하고 음양이 같은 경우를 말한다. 일간이 갑(甲)일 때 경(庚)·신(申), 일간이 을(乙)일 때 신(辛)·유(酉), 일간이 병(丙)일 때 임(壬)·해(亥), 일간이 정(丁)일 때 계(癸)·자(子), 일간이 무(戊)일 때 갑(甲)·인(寅), 일간이 기(己)일 때 을(乙)·묘(卯), 일간이 경(庚)일 때 병(丙)·사(巳), 일간이 신(辛)일 때 정(丁)·오(午), 일간이 임(壬)일 때 무(戊)·진(辰)·술(戌), 일간이 계(癸)일 때 기(己)·축(丑)·미(未)가 편관에 해당한다.

편관은 비견, 겁재, 식신, 상관, 편재, 정재, 편관 순서대로 보면 일곱 번째에 해당한다고 해서 칠(七), 나(일간)를 극한다고 해서 살(殺)이라고 부른다. 그래서 일명 칠살(七殺)이라고 하는데, 이제까지의 일반 이론에서는 대부분 칠살을 흉신으로 보아 나쁜 육친 중의 하나라고 설명한다. 나를 극하는 오행이기 때문에 나쁜 육친이라고 단정하는 것이다.

그러나 일간의 힘이 막강할 때는 나를 극하는 편관이나 정관이 오히려 도움이 될 수 있다. 따라서 어떤 육친이든 단순하게 이 육친은 좋고 저 육친은 나쁘다고 판단할 수 없다는 것을 잘 기억하기 바란다.

**편관**

나(일간)를 극하고 음양이 같은 경우를 말한다.

#### 편관

① 갑(甲) 일간일 때 경(庚)·신(申).

② 을(乙) 일간일 때 신(辛)·유(酉).

③ 병(丙) 일간일 때 임(壬)·해(亥).

④ 정(丁) 일간일 때 계(癸)·자(子).

⑤ 무(戊) 일간일 때 갑(甲)·인(寅).

⑥ 기(己) 일간일 때 을(乙)·묘(卯).

⑦ 경(庚) 일간일 때 병(丙)·사(巳).

⑧ 신(辛) 일간일 때 정(丁)·오(午).

⑨ 임(壬) 일간일 때 무(戊)·진(辰)·술(戌).

⑩ 계(癸) 일간일 때 기(己)·축(丑)·미(未).

## 8 정관

**정관**
나(일간)를 극하면서 음양이 다른 경우를 말한다.

정관은 나(일간)를 극하면서 음양이 다른 경우를 말한다. 일간이 갑(甲)일 때 신(辛)·유(酉), 일간이 을(乙)일 때 경(庚)·신(申), 일간이 병(丙)일 때 계(癸)·자(子), 일간이 정(丁)일 때 임(壬)·해(亥), 일간이 무(戊)일 때 을(乙)·묘(卯), 일간이 기(己)일 때 갑(甲)·인(寅), 일간이 경(庚)일 때 정(丁)·오(午), 일간이 신(辛)일 때 병(丙)·사(巳), 일간이 임(壬)일 때 기(己)·축(丑)·미(未), 일간이 계(癸)일 때 무(戊)·진(辰)·술(戌)이 정관에 해당한다.

#### 정관

① 갑(甲) 일간일 때 신(辛)·유(酉).

② 을(乙) 일간일 때 경(庚)·신(申).

③ 병(丙) 일간일 때 계(癸)·자(子).

④ 정(丁) 일간일 때 임(壬)·해(亥).

⑤ 무(戊) 일간일 때 을(乙)·묘(卯).

⑥ 기(己) 일간일 때 갑(甲)·인(寅).

⑦ 경(庚) 일간일 때 정(丁)·오(午).

⑧ 신(辛) 일간일 때 병(丙)·사(巳).

⑨ 임(壬) 일간일 때 기(己)·축(丑)·미(未).

⑩ 계(癸) 일간일 때 무(戊)·진(辰)·술(戌).

## 9 편인

편인은 나(일간)를 생하고 음양이 같은 경우를 말한다. 일간이 갑(甲)일 때 임(壬)·해(亥), 일간이 을(乙)일 때 계(癸)·자(子), 일간이 병(丙)일 때 갑(甲)·인(寅), 일간이 정(丁)일 때 을(乙)·묘(卯), 일간이 무(戊)일 때 병(丙)·사(巳), 일간이 기(己)일 때 정(丁)·오(午), 일간이 경(庚)일 때 무(戊)·진(辰)·술(戌), 일간이 신(辛)일 때 기(己)·축(丑)·미(未), 일간이 임(壬)일 때 경(庚)·신(申), 일간이 계(癸)일 때 신(辛)·유(酉)를 말한다.

**편인**
나(일간)를 생하고 음양이 같은 경우를 말한다.

일반 이론에서는 편인이 식신을 극한다고 해서 '엎어질 도(倒)' '밥 식(食)'을 써서 밥그릇을 엎어버린다는 의미의 도식(倒食)이라고 하며, 사흉신(四凶神)이라고 하여 나쁘다고 보지만 전혀 타당성이 없다. 몇몇 육신을 일방적으로 흉신으로 몰아가는 것은 올바른 사주 분석에 방해가 된다. 앞서 여러 번 설명한 것처럼 상황에 따라 어떤 육친이든 좋을 수도 있고 나쁠 수도 있기 때문에, 단순한 논리로 나쁜 용신 좋은 용신을 나누어놓고 이것은 흉신이니 무조건 나쁘고, 저것은 무조건 좋다고 보는 것은 삼가야 한다. 그러므로 일반 이론에서 편인을 '밥그릇을 엎어버리는 육친'이라고 하여 도식이라 부르는 것은 문제가 있음을 꼭 기억하고, 어떠한 상황에서든 도식이란 용어는 가급적 사용하지 않길 바란다.

**편인**

① 갑(甲) 일간일 때 임(壬)·해(亥).

② 을(乙) 일간일 때 계(癸)·자(子).

③ 병(丙) 일간일 때 갑(甲)·인(寅).

④ 정(丁) 일간일 때 을(乙)·묘(卯).

⑤ 무(戊) 일간일 때 병(丙)·사(巳).

⑥ 기(己) 일간일 때 정(丁)·오(午).

⑦ 경(庚) 일간일 때 무(戊)·진(辰)·술(戌).

⑧ 신(辛) 일간일 때 기(己)·축(丑)·미(未).

⑨ 임(壬) 일간일 때 경(庚)·신(申).

⑩ 계(癸) 일간일 때 신(辛)·유(酉).

## 10 정인

정인은 나(일간)를 생하고 음양이 다른 경우를 말한다. 일간이 갑(甲)일 때 계(癸)·자(子), 일간이 을(乙)일 때 임(壬)·해(亥), 일간이 병(丙)일 때 을(乙)·묘(卯), 일간이 정(丁)일 때 갑(甲)·인(寅), 일간이 무(戊)일 때 정(丁)·오(午), 일간이 기(己)일 때 병(丙)·사(巳), 일간이 경(庚)일 때 기(己)·축(丑)·미(未), 일간이 신(辛)일 때 무(戊)·진(辰)·술(戌), 일간이 임(壬)일 때 신(辛)·유(酉), 일간이 계(癸)일 때 경(庚)·신(申)이 각각 정인에 해당한다.

**정인**
나(일간)를 생하고 음양이 다른 경우를 말한다.

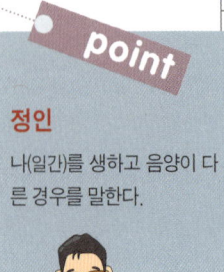

### 정인

① 갑(甲) 일간일 때 계(癸)·자(子).

② 을(乙) 일간일 때 임(壬)·해(亥).

③ 병(丙) 일간일 때 을(乙)·묘(卯).

④ 정(丁) 일간일 때 갑(甲)·인(寅).

⑤ 무(戊) 일간일 때 정(丁)·오(午).

⑥ 기(己) 일간일 때 병(丙)·사(巳).

⑦ 경(庚) 일간일 때 기(己)·축(丑)·미(未).

⑧ 신(辛) 일간일 때 무(戊)·진(辰)·술(戌).

⑨ 임(壬) 일간일 때 신(辛)·유(酉).

⑩ 계(癸) 일간일 때 경(庚)·신(申).

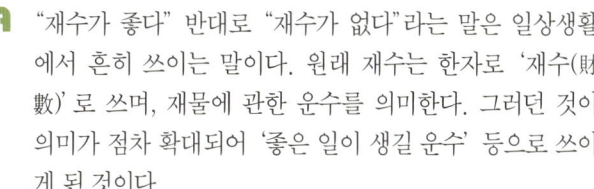

**Q** "재수 없다"고 할 때 재수는 무슨 뜻일까?

**A** "재수가 좋다" 반대로 "재수가 없다"라는 말은 일상생활에서 흔히 쓰이는 말이다. 원래 재수는 한자로 '재수(財數)'로 쓰며, 재물에 관한 운수를 의미한다. 그러던 것이 의미가 점차 확대되어 '좋은 일이 생길 운수' 등으로 쓰이게 된 것이다.

한때 "여러분 부자되세요"라는 어느 광고문구가 선풍적인 인기를 끌기도 했는데, 예나 지금이나 돈에 관한 가치가 사람의 운수를 좌우할 정도로 큰 영향을 미치고 있음을 알 수 있다.

▼ 천간별 육친 조견표

| 일간\천간 | 甲 | 乙 | 丙 | 丁 | 戊 | 己 | 庚 | 辛 | 壬 | 癸 |
|---|---|---|---|---|---|---|---|---|---|---|
| 甲 | 비견 | 겁재 | 편인 | 정인 | 편관 | 정관 | 편재 | 정재 | 식신 | 상관 |
| 乙 | 겁재 | 비견 | 정인 | 편인 | 정관 | 편관 | 정재 | 편재 | 상관 | 식신 |
| 丙 | 식신 | 상관 | 비견 | 겁재 | 편인 | 정인 | 편관 | 정관 | 편재 | 정재 |
| 丁 | 상관 | 식신 | 겁재 | 비견 | 정인 | 편인 | 정관 | 편관 | 정재 | 편재 |
| 戊 | 편재 | 정재 | 식신 | 상관 | 비견 | 겁재 | 편인 | 정인 | 편관 | 정관 |
| 己 | 정재 | 편재 | 상관 | 식신 | 겁재 | 비견 | 정인 | 편인 | 정관 | 편관 |
| 庚 | 편관 | 정관 | 편재 | 정재 | 식신 | 상관 | 비견 | 겁재 | 편인 | 정인 |
| 辛 | 정관 | 편관 | 정재 | 편재 | 상관 | 식신 | 겁재 | 비견 | 정인 | 편인 |
| 壬 | 편인 | 정인 | 편관 | 정관 | 편재 | 정재 | 식신 | 상관 | 비견 | 겁재 |
| 癸 | 정인 | 편인 | 정관 | 편관 | 정재 | 편재 | 상관 | 식신 | 겁재 | 비견 |

## ▼ 지지별 육친 조견표

| 일간<br>지지 | 甲 | 乙 | 丙 | 丁 | 戊 | 己 | 庚 | 辛 | 壬 | 癸 |
|---|---|---|---|---|---|---|---|---|---|---|
| 子 | 정인 | 편인 | 정관 | 편관 | 정재 | 편재 | 상관 | 식신 | 겁재 | 비견 |
| 丑 | 정재 | 편재 | 상관 | 식신 | 겁재 | 비견 | 정인 | 편인 | 정관 | 편관 |
| 寅 | 비견 | 겁재 | 편인 | 정인 | 편관 | 정관 | 편재 | 정재 | 식신 | 상관 |
| 卯 | 겁재 | 비견 | 정인 | 편인 | 정관 | 편관 | 정재 | 편재 | 상관 | 식신 |
| 辰 | 편재 | 정재 | 식신 | 상관 | 비견 | 겁재 | 편인 | 정인 | 편관 | 정관 |
| 巳 | 식신 | 상관 | 비견 | 겁재 | 편인 | 정인 | 편관 | 정관 | 편재 | 정재 |
| 午 | 상관 | 식신 | 겁재 | 비견 | 정인 | 편인 | 정관 | 편관 | 정재 | 편재 |
| 未 | 정재 | 편재 | 상관 | 식신 | 겁재 | 비견 | 정인 | 편인 | 정관 | 편관 |
| 申 | 편관 | 정관 | 편재 | 정재 | 식신 | 상관 | 비견 | 겁재 | 편인 | 정인 |
| 酉 | 정관 | 편관 | 정재 | 편재 | 상관 | 식신 | 겁재 | 비견 | 정인 | 편인 |
| 戌 | 편재 | 정재 | 식신 | 상관 | 비견 | 겁재 | 편인 | 정인 | 편관 | 정관 |
| 亥 | 편인 | 정인 | 편관 | 정관 | 편재 | 정재 | 식신 | 상관 | 비견 | 겁재 |

## ▼ 육친별 간지 조견표

| 육친<br>일간 | 비견 | 겁재 | 식신 | 상관 | 편재 | 정재 | 편관 | 정관 | 편인 | 정인 |
|---|---|---|---|---|---|---|---|---|---|---|
| 甲 | 甲寅 | 乙卯 | 丙巳 | 丁午 | 戊辰戌 | 己丑未 | 庚申 | 辛酉 | 壬亥 | 癸子 |
| 乙 | 乙卯 | 甲寅 | 丁午 | 丙巳 | 己丑未 | 戊辰戌 | 辛酉 | 庚申 | 癸子 | 壬亥 |
| 丙 | 丙巳 | 丁午 | 戊辰戌 | 己丑未 | 庚申 | 辛酉 | 壬亥 | 癸子 | 甲寅 | 乙卯 |
| 丁 | 丁午 | 丙巳 | 己丑未 | 戊辰戌 | 辛酉 | 庚申 | 癸子 | 壬亥 | 乙卯 | 甲寅 |
| 戊 | 戊辰戌 | 己丑未 | 庚申 | 辛酉 | 壬亥 | 癸子 | 甲寅 | 乙卯 | 丙巳 | 丁午 |
| 己 | 己丑未 | 戊辰戌 | 辛酉 | 庚申 | 癸子 | 壬亥 | 乙卯 | 甲寅 | 丁午 | 丙巳 |
| 庚 | 庚申 | 辛酉 | 壬亥 | 癸子 | 甲寅 | 乙卯 | 丙巳 | 丁午 | 戊辰戌 | 己丑未 |
| 辛 | 辛酉 | 庚申 | 癸子 | 壬亥 | 乙卯 | 甲寅 | 丁午 | 丙巳 | 己丑未 | 戊辰戌 |
| 壬 | 壬亥 | 癸子 | 甲寅 | 乙卯 | 丙巳 | 丁午 | 戊辰戌 | 己丑未 | 庚申 | 辛酉 |
| 癸 | 癸子 | 壬亥 | 乙卯 | 甲寅 | 丁午 | 丙巳 | 己丑未 | 戊辰戌 | 辛酉 | 庚申 |

## 3. 육친의 상생과 상극 작용

육친 상호간은 오행과 마찬가지로 서로 생하고 서로 극하는 관계로 이루어져 있다. 육친의 상호작용을 알면 가족관계와 사회관계를 보다 쉽게 이해할 수 있다. 부부관계, 부모자식관계, 사회성 등 다양한 인간사를 알 수 있으므로, 외우기 힘들어도 반드시 잘 알아두기 바란다.

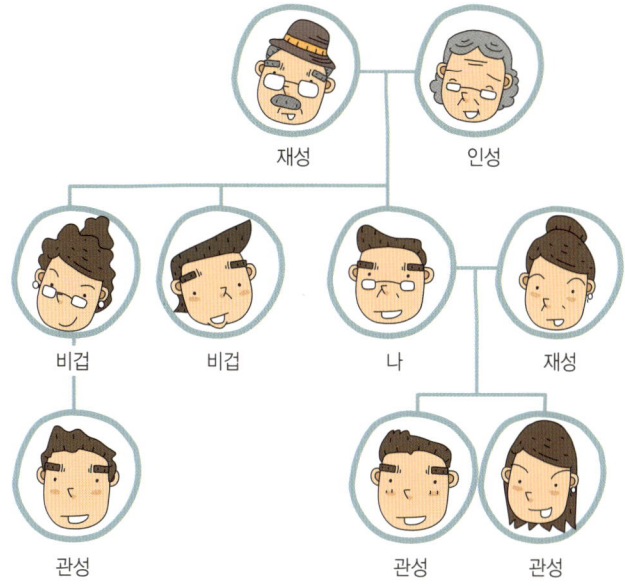

▼ 육친의 상생과 상극 작용

| 상생작용 | | 상극작용 | |
|---|---|---|---|
| 비견·겁재 | 식신·상관을 생한다 | 비견·겁재 | 편재·정재를 극한다 |
| 식신·상관 | 편재·정재를 생한다 | 식신·상관 | 편관·정관을 극한다 |
| 편재·정재 | 편관·정관을 생한다 | 편재·정재 | 편인·정인을 극한다 |
| 편관·정관 | 편인·정인을 생한다 | 편관·정관 | 비견·겁재를 극한다 |
| 편인·정인 | 비견·겁재를 생한다 | 편인·정인 | 식신·상관을 극한다 |

오행의 상생과 상극 ┈┈▶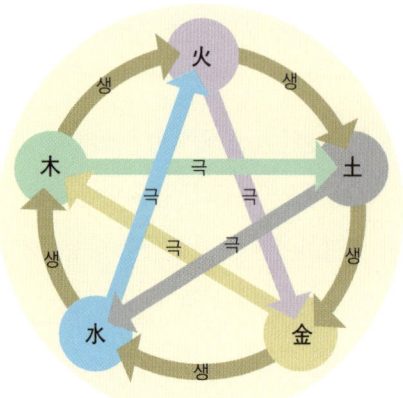

육친의 관계도 ┈┈▶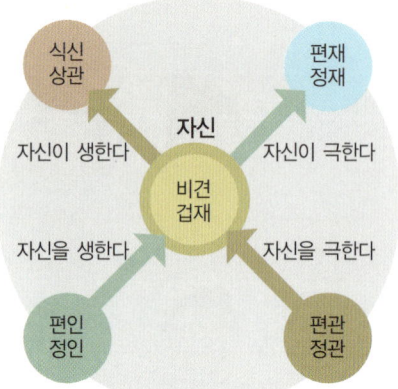

육친간의
상생·상극 작용 ┈┈▶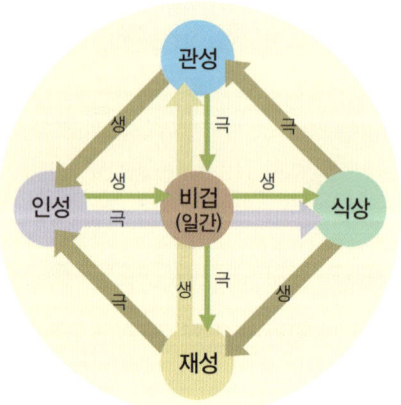

### ▼ 일간별 상생·상극 관계

① 일간이 甲(양목)인 경우

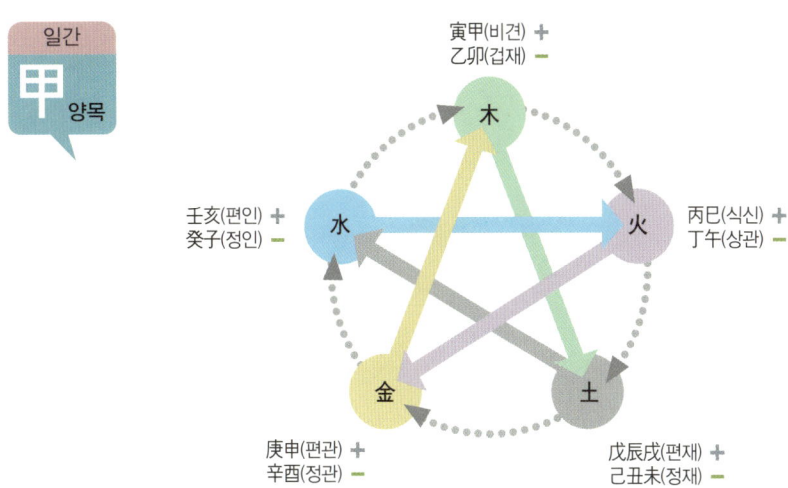

② 일간이 乙(음목)인 경우

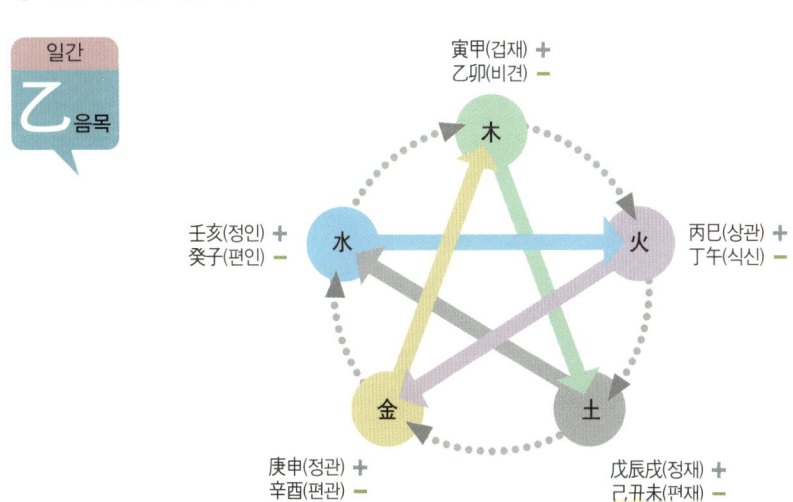

③ 일간이 丙(양화)인 경우

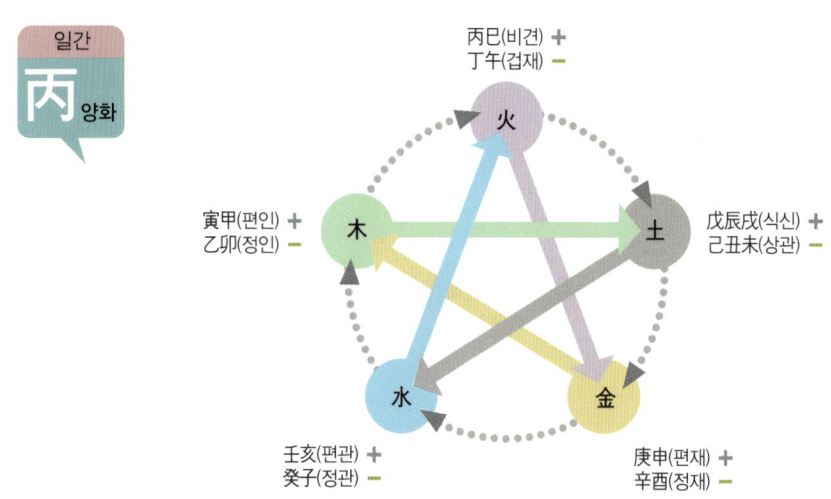

④ 일간이 丁(음화)인 경우

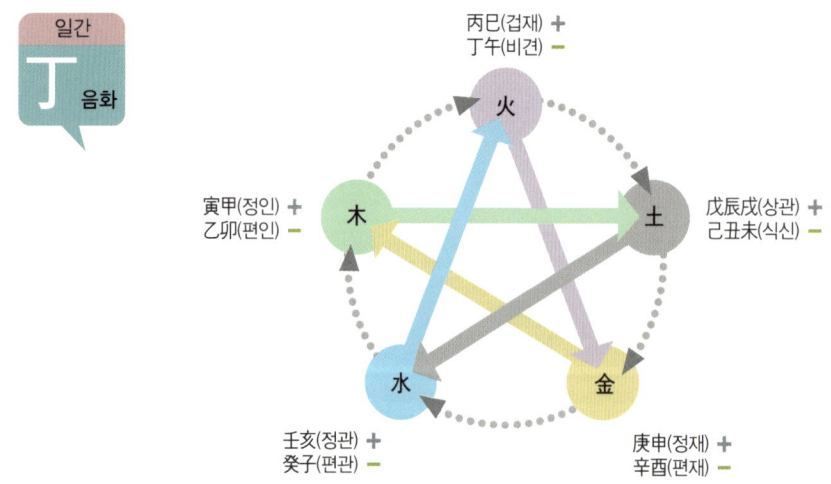

⑤ 일간이 戊(양토)인 경우

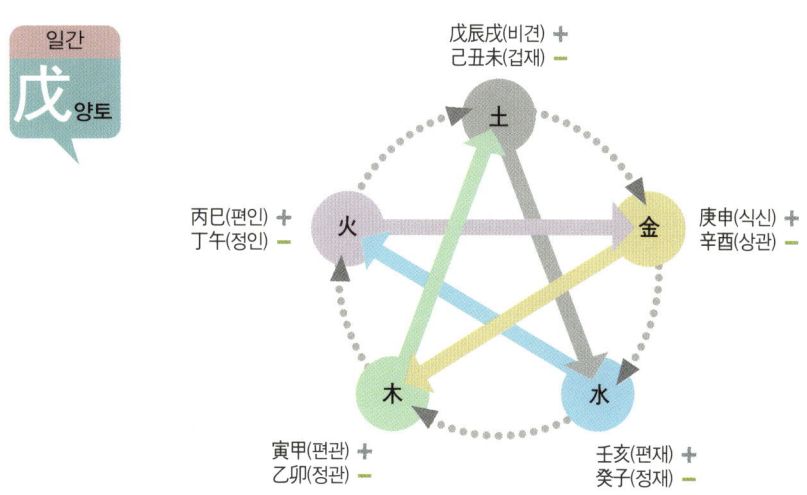

⑥ 일간이 己(음토)인 경우

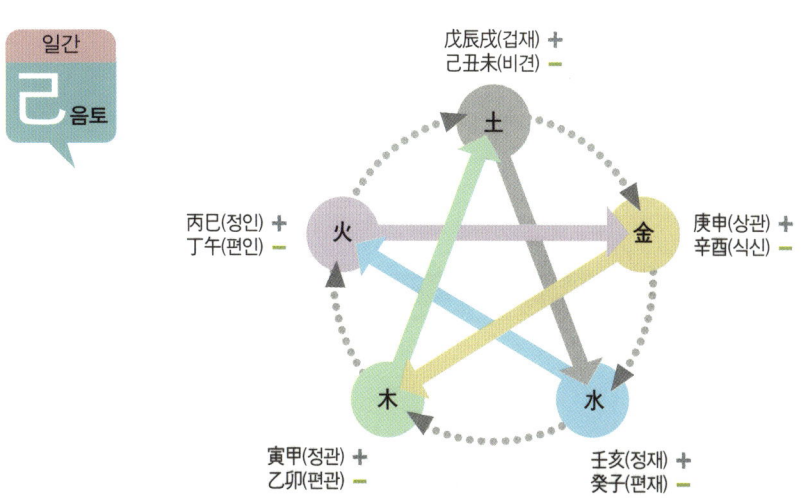

⑦ 일간이 庚(양금)인 경우

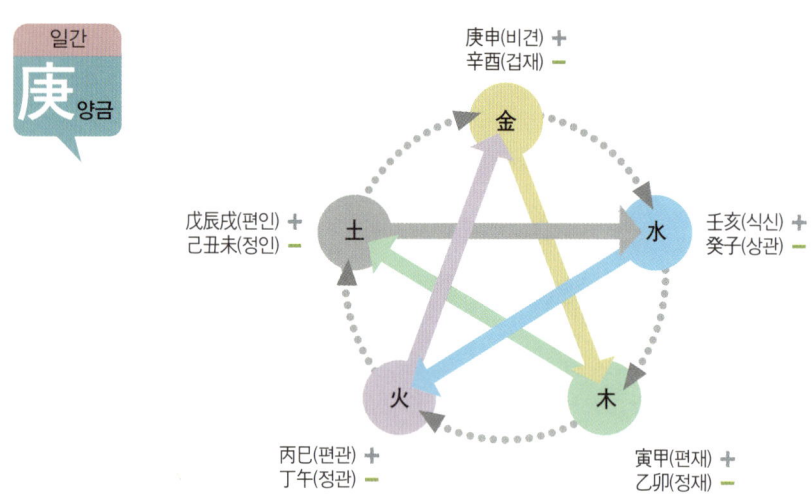

⑧ 일간이 辛(음금)인 경우

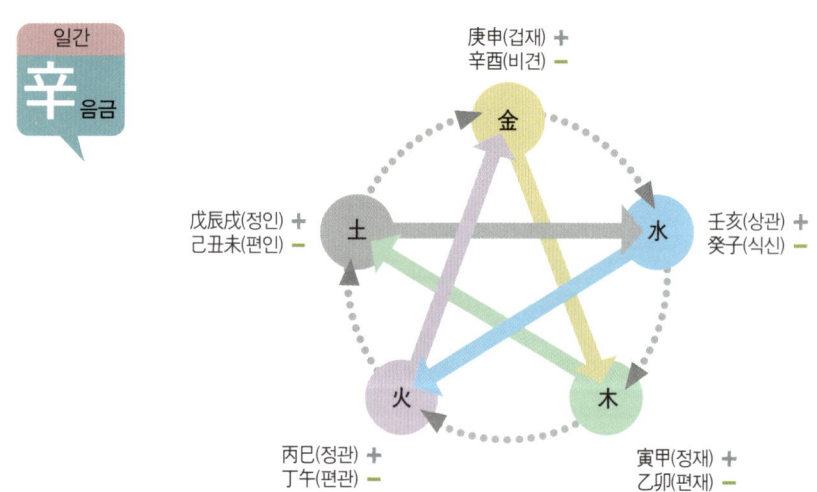

⑨ 일간이 壬(양수)인 경우

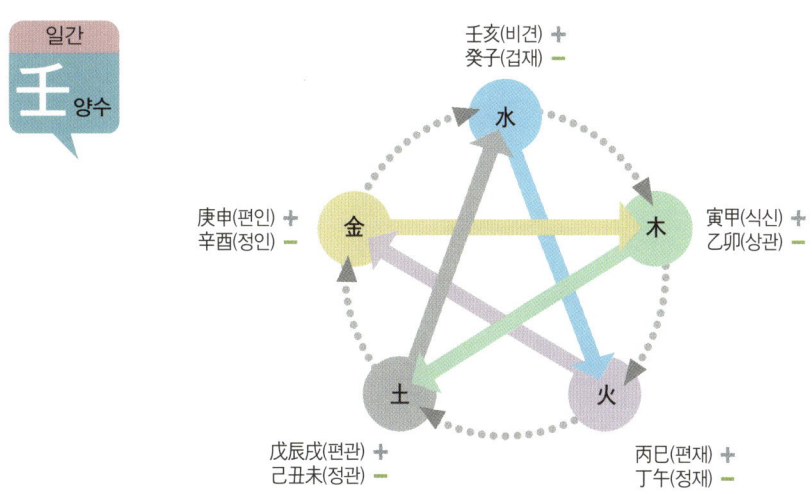

⑩ 일간이 癸(음수)인 경우

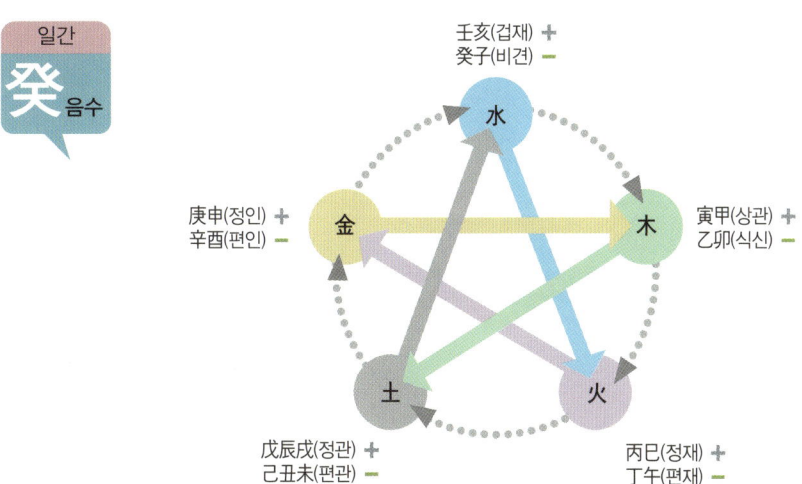

## ▼ 성별에 따른 육친관계

 생작용 　극작용

① 일간이 남성인 경우

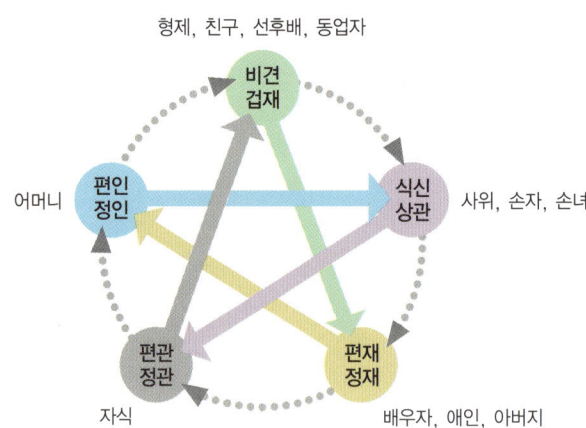

② 일간이 여성인 경우

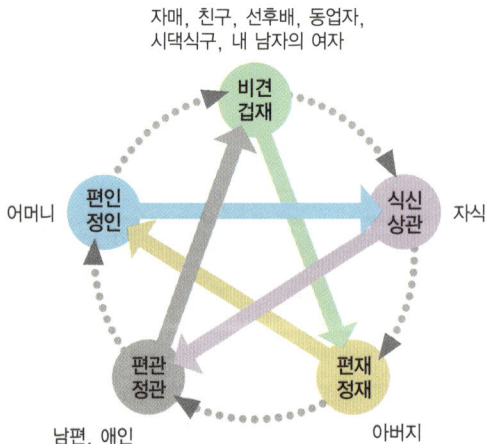

### ▼ 육친별 사회관계

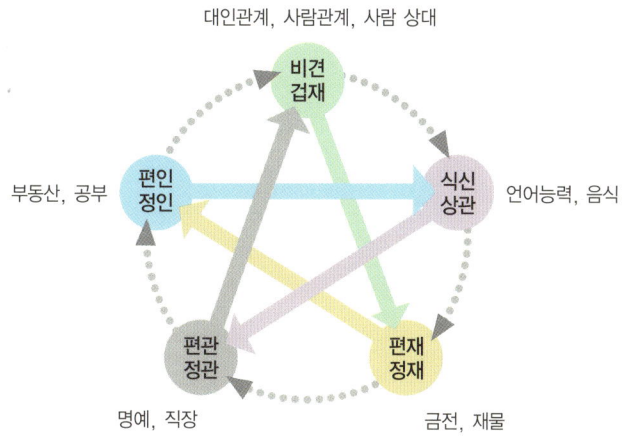

## 4. 육친의 성격과 직업

인간은 사회적 동물로서, 자신을 둘러싼 주위 사람들과 다양한 인간관계와 사회적 관계를 맺으며 살아간다. 그러한 관계들 속에서 개개인의 사주팔자 역시 다양하게 전개된다.

  육친은 음양오행의 상생관계와 상극관계를 바탕으로 하는데, 이 육친을 통해서 사주 주인공이 인생을 살아가면서 만나게 되는 가족이나 친구 등 다양한 인간관계와 학교 및 직장 등의 사회관계를 이해할 수 있다. 여기에서는 각각의 육친에 담겨 있는 사회적인 의미와 가족관계 그리고 육친의 발달과 과다로 판단하는 직업 적성 등을 설명한다.

**비견의 의미**
육친으로는 형제 자매, 사회적으로는 친구, 선후배, 동료, 동업자 등을 의미한다.

## 1 비견

### 1) 비견의 의미

#### ❶ 사회적인 의미
비견은 사회적으로 사람을 상징하고 대인관계와 관련되어 있다. 비견은 사람과 사람의 만남에서 시작된다. 한마디로 비견은 사람과 대인관계를 주관한다.

#### ❷ 남성의 육친
친구, 선후배, 형제 자매, 동업자, 경쟁자, 부하직원, 동료직원.

#### ❸ 여성의 육친
친구, 선후배, 형제 자매, 시댁식구, 남편의 여자, 동업자, 경쟁자, 부하직원, 동료직원.

### 2) 비견의 발달
비견의 개수가 3개(월지를 포함하는 경우에는 2개)이면 발달로 본다. 점수로는 30~40점이면 발달로 본다.

### 3) 비견 발달시 성격 유형
사주에서 비견이 발달한 사람은 다른 사람과의 관계가 무난하고 대인관계가 원만하다. 따라서 사람을 상대로 하는 직업을 선택하면 좋다. 또한 자립심이 강하고 어느 정도 리더십을 갖추고 있다. 자존심이 강하고 새로운 일에 대한 의욕이 강하다.

### 4) 비견의 과다
비견의 개수가 4개 이상이거나 점수가 50점 이상이면 비견 과다로 본다. 다만, 50점이라도 내 편(비견·겁재·편인·정인)과 다른 편(식신·상관·편재·정재·편관·정관)이 균형을 이룬 상태라면 비견 발달로 보아야 한다.

## 5) 비견 과다시 성격 유형

사주에 비견이 과다한 사람은 지배받는 것은 싫어하지만, 주위 사람들에게서 지속적인 관심을 받고 싶어하는 성격이다. 본인은 아니라고 하지만, 사람들의 관심과 칭찬에 민감하여 인심을 후하게 쓰는 편이다. 심성이 착하고 잘 베풀지만, 자칫 실속이 없는 사람으로 보일 수 있다. 특히 주위 사람을 너무 믿어 금전적 손실을 당하기 쉬우므로 보증이나 돈 거래를 조심해야 한다. 육친의 상생관계와 상극관계에서 볼 때 비견과 겁재는 재성을 극한다. 재성을 극하는 비겁이 많으면 많을수록 재물이 붙어 있기 힘들다.

비견이 과다한 사람은 밖에서 볼 때는 성격이 매우 자상하고 마음이 따뜻해 보이지만, 자신을 잘 알고 있는 아주 가까운 사람 즉 배우자나 부모에게는 쓸데없는 고집을 부리며 힘들게 하는 타입이다.

비견이 과다한 사람은 여유 없는 직장생활은 견디기 힘들어하고, 독립적이며 자유로운 직업을 지속적으로 추구한다. 일단 회사에 들어가더라도 오래 견디지 못하고 그만두고, 또 다시 들어가도 그만두는 것을 반복한다. 직장생활을 하려면 자신에게 책임을 맡겨주거나 아주 자유로운 곳이어야 견딜 수 있다.

이들이 직장생활을 싫어하고 사업을 선호하는 것은 지배받기 싫어하고 간섭받기 싫어하는 성격 때문이다. 그러나 사업을 하면 반드시 보증이나 돈 거래로 인한 어려움을 겪는다. 밖에서 좋은 사람으로 보이기를 원하다 보니 쉽게 거절하지 못하기 때문이다. 또한 돈 관리가 철저하지 못하여 앞으로는 버는 것 같지만 뒤로 새어나가는 것이 많아서 정산해보면 항상 적자에 허덕인다. 한마디로 버는 것에 비해 씀씀이가 큰 편이다. 결론적으로 말해 이들은 조직적인 직장생활은 견디기 힘들고 개인사업 역시 성공 가능성이 불확실하다.

그렇다면 이들에게 가장 잘 어울리는 직업은 무엇일까? 돈을 만지지 않으면서 자유로운 직업이 가장 좋다. 공장장, 연구원, 공무원, 교사, 교수, 연예인 등의 직업에는 그런대로 잘 적응하는 편이다.

비견에 도화살과 편인 중 하나가 있거나 둘 다 있으면 예술가나 연예인이 어울리고, 비견에 식신과 상관이 있으면 교사, 교수, 아나운서, MC, 탤런트, 가수가 어울린다. 비견이 과다한 사주에 역마살이 있으면 스튜어디스, 통역관, 외교관이 어울린다. 그러므로 비견이 많다고 해서 반드시 연예인이나 교수가 된다고 판단해서는 안 된다. 어디까지나 전체적인 사주의 구성을 보아서 접근해야 한다. 다만, 사주에 비겁이 많은 사람은 사람을 상대로 하는 직업을 선택하되 직접 돈을 만지는 사업 같은 것은 피하고, 자유로운 직장생활을 해야 한다는 것이다.

사주에 비견이 과다한 사람은 일을 많이 벌이기 때문에 자신의 능력을 넘어서는 일을 하기 쉽다. 다른 사람에게 보여주고자 하는 심리가 자리잡고 있기 때문이다. 이들에게는 소위 공주병과 왕자병이 가슴 속에 똬리를 틀고 앉아 있다. 이것을 치료해야 한다. 똘똘 뭉쳐 있는 쓸데없는 자존심을 내버리는 연습을 해야 사회생활에서 성공을 보장받을 수 있다. 언제나 지나친 욕심과 자존심을 버리고 차근차근 한 단계 한 단계 밟아가야 한다. 엘리베이터를 타고 가장 높은 층에 한번에 오르려다 도리어 거꾸로 한번에 지하로 내려갈 수 있음을 명심해야 한다.

이들은 속박을 싫어하지만 추진력이 강하므로, 지나친 자존심을 버리고 무리하게 돌파하려 들지 않는다면 재물은 꽤 들어오는 편이다.

비견과 겁재가 많은 사주를 군겁쟁재(群劫爭財)라고 한다. 군겁쟁재란 사주에서 무리 지은 비견과 겁재가 재물 즉 재성을 차지하기 위하여 다툰다는 뜻으로 군비쟁재(郡比爭財)라고도 한다. 비견과 겁재가 사주 내에서 50점 이상(상황에 따라서 달라질 수 있다)인데 재성이 약한 경우에 해당한다. 비견이 많아도 군겁쟁재이고, 겁재가 많아도 군겁쟁재이며, 비견과 겁재를 합쳐서 많아도 군겁쟁재라고 부른다. 돈을 뜯어가려고 달려드는 친구와 선후배가 넘쳐나는 사주로서, 재물이 많이 들어올수록 새어 나가는 재물도 크게 늘어날 것이니 철저한 재산 관리가 요구된다.

군겁쟁재의 사주를 가진 사람의 예를 들어보자. 이들은 가정에서는 배우자의 작은

**point**

**군겁쟁재**
무리지은 비견과 겁재가 재성을 빼앗으려고 달려든다는 뜻이다. 비겁이 재성보다 2배 이상 많은 사주를 군겁쟁재로 볼 수 있다.

지적이나 비판에도 즉각적인 반응을 보이고 고집을 피우거나 과격하게 행동한다. 군겁쟁재인 남편과 부부동반 모임을 나가면 남편 친구들이 남편에 대해 수없이 많은 찬사를 보낸다. "당신 남편은 너무 착해서 법이 없어도 살 거예요", "이렇게 착한 남편을 만나서 얼마나 좋겠어요" 등등. 이런 이야기들은 다른 모든 신약한 사주에서도 듣는 이야기이지만 군겁쟁재는 더욱 그러하다(군겁쟁재는 신강한 사주이지만, 신약 사주의 성격 특성을 갖고 있다). 이런 이야기를 들으면서 부인의 가슴에는 화가 치솟지만 속으로 삭이고 그냥 웃는다. 그 자리에서 "우리 남편은 집에서는 고집불통이고 마누라의 작은 말에도 자존심이 상해서 화를 내요"라고 있는 그대로 이야기한다면 남편은 자존심이 크게 상할 것이다. 특히나 밖에서는 자신이 가장 의리 있는 친구, 가장 멋있는 친구, 가장 착한 친구 등 정말 좋은 사람이 되고 싶어하므로, 자존심에 상처를 받아 집으로 돌아와서 자신이 입은 상처의 몇 배나 되는 심한 말로 부인에게 상처를 준다.

이러한 예를 통해서 비견이 과다한 사람의 성격 유형을 잘 이해할 수 있을 것이다. 만약 자신의 성격이 이러하다면 참고하여 조심하도록 하고, 배우자의 성격이 이러하다면 있는 그대로 이해하고 배려하는 것이 좋을 것이다.

## 6) 비견 과다시 인간관계

비견은 남성 사주에서는 친구와 선후배를 나타내고, 여성 사주에서는 시댁식구를 나타낸다. 시대가 변화함에 따라 여성 사주에서도 친구나 형제를 의미하기도 한다.

비견이 과다한 사람은 내성적이어서 다양한 친구를 사귀기보다는 몇 명하고만 친하게 지내고, 내면적으로 고집이 세고 자존심이 강하다 보니 타인을 지나치게 의식하여 자신의 장점만을 보여주려고 한다. 그 결과 자신의 능력보다 씀씀이가 커질 수 있다. 그렇지만 자신을 적나라하게 알고 있는 가족에게는 지나치게 고집을 피운다. 친구나 선후배, 형제들에게 착한 사람, 멋있는 사람으로 인식되고 싶어서 지나친 친절을 베풀지만, 인덕이 없어서 자칫 문서와 금전에 관련된 문제가 발생하기 쉽다.

## 7) 비견과 직업

비견이 과다한 경우에는 자유롭고 독립적인 성격의 소유자로서 규칙적인 생활, 억압된 생활, 간섭받는 생활을 거부하며 자신을 과시하거나 자신의 능력을 보여줄 수 있는 공간을 선호한다. 자신을 내세우는 직업이 가장 좋다.

비견이 발달한 경우에는 감각이 뛰어나고 감수성이 발달되어 있으며 기획력과 아이디어가 매우 탁월하다. 독립적인 사고방식을 갖고 있으며 분위기에 쉽게 좌우되는 성격이고, 자신의 능력을 타인이 인정해주길 바라는 욕망이 강하다. 자존심이 강하며, 자신에게 맡겨주고 책임지도록 하면 자신의 능력을 최대한 발휘한다. 대인관계를 최대한 발휘하는 직업이나 사람을 상대하는 직업이 좋다.

다만, 금전(재물)을 직접 벌어들이는 사업 등은 자칫 보증이나 돈 거래 또는 주변 사람들에게 과시하고 싶은 욕망으로 인해 씀씀이가 커지고 큰 손실이 있을 수도 있으니 조심해야 한다.

### ❶ 비견 발달 사주

남성은 남성을 상대로 하는 직업, 여성은 여성을 상대로 하는 직업, 예를 들어 남성은 남학교 교사, 여성은 여학교 교사가 적합하다. 다른 사람의 지배를 받지 않으면서 본인이 리더가 아닌 직업, 특히 명예나 분위기가 넘쳐나는 직업이 가장 잘 어울린다.

- **1순위 직업** : 아나운서, MC, 리포터, 예술가(성악가 · 음악가 · 화가 · 무용가), 연예인(영화배우 · 탤런트 · 가수 · 패션모델), 연구원, 디자이너, 발명가, 기획실장, 편집장, 작가, 정치인, 사업가, PD.
- **2순위 직업** : 교수, 교사, 공무원, 공장장.
- **남성** : 사업(남성을 상대로 하는 사업), 군인, 경찰, 정치인, 교사(남학교 교사), 연예인, 예술가, 패션모델, 아나운서, MC, 회사원, 공무원, 연구원, 영업사원, 행정, 관리, 제조, 생산, 건설.
- **여성** : 사업(화장품 판매나 미용실 등 여성을 상대로 하는 사업), 교사(여학교 교사), 패션모델, 연예인, 예술가, 회사원, 공무원, 가정주부, 연구원, 영업사원, 행정, 관리, 제조, 생산, 건설.

❷ 비견 과다 사주

남성은 남성을 상대로 직업, 여성은 여성을 상대로 하는 직업이면서, 재물을 활용하는 사업이나 주식 투자를 제외한 사람을 상대로 하는 자유로운 직업이 적합하다.

단, 비견이 과다한 사람들은 다음과 같은 주의점이 있다. 사업을 지나치게 확장하거나 벌이다 실패할 확률이 높으므로 자신의 능력에 맞게 해야 하고, 융통성을 발휘하며, 돈 관리에 힘써야 한다.

---

### 비견과 겁재가 많은 사람에게는 칭찬을

비견 또는 겁재가 많은 사람들의 장점은 맡겨주고 인정해주면 2배 3배의 능력을 발휘한다는 것이다. 주변 사람들이 자신을 인정해주면 자신의 내면에 숨어 있던 끼(즉 사주팔자의 장점)들을 유감 없이 발휘해 나간다. 형제나 다른 사람들과 비교하는 대신 과감한 칭찬과 격려를 해주면 뜻밖의 능력을 발휘하는 것이다.

'칭찬은 고래도 춤추게 한다'는 말도 있지 않은가? 심리학에서도 강화(칭찬)가 체벌에 비해 훨씬 더 교육 효과가 크다는 연구 결과가 있다. 다른 경우도 마찬가지이지만, 특히 비견과 겁재가 많은 사람들에게는 끝없는 격려와 칭찬이 필요하다.

> **생활 속 역학**
>
> **" 아홉수와 결혼 금기_"**
>
> 예로부터 우리 나라 사람들은 29세나 39세에는 결혼을 피하고, 환갑 전 해인 59세에는 생일잔치를 하지 않는다. 말하자면 숫자 '9'를 금기시한 것인데, 왜 이런 풍속이 생겨났을까?
>
> 우리 나라 사람들에게 '9'란 숫자는 꽉 찬 숫자로 여겨진다. '9'보다 '10'이 더 큰 수이지만, '10'은 '0'으로 돌아간 것으로 보기 때문에 실제로는 '9'를 가장 큰 숫자로 본다.
>
> 언뜻 보기에 이러한 이유와 결혼 금기가 무슨 관련이 있는지 의아하게 생각되지만, 사람들은 꽉 찬 숫자 또는 가장 많은 숫자를 보고 나중에 닥칠 죽음을 떠올렸던 것이다. 그래서 '아홉' 즉 '9'란 숫자에 해당하는 연도는 어떻게든 넘겨보려고 노력하게 되었고, 아홉수에는 변화나 변동을 삼가고 새로운 '1' 즉 하나를 시작하고자 했던 것이다.
>
> 결론적으로 말해서 아홉수를 꺼리는 이유에 과학적인 타당성은 없는 셈이다. 다만, 어떤 일이든 신중하게 생각하고 결정하려는 옛 조상들의 지혜로 받아들이면 될 것이다.

## 2 겁재

### 1) 겁재의 의미

**❶ 사회적인 의미**

겁재 역시 비견과 마찬가지로 사람과 대인관계를 주관한다.

**❷ 남성의 육친**

친구, 선후배, 형제 자매, 동업자, 동료직원, 부하직원.

**❸ 여성의 육친**

친구, 선후배, 형제 자매, 동업자, 시댁식구, 남편의 여자.

---

**point**

**겁재의 의미**

육친으로는 형제 자매, 대인관계로는 친구, 선후배, 동료, 동업자 등을 나타낸다. 사회적으로는 대인관계, 인간관계를 의미한다.

## 2) 겁재의 발달

겁재가 개수로 3개(월지를 포함하는 경우에는 2개)이고 점수로 30~40점이면 겁재 발달로 본다.

## 3) 겁재 발달시 성격 유형

비견 발달 사주의 성격 유형을 참고하면 된다. 겁재는 비견과 거의 비슷한 작용을 한다.

## 4) 겁재의 과다

겁재가 개수로 4개 이상이거나 점수가 50점 이상일 때는 겁재 과다로 본다. 다만, 50점이라고 해도 내 편과 다른 편이 균형을 이룬 상태라면 겁재 발달로 보아야 한다.

## 5) 겁재 과다시 성격 유형

비견 과다 사주의 성격 유형을 참고하면 된다. 겁재는 비견과 거의 비슷한 작용을 한다. 앞서 비견에서 설명한 것처럼, 겁재가 과다할 때에도 비견이 과다할 때와 마찬가지로 군겁쟁재라고 부른다. 더불어 비견과 겁재를 합해서 많은 경우 역시 군겁쟁재라고 한다. 단, 세 경우 모두 재성이 약하다.

## 6) 겁재 과다시 인간관계

겁재는 남성의 경우에는 친구와 선후배, 형제를 나타내고, 여성의 경우에는 시댁식구를 나타낸다. 그런데 시대가 변화하면서 여성의 경우에도 남성과 마찬가지로 친구와 형제를 의미하는 경향이 늘어나고 있다.

비견이 내성적이라면 겁재는 외향적이고, 비견이 사람을 가려서 자신의 마음에 드는 사람만 사귀려 한다면 겁재는 다양한 사람들을 사귀려고 한다. 다만, 지나치게 자존심이 강하고 타인을 의식하여 그들에게 보여지는 겉모습에 치중하는 것은 비견과 유사하다.

### 7) 겁재와 직업

겁재가 발달한 경우에는 대인관계가 원만하고 부드러운 성격의 소유자이지만, 동시에 의지 또한 강하고, 활동적이며, 자존심과 명예욕이 있어서 어떤 일이든 꾸준하게 끌고 나가고, 일에 대한 목표의식이 있어서 은근한 추진력과 노력으로 일정한 결과를 이끌어낸다. 다만, 신약 사주일 경우는 장점이 줄어든다.

비견 과다 사주와 마찬가지로 겁재가 과다할 때에는 자존심이 강하고 자기 보호 본능이 강하게 나타난다. 자존심을 지키기 위해 집에서는 고집을 피우거나 과격하게 행동하지만, 밖에서는 반대로 매우 착한 사람이 된다. 똑같은 자존심인데도 극단적으로 표출되는 독특한 타입이다.

#### ❶ 겁재 발달 사주

안정적이면서도 직장이 보장되는 직업 또는 사실적이면서 체계적인 직업이 어울린다. 안정적이면서도 대인관계를 활용하는 직업 또는 이과 관련 직업도 좋다. 1순위 직업과 2순위 직업은 비견의 경우와 동일하다.

- **남성** : 사업(남성을 상대로 하는 사업), 군인, 경찰, 정치인, 교사(남학교 교사), 연예인, 예술가, 패션모델, 아나운서, MC, 회사원, 공무원, 연구원, 영업사원, 행정, 관리, 제조, 생산, 건설.
- **여성** : 사업(화장품 판매나 미용실 등 여성을 상대로 하는 사업), 교사(여학교 교사), 패션모델, 연예인, 예술가, 회사원, 공무원, 가정주부, 연구원, 영업사원, 행정, 관리, 제조, 생산, 건설.

#### ❷ 겁재 과다 사주

겁재가 과다한 사람은 사업을 지나치게 벌이다 실패할 확률이 높으므로 능력에 맞게 하고, 가능하면 삼가는 것이 좋다. 융통성을 발휘하고 돈 관리에 주의해야 한다.

- **남성** : 군인, 경찰, 정치인, 교사(남학교 교사), 연예인, 예술가, 패션모델, 아나운서.
- **여성** : 교사(여학교 교사), 패션모델, 연예인, 예술가, MC, 아나운서.

> ### 비겁 과다이면 무조건 사업에 실패한다?
> 
> 앞에서 비견과 겁재가 과다한 사람은 일을 지나치게 벌이기 때문에 사업을 하면 실패할 확률이 높다고 하였다. 그렇다면 이들이 사업이나 장사를 하면 무조건 망하고 전혀 성공하지 못하는가?
> 
> 답은 '아니다' 이다. 비겁이 과다한 사람들은 돌파력, 추진력, 과감성, 고집이 있고 따뜻한 대인관계가 장점이므로 어느 한 순간 꽤 큰돈을 버는 경우가 많다.
> 
> 다만, 수익이 생기면 더 큰 욕심을 부리고 사업을 무리하게 확장하다가 큰 낭패를 보는 경우가 종종 있다. 또한 타인의 눈치를 보는 성격, 다시 말해 한번 정을 주고 믿은 사람이 부탁하면 거절하지 못하는 성격이기 때문에 자칫 잘못하면 보증, 돈 거래로 인해 어려운 상황에 빠지기 쉽다.
> 
> 이들은 분명 어느 정도 재물을 모을 수 있는 사업가적 능력을 가지고 있다. 그러나 무리한 사업 확장이나 보증, 돈 거래 등을 피하기 어려우므로 가능하면 사업이나 장사는 피하는 것이 좋다.

## 3 식신

### 1) 식신의 의미

#### ❶ 사회적인 의미

식신은 언어와 의식주를 주관한다. 특히 식신은 안정적이고 보수적인 특징을 가지고 있다. 말하는 직업 중에서도 안정적이고 모험을 수반하지 않는 직업을 선호하는 경우가 많다. 그러나 상관 성향의 직업을 선택하는 경우도 많으므로 구분에 크게 신경 쓰지 않아도 된다.

#### ❷ 남성의 육친

장모나 할머니, 기타 여러 가지 의미가 있지만 실효성이 별로 없어서 큰 의미를 두지는 않는다.

#### ❸ 여성의 육친

자식을 의미한다. 음양이 같기 때문에 일반적으로 딸을 의미한다고 하지만 타당성이 약하고, 아들 딸 구별 없이 자식으로 보면 된다.

> **point**
> 
> **식신의 의미**
> 
> 언어와 의식주를 주관한다. 육친으로는 남성에게는 장모나 할머니를 의미하고, 여성에게는 자식을 의미한다.

## 2) 식신의 발달

비견 발달 사주와 마찬가지로, 식신의 개수가 3개(월지를 포함하는 경우는 2개)이거나 점수로 30~40점이면 식신 발달로 본다.

## 3) 식신 발달시 성격 유형

식신은 언어능력, 말과 관련된다. 따라서 식신이 발달한 사람은 말로 하는 직업, 즉 말하는 직업이 잘 어울리고 이 분야로 진출하면 성공 가능성이 높다. 특히 TV 등의 영상 매체나 언론 매체가 발달한 현대사회에서는 식신이 발달한 사람이 가장 유망하다. 어떤 직업이든지 TV 등에 나와서 얼마나 효과적으로 홍보하느냐에 따라 성공 가능성이 달라진다. TV에 출연하면 말을 해야 하므로 당연히 식신이 발달한 사람이 적합할 수밖에 없다.

또한 식신은 의식주를 의미하므로 식신이 발달한 사람은 의식주가 풍족하다. 어디를 가든지 먹을 복이 있고, 일평생 의식주로 인한 큰 어려움은 없다.

> **좀더 자세히**
>
> ### 식신 발달과 언어능력
> 어린이나 중고생의 사주 상담을 하면서 다음과 같은 경험을 많이 한다. 학부모에게 "자제분은 식신이 발달했기 때문에 말하는 직업을 해야겠는데요" 하면 바로 퉁명스럽게 대꾸하는 것이다. "우리 아이는 숫기도 없고 제대로 발표도 못 하는데 어떻게 말하는 직업을 해요."
>
> 그렇다면 모든 교사나 교수가 실제로 말을 잘 할까? 아니다. 언어능력이 탁월해서 그러한 직업을 갖게 되었다고 생각하면 오산이다. 조금은 어눌해도 말하는 직업이 좋은 사람이 있고, 말을 잘 해도 말하는 직업이 싫은 사람이 있다. 식신이란 말하는 적성, 언어적 적성이 어울린다는 이야기이지 언어능력이 탁월하다는 뜻이 아님을 명심해야 한다.
>
> 식신이 발달한 사람은 안정적인 성격에 자신을 낮추면서 상대를 배려해주기 때문에 다른 사람들의 호감을 얻는다. 그러므로 자신을 많이 드러내지 않으면서도 꾸준하게 발전해 나가는 직업, 특히 말하는 직업이 이들에게는 잘 맞는다.

### 4) 식신의 과다

식신이 4개 이상이고 점수로 50점 이상일 때 식신 과다로 본다. 다만, 점수가 50점 이상이더라도 내 편과 다른 편의 힘이 균형을 이룬 경우에는 발달로 본다.

### 5) 식신 과다시 성격 유형

사주에 식신이 많으면 언어능력이 지나치게 발달하여 말이 많다. 행동보다 말이 앞서기도 하고, 과대포장하거나 자기 주장을 고집하는 경향이 있다. 뻥쟁이라고 놀림을 받을 정도로 사실을 부풀려서 이야기하는 것이 특징이다. 또한 마음이 앞서서 일을 잘 벌이는데 추진력이나 배짱이 부족하여 뒷마무리를 하지 못한다.

표현력과 사교술이 뛰어나므로 대인관계에서 처음에는 상대방을 압도하지만, 시간이 지날수록 지나친 표현과 자기 고집, 자만심, 예민한 감정 기복으로 인하여 좋았던 인간관계를 허물어뜨리는 경우가 많다. 감각이 탁월하고 아이디어가 반짝이며 총명하지만, 다른 사람의 이야기를 들어주는 연습과 자신감을 드러내 보이지 않고 감추는 연습 등이 반드시 필요하다.

누군가에게 구속받는 것을 싫어하고 일을 꾸준하게 밀고 나가지 못하는데, 이러한 취약점을 얼마나 보완하는가에 이들의 성공 여부가 달려 있다.

이들의 마음 속에는 거대한 꿈들이 숨겨져 있지만, 실천력은 현저히 떨어진다. 이러한 사람들이 사주 상담을 하러 오면 선뜻 있는 그대로 답하기가 어렵다. 사실대로 이야기해주고 당신의 단점을 보완하라고 하면 스트레스를 많이 받고 도리어 실력 없는 돌팔이 취급을 한다. 그러나 거짓말이라도 1~2년 후 멀지 않은 미래에 큰돈을 번다거나 큰 명예를 얻는다고 말해주면 족집게라고 좋아하는 타입이다.

**식상다신약**
식신과 상관이 사주 내에서 50점 이상(상황에 따라 변동 가능)이면서 비겁이 약한 경우를 말한다.

다른 신약 사주도 마찬가지이지만, 식신과 상관이 과다하고 비겁이 약한 식상다신약(食傷多身弱) 사주는 그 특징이 매우 뚜렷하다. 그래서 좋은 대답을 들려주는 철학관이나 점집을 전전하는 타입이다. 자신이 원하는 답을 이야기해주는 역술가나 무속인은 족집게라고 생각하고, 부풀려 말하기 좋아하는 성격답게 여기저기 입소문을 낸다. 이들은 머리를 많이 굴리는 듯하면서도 단순하면서 순진한 타입이다.

식신이 많거나 상관이 많거나 식신과 상관이 모두 많은 경우는 식상 과다에 해당한다. 식신과 상관의 수를 합쳐서 과다한 경우 역시 식상 과다이다.

필자는 직업이 직업이니 만큼 주변에 지인들이 많이 있다. 이들 중에는 식상다신약 사주를 가진 사람들도 상당수 있다. 그 중에서 사람들에게 이름이 널리 알려진 세 사람이 있는데, 이들의 별명이 소위 뻥쟁이다. 여기서 한 가지 주의할 점은, 뻥이란 사기성이 있거나 남을 속이기 위해 하는 말이 아니란 점이다. 사기성이 있는 거짓말을 하는 사람은 뻥쟁이가 아니라 사기꾼이다. 소위 뻥쟁이는 다른 사람이 모두 다 알고 있는 사실을 마치 자신만 알고 있는 것처럼 이야기하고, 다른 사람이 알고 있는 내용(전혀 악의가 없는 내용)은 과대포장하여 이야기하거나 자신의 생각을 지나치게 밀고 나간다. 사실 이들은 속마음이 매우 순수하고 단순하다. 그렇기 때문에 자신의 감정을 쉽게 타인들에게 과장하여 드러내는 것이다.

## 6) 식신 과다시 인간관계

식신이 과다한 사람은(상관이 과다할 때 역시 마찬가지이다) 자신의 마음이나 생각을 타인에게 이야기하고 싶어하고, 지나치다 싶을 정도로 자신의 감정이나 생각을 상대에게 주입하려고 한다. 어떤 상황이나 생각이 자신에게 긍정적이거나 희망적이라고 생각하면 그것을 과도하게 밀고 나간다.

## 7) 식신과 직업

식신은 남성 사주에서는 의식주와 말하는 능력을 상징하고, 여성 사주에서는 자식과 의식주 그리고 말하는 직업을 상징한다.

　식신이 발달한 사람은 안정적이고 보수적이며 근엄하고 중후한 타입이다. 모험을 하기보다는 현실에 안주하며, 기획력이 필요하고 계획적인 분야에서 탁월한 능력을 발휘한다. 자신의 생각이나 속마음을 다른 사람에게 쉽게 드러내지 않고 마음 속에 깊이 감추고 있다. 구조화된 틀을 체계화시키고, 축소지향적이며, 도량이 넓고 예의가 있으며 총명하면서도 준수한 타입이다. 인상이 부드러워 보이고, 너그러운 관용의 미덕을 가지고 있으며, 온화하고 명랑한 성격에 항상 타인을 배려하고 남을 생각한다. 다만 폭넓은 대인관계보다는 소규모의 인간관계를 선호한다. 더불어 말하는 직업 중에서도 안정적인 분야, 차분하고 현실적인 분야 등 언어능력을 발휘하는 직업에서 능력을 발휘할 것이다. 그러나 식상다신약 사주는 이와 같은 장점이 반감된다.

　식신이 과다한 사람은 안정적이고 보수적이며 모험을 두려워한다. 소심한 성격이기 때문에 대인관계의 폭이 좁지만 쉽게 배신하지 않는다. 구조적이며 계획적인 분야에서 적응력이 뛰어나다. 새로운 분야나 자유로운 상상력을 발휘해야 하는 분야에는 어울리지 않는다.

### ❶ 식신 발달 사주

안정적이면서도 경험이 크게 중요하지 않은 직업 또는 논리적이고 체계적인 분야의 직업이 어울린다. 현실적이고 사실적인 직업 역시 적합하다.

- **1순위 직업** : 회계, 토목, 법, 생산, 건축, 보건, 사무직, 회사원, 교사, 공무원, 경찰, 판매, 통계, 서비스, 가정주부, 교수, 판사, 아나운서, 말하는 직업, 학원 사업, 의사, 어린이집.

- **2순위 직업** : 변호사, 검사, MC, 연예인(탤런트·영화배우·가수·연극배우), 학원강사, 목사, 신부, 스님, 음식장사 등 요식업 분야.

❷ 식신 과다 사주

교사, 교수, 판사, 아나운서, MC, 연예인, 목사, 신부, 스님, 음식점, 음식장사, 재야운동가, NGO 관련 직업이 어울린다.

단, 주의할 점으로 식신 과다 사주는 사업을 지나치게 벌이려다 실패할 확률이 높으니 자신의 능력에 알맞은 규모로 해야 한다. 융통성을 발휘하고 돈 관리에 힘써야 한다.

## 4 상관

### 1) 상관의 의미

❶ 사회적인 의미

상관 또한 식신과 마찬가지로 언어능력, 말, 의식주를 상징한다. 다만, 식신이 안정적이고 방어적인 의미를 가지고 있다면, 상관은 좀더 개방적이고 적극적이며 자신을 내세우려는 기질을 가지고 있다. 둘 다 말하는 직업과 관련이 큰데, 식신이 교수나 교사처럼 학자나 선비 성향에 안정적인 면을 추구한다면, 상관의 경우는 MC, 아나운서, 개그맨, 탤런트처럼 적극적으로 자신을 보여주고 내세우는 타입이다.

그러나 식신은 식신 성향의 직업만 선택하는 것이 아니라 상관 성향의 직업도 선택하며, 상관 역시 식신 성향의 직업도 선택하기 때문에 그러한 구분에 크게 얽매이지 않아도 된다.

쉬운 예로 다음과 같은 경우를 보자. 선생님 중에서 개그맨 뺨치게 재미있는 선생

**Point**

**상관의 의미**

육친으로는 남성의 경우 손자와 장인에 해당하지만 큰 의미가 없다. 여성 사주에서는 자식을 나타낸다. 사회적으로는 의식주, 말하는 직업, 먹는 직업과 관련이 많다.

님이 있는가 하면, 개그맨 중에서도 내성적이고 소심하면서 안정적인 개그맨이 있다. 어쨌든 상관의 성격이 식신보다 조금 더 개방적이고 적극적이라는 사실만 알아두면 된다.

❷ 남성의 육친

식신과 마찬가지로 남성 사주에서 상관은 장모나 할머니 등 다양한 의미로 사용된다. 그러나 내 사주만 놓고 장모가 어떤 사람이며 어떻게 살 것인가, 할머니가 언제까지 살 것인가 등 다른 사람의 인생을 본다는 것은 타당성이 부족하고 실효성도 약하다. 장모나 할머니의 인생을 알고 싶다면 당사자의 사주를 직접 보고 간명하는 것이 가장 정확하고 과학적이며 타당성이 높다.

❸ 여성의 육친

여성 사주에서 상관은 자식을 상징한다. 대부분의 일반 이론에서는 상관이 일간인 나와 음양이 다르기 때문에 나(여성 즉 엄마)와 음양이 다른 자식 즉 아들로 본다. 그러나 이러한 구분에 얽매이지 말고 그냥 자식으로만 이해해야 한다는 것이 필자의 생각이다.

## 2) 상관의 발달

사주에서 상관이 3개(월지를 포함하는 경우에는 2개)이거나 점수로 30점~40점이면 상관 발달로 본다.

## 3) 상관 발달시 성격 유형

상관이 발달한 사람은 활동적이고 적극적이며, 구조화된 틀을 선호하는 타입이다. 개방적이고 머리가 총명하며 뛰어난 재능을 가지고 있다. 언어능력이 탁월하거나 문장력이 있으며, 뜻이 높고 그 뜻을 이루기 위해 부단히 노력한다. 식신과 상관이 혼합되어 발달한 경우 역시 마찬가지이다. 목표가 생기면 그것을 성취하기 위해 노력하며, 강한 것을 겁내지 않고 약한 자를 도와주는 미덕을 가지고 있다. 그러나 신약 사주는 장점이 반감되는 경우가 많다.

### 4) 상관의 과다

상관 과다의 기준은 식신 과다의 기준과 같다. 식신과 상관이 섞여서 많아도 역시 과다로 본다. 다시 말해서 식신 또는 상관이 각각 4개 이상 있거나 50점 이상인 경우, 식신과 상관이 섞여서 4개 이상 있거나 50점 이상인 경우는 모두 과다로 본다.

### 5) 상관 과다시 성격 유형

상관이 과다한 사람은(식신이 과다한 사주 역시 마찬가지이다) 허영심이 강하고, 어떤 상황이든 이야기하고 싶어하기 때문에 비밀을 잘 지키지 않으며, 여기저기에 자신의 생각이나 마음을 밝히고 다니고, 자신의 감정을 상대에게 세뇌시키려고 한다. 반항적인 기질이 있으며 남에게 베풀기를 좋아하지만, 베풀고 나서 생색을 내기 때문에 오히려 상대에게서 반감을 산다. 구속받기 싫어하고 자유롭고 싶어하며, 자신의 생각이나 감정에 몰입해서 살아가는 타입이다.

### 6) 상관 과다시 인간관계

상관은 남성 사주에서는 의식주와 말하는 능력을 상징하고, 여성 사주에서는 자식, 의식주, 말하는 직업을 상징한다. 안정적이고 보수적이며, 기획력이나 아이디어가 탁월하다. 활동하는 것을 좋아하기 때문에 한곳에 정착하여 일하는 것은 잘 견디지 못한다. 그러나 모험적인 분야나 새로운 분야에는 적응이 늦다.

### 7) 상관과 직업

상관이 발달한 사람은 기획력과 계획성이 뛰어나고, 활동적이며, 말하는 능력 또한 탁월하다. 의식주가 풍족하고, 말하는 직업에서 능력을 발휘할 수 있다. 식신과 비교할 때 더 활동적이고 적극적이지만, 배짱이나 돌파력은 약하다. 사무국장이나 사무총장의 기질을 가지고 있다고 보면 된다.

활동적이고 적극적이면서 머리가 총명한 타입이므로 이들은 말하는 직업 즉 연예인, 의사, 교수, 강사, 외교관, 통역관, 기획실장, 사무총장, 사무처장 등의 직업에 적합하다.

#### ❶ 상관 발달 사주

책임감이 강하고 온정적이며 헌신적인 직업, 재치가 있으며 다른 사람에게 관심을 쏟고 인화를 도모하는 직업이 어울린다.

- 1순위 직업 : 검사, 변호사, 연예인(가수 · 탤런트 · 영화배우 · 연극배우), 목사, 신부, 스님, 의사, 학원사업, 어린이집, 언론인, 교사, 사무직, 서비스, 과학, 엔지니어링, 발명, 수학, 순수과학, 법학, 토목, 건축, 회계, 연구소, 판매, 사무총장, 기획실장, 경제학, 통계.
- 2순위 직업 : 교사, 교수, 아나운서, 판사, 음식점 등 먹는 장사, 학원강사.

#### ❷ 상관 과다 사주

재야운동가, NGO, 강사, 교사, 언론인이 잘 어울린다.

단, 상관 과다 사주는 사업을 지나치게 확장하면 실패 확률이 높기 때문에 자신의 능력에 맞는 규모로 해야 한다. 융통성을 발휘하고 돈 관리에 힘써야 한다.

> **생활 속 역학**
>
> **" 환갑의 유래_"**
>
> 환갑은 회갑(回甲), 화갑(華甲), 주갑(周甲)이라고도 한다. 환갑 잔치를 수연(壽宴), 환갑 잔치를 베푸는 자리를 수연(壽筵)이라고 한다.
>
> 천간 10자와 지지 12자가 결합하여 짝을 이룬 것이 60갑자(甲字)이다. 자신이 태어난 해에서 60년이 지나면 태어난 해의 간지가 다시 되돌아온다. 이때가 우리 나이로 61세이고, 육십갑자가 다시 돌아온다는 의미에서 환갑(還甲)이라고 한다.
>
> '인생칠십고래희(人生七十古來稀)'라고 했듯이 과거에는 70살 된 노인은 보기 드물었고, 환갑까지만 살아도 큰 경사로 여겼다. 그래서 그 자손들이 잔치를 베풀고 축하하는 관습이 생겼는데, 경제적으로 여유가 있는 집은 온갖 산해진미를 갖추고 떡과 과실 그리고 유밀과 등의 조과를 1자 2치 이상으로 괴어 올렸다.
>
> 환갑을 맞은 사람 중에 부모가 살아 계신 사람은 먼저 부모 앞에 큰 상을 차려놓고 술을 올리고 절한 후, 색동옷을 차려입고 춤을 추어 부모를 기쁘게 해드린다. 이어 자신이 상을 받고 자녀와 손자 손녀, 일가친척으로부터 헌수(獻壽)를 받는다. 이때 형제 자매가 있으면 함께 나란히 앉아 절을 받는다.
>
> 헌수는 큰아들 부부부터 순서대로 시작하는데, 큰아들이 잔을 들고 큰며느리가 술을 따라 올린 후 "아버님 어머님 다복하시고 만수무강하십시오" 하고 축수하고 함께 큰절을 올린다. 남성은 2번 절하고, 여성은 4번 절하는 것이 원칙이지만 현대에는 동시에 1번 절하는 것으로 끝낸다.
>
> 요사이는 60세를 넘기는 경우가 흔하므로, 환갑잔치를 생략하고 여행이나 가족과 조촐하게 생일상을 차려 먹는 것으로 대신하는 경우가 많다.

## 5 편재

### 1) 편재의 의미

#### ❶ 사회적인 의미

편재는 비정기적인 돈 또는 뭉칫돈을 상징한다. 그러나 편재가 반드시 큰돈이라고 생각해서는 안 된다. 정재가 상징하는 정규적인 돈을 받는 월급쟁이도 사업하는 사람보다 더 큰돈을 버는 경우가 있기 때문이다.

### ❷ 남성의 육친

남성 사주에서 편재는 아내와 아버지를 상징한다. 일반 이론에서 아내로 보지 않고 애인으로 보지만, 사주에서 애인과 아내의 차이는 없다고 보아야 한다. 예를 들어, 혼인신고를 하고 신혼여행지에 가서 헤어지는 부부가 있는가 하면 애인과 5년 이상 동거하는 사람도 있다. 이때 법적인 아내와 애인의 구분이 가능할까. 당연히 '아니다'란 대답이 나온다.

사주에서 아내는 호적에 올라 있느냐 올라 있지 않느냐에 좌우되는 것이 아니라 얼마나 깊은 관계를 맺는가, 서로 얼마나 마음을 주고받는가에 달려 있다. 부부인데 각자의 집에 따로 살면서 서로 전혀 깊은 관계를 가지지 않는다면 이들은 부부가 아니고 남남이다. 이미 몸과 마음이 하나가 아닌데 호적만 같이 되어 있다고 해서 부부로는 볼 수 없다는 말이다. 조선족들이 취업을 위해 위장으로 결혼신고를 하다가 법적으로 문제가 된 경우가 있다. 일단 혼인신고는 되어 있다. 그렇다면 그들은 부부일까. 당연히 아니다.

편재 또한 아버지를 의미한다. 일반 이론에서는 의붓아버지로 보는데, 이러한 견해는 타당성이 없으므로 무시해도 좋다. 단순히 아버지로 보면 되고, 친아버지와 의붓아버지를 구분하는 것은 옳지 않다. 다만, 정재는 없고 편재만 있다면 아버지의 성격이 활동적이고 적극적인 타입이라고 판단할 수는 있다.

### ❸ 여성의 육친

여성 사주에서 편재는 아버지를 상징한다. 일반 이론에서 간혹 의붓아버지로 보는 경우가 있지만, 타당성이 없다. 이때는 성격과 관련해서 자유롭고 활동적인 아버지로 보면 된다. 조금 까다롭다면 그냥 아버지로만 알아두어도 전혀 문제되지 않는다.

### 2) 편재의 발달

사주에서 편재가 개수로는 3개(월지를 포함하는 경우에는 2개)이고 점수로는 30~40점이면 편재 발달로 본다.

---

> **point**
>
> **편재의 의미**
>
> 육친으로는 남성 사주에서는 아버지와 배우자를 나타내고, 인간관계에서는 애인, 여자친구를 나타낸다. 여성 사주에서는 아버지를 나타낸다. 사회적으로는 뭉칫돈을 의미한다.

### 3) 편재 발달시 성격 유형

사주에 편재가 적당하게 발달한 경우에는 타인과의 관계를 편안하게 이끌어 나가는 타입으로서 누구하고든 쉽게 친해진다. 평소에는 부드럽고 안정적이지만, 일단 자리가 주어지면 신바람이 나고 끼가 넘치는 사람이다. 상대를 배려하는 마음을 가지고 있고, 먼저 앞장서서 솔선수범하려는 봉사정신이 투철하다. 이렇게 따뜻하고 부드러운 마음이 동성이든 이성이든 남녀 불문하고 인기를 불러들인다고 볼 수 있다.

재물도 꾸준히 들어오기 때문에 생활에 큰 어려움 없이 살아간다. 순박하면서도 은근한 고집이 있으며 꾸준히 노력하고, 나이가 들어가면서는 성격이 유들유들해지고 얼굴도 두꺼워진다. 때와 장소를 가리지 않고 잘 적응하면서 좋은 대인관계를 유지한다. 더불어 연예인 또는 오락부장의 기질을 가지고 있고 유머감각이 매우 탁월하여 대중을 사로잡는다. 이들은 웬만한 억압이나 힘든 상황에서도 쉽게 화를 내지 않지만, 한번 화를 내면 꽤 오래 가는 편이다. 자신의 감정을 쉽게 드러내지 않으며, 자유롭게 행동하고 부드럽게 표현한다.

### 4) 편재의 과다

사주에서 편재가 개수로 4개 이상(월지를 포함하는 경우에는 3개 이상)이거나 점수로 50점 이상이면 편재 과다로 본다.

편재나 정재가 많은 재성 과다 사주에 인성과 비겁이 부족한 사주를 재다신약(財多身弱)이라고 한다. 이때 편재 과다뿐만 아니라 정재 과다 그리고 편재와 정재가 섞여서 과다한 사주 또한 재성 과다이다.

**재다신약**
편재와 정재가 과다하면서 (상황에 따라 변동 가능) 인성과 비겁이 약한 사주를 말한다.

### 5) 편재 과다시 성격 유형

재다신약 사주인 사람은 배짱과 추진력이 부족하고, 맺고 끊음이 약하며, 선비나 학자의 기질을 가지고 있다. 남성이 재다신약 사주이면 남성들이 많이 모인 곳에서는 융통성이 부족하고 꽉 막힌 사람처럼 행동하며 고지식해 보이지만, 여성들이 많은 곳에서는 어느 정도 융통성이 있고 유머감각도 탁월하다. 그러나 결정적인 순간에는 고

지식한 성격이 그대로 나타난다.

이들은 적극적인 배짱이나 추진력은 없지만, 새로운 것에 대한 탐구심은 뛰어나다. 순간적인 재치가 넘치고 농담이나 유머를 잘 하며, 사람들을 즐겁고 기쁘게 해주는 것을 좋아한다. 자칫 가벼운 행동처럼 보이고 철없는 사람처럼 보이기도 한다.

때때로 투기를 좋아하고 모험을 즐기며 승부에 집착한다. 강한 성격이 아니면서도 모험을 무릅쓰기도 한다. 주식, 도박, 경마 등에 손을 대서 패가망신하는 경우도 있으므로 주의해야 한다. 따라서 재다신약 사주를 가진 사람은, 돈은 많이 만지지만 내 돈이 아닌 직업을 선택하는 것이 좋다.

### 6) 편재 과다시 인간관계

남성 사주에서 편재는 여자, 부인, 애인, 아버지를 상징한다. 편재가 과다한 남성은 애교가 넘치는 애인 같은 아내 또는 커리어우먼을 아내로 맞이할 수 있다. 여성 사주에서는 아버지와 유부남을 상징한다. 또한 남성과 여성 모두에게 뭉칫돈을 상징한다.

편재가 과다한 사람은 대인관계가 넓고, 때와 장소를 가리지 않고 잘 어울리며, 적응력이 빠르다. 항상 명랑하고 활발하여 오락부장이라는 별명을 듣는다. 이성에 관심이 많으므로 자칫 구설수에 오르내릴 수 있다.

### 7) 편재와 직업

편재가 발달한 사람은 타인과 어울리기를 좋아하고, 놀기 좋아하며, 대화하기를 즐긴다. 다른 사람에게 베풀기를 좋아하고, 성격이 단순하고 담백하며, 명랑하고 사교적이다. 한마디로 대인관계가 매우 원만한 타입이다. 이들은 재물을 꾸준히 모으고, 인색하지 않으면서도 적당히 풍류를 즐길 줄 안다. 항상 새로운 것을 추구하고 활동적이다. 다만, 신약 사주는 장점이 반감되는 경우가 많다.

편재가 과다한 사람은(정재 과다일 때도 마찬가지이다) 재물을 가볍게 생각하고, 재물에 대한 집착이 심하며, 재물을 많이 만지지만 또 잘 새어 나가는 편이다. 일생 동안 재물로 인한 성공과 실패가 반복될 수 있으며, 남성은 이성으로 인한 어려움을 겪기도 한다. 부모와 일찍 떨어져 지내거나 부모복이 약한 경우가 많으며, 일확천금에 대한 욕망이 있지만 배짱이나 추진력이 약하다.

 재다신약 사주인 사람은 자유롭고 구속받지 않으며 비정기적인 돈을 버는 직업이 좋다. 그러므로 월급쟁이는 어울리지 않는다. 그러나 편재라고 해서 월급을 받는 직장인과 전혀 관련이 없다는 것은 아니다. 자유롭거나 비정규적인 직업이 어울린다는 뜻이다. 이들에게는 돈은 많이 만지지만 내 돈이 아닌 직업, 즉 금융 계통의 직업이 가장 잘 어울린다. 예를 들어 금융업, 보험업, 증권업 등의 분야가 적합하다. 소유주가 아닌 전문경영인도 괜찮고, 공무원이나 회사원으로서 회계 업무나 경리 업무를 담당한다면 이들의 적성에 맞을 것이다.

### ❶ 편재 발달 사주

친절하고 수용하는 성격이 요구되는 현실적이고 실제적인 직업, 무엇이 필요한지 바로 파악하는 뛰어난 순간 판단력이 요구되는 직업이 잘 어울린다.

- **1순위 직업** : 연예인, 비정기적인 수입을 올리는 직업(사업가·세일즈맨·외판원·운동선수), 의사, 변호사, 경제학과 교수, 경영학과 교수, 회계사, 변리사, 경제부처 공무원, 의료 판매, 유흥업, 감독, 분쟁조정가, 레크레이션 지도, 외교관, 학자, 유흥업, 비서, 사무직, 감독, 서비스, 간호, 경찰, 요식업, 신용조사, 마케팅.
- **2순위 직업** : 남성은 여성을 상대로 하는 직업, 예를 들어 여학교 교사가 어울린다. 남녀 모두 자영업, 보험영업, 자동차 판매업 등 세일즈 분야가 좋다.

### ❷ 편재 과다 사주

금융 계통(증권업·은행업·보험업), 회계사, 공직이나 직장에서 경리부서, 회계부서가 잘 어울린다.

 단, 편재 과다 사주는 사업을 무리하게 확장하다가 실패할 확률이 높으므로 자신의 능력에 맞추어서 해야 한다. 융통성을 발휘하고 돈 관리에 힘써야 한다.

## 사주팔자와 직업의 관계

사주팔자의 육친을 통해 직업 적성을 알아내는 것을 보고 한 가지 의문이 들지 모른다. 비슷한 사주팔자를 가진 사람들 즉 육친 분포가 비슷한 사람들은 모두 똑같은 직업을 갖게 될까? 이와 관련해서는 이미 『사주명리학 초보탈출』에서 설명한 바 있다.

예를 들어, 사주팔자에 여자가 많은 남성이 2명 있다. 남성 사주에 여자가 많다면 여성을 상대로 하는 직업이 잘 어울린다. 그런데 어떤 사람은 제비족이나 바람둥이가 되고, 어떤 사람은 산부인과 의사나 탤런트, 가수, 영화배우 등 연예인이나 방송인으로 크게 성공한다. 사주팔자가 같지만 이렇게 완전히 다른 직업을 갖는다.

필자의 제자 중에 공무원으로 재직 중인 권주사란 분이 있다. 이 분의 사주에 여자가 많아서 사주명리학 용어로 '재다신약(財多身弱)' 사주를 타고났다. 직장에서 업무가 유치원 담당인데, 유치원 원장 대다수가 여성인지라 수없이 많은 여성들을 상대한다고 한다.

그런가 하면 이 분과 비슷한 사주를 가졌는데 전혀 다른 일을 하는 사람들도 많다. 필자가 세상을 경험하고 올바른 역학자의 자세를 배우기 위해 술집 웨이터, 구두닦이, 넝마주이, 신문팔이 등을 할 때였다. 이때 수없이 많은 사주팔자를 임상사례로 만날 수 있었는데, 그들 중에 권주사란 분과 비슷한 사주팔자를 가진 사람이 있었다. 즉, 남성인데 사주에 여자가 많은 경우로 이 사람은 여성들을 이용하면서 사회의 곱지 않은 시선을 받으며 사는 제비족이었다.

이러한 차이는 자신의 삶을 향상시키기 위해 각자 얼마나 노력하는가에 달려 있다. 똑같은 사주팔자를 타고나더라도 자신이 어떻게 사주를 끌고 가는가에 따라 삶이 희망일 수도 있고, 반대로 불행일 수도 있다. 따라서 사주명리학에 입문한 사람과 단순히 사주 상담만 하는 사람 모두 자신의 타고난 사주팔자를 읽어내어 장점을 올바르게 승화시킬 수 있도록 노력해야 한다. 이것이 올바른 역학자의 자세이고, 자신의 타고난 삶을 그대로 실현시키는 상담자의 자세이다.

## 6 정재

### 1) 정재의 의미

**❶ 사회적인 의미**

사주에서 정재는 사회적으로 정기적으로 들어오는 돈, 고정적인 수입을 상징한다. 예를 들어, 직업 중에서도 영업사원이나 외판원처럼 비정기적으로 돈을 받는 것이 아니라 고정적인 월급, 정기적으로 항상 비슷한 액수의 월급을 받는 것을 의미한다.

**정재의 의미**

남성 사주에서는 아버지와 배우자를 나타내고, 인간관계에서는 애인과 여자친구를 나타낸다. 여성 사주에서는 아버지를 나타낸다. 남녀 모두 재물을 의미한다.

**❷ 남성의 육친**

남성 사주에서 정재는 부인과 아버지를 상징한다. 일반 이론에서는 정재는 부인으로, 편재는 애인이나 첩으로 보고 있지만, 그러한 견해는 타당성이 부족하다. 대덕 이론에서는 편재는 애인 같은 아내 또는 활동적인 아내로 보고, 정재는 안정적이고 모험을 무릅쓰지 않는 현실적인 성격의 아내로 본다.

**❸ 여성의 육친**

여성 사주에서 정재는 아버지를 상징한다. 일반 이론에서는 정재를 아버지로, 편재를 의붓아버지로 보지만, 대덕 이론에서는 편재는 활동적이고 자유로운 아버지를 의미하고, 정재는 안정적이고 보수적인 아버지를 의미한다.

### 2) 정재의 발달

사주에서 정재가 개수로 3개(월지를 포함하는 경우에는 2개)이고 점수로는 30~40점이면 정재 발달로 본다. 그러나 정재가 발달하였고 여기에 편재가 존재한다면 정재 발달이 아니고 정재 과다임을 명심해야 한다.

### 3) 정재 발달시 성격 유형

정재가 발달한 사람은 은근한 고집이 있고, 안정적이며, 객관적인 판단을 내리고 자신의 생각과 행동을 꾸준히 하나씩 실천해가는 타입이다. 현실적이고, 무리한 모험을 하지 않으며, 자신의 생각과 행동을 주위 상황과 조화시켜 나가면서 원만한 대인관계를 유지한다.

선비의 기질과 학자의 인품을 가지고 있고, 섬세하고 치밀하게 생각하며, 감성보다는 이성이 발달하여 합리적인 면이 강하다. 계획적으로 생각하고, 보수적이며, 가정적인 타입이다. 명예를 중시하고 통찰력이 뛰어나며, 타인의 평가나 관심에 좌우되는 경우가 있지만 크게 흔들리지 않고, 자신의 인생을 스스로 단계별로 구축해 나간다. 감정적으로 자극받는 일이 생기더라도 자제력을 발휘하며, 자신의 감정을 소중하게 생각하고, 충동적이지 않고 계획적이다. 이성적인 판단력이 뛰어나고, 지구력과 인내력이 강하다.

한번 정을 주면 쉽게 배신하지 않는다. 그러나 새로운 사람에게 적응하기가 쉽지 않고, 한번 싫어지면 안색이 쉽게 변하며, 인간성이 나쁘다고(객관적인 판단은 아님) 생각하면 절대로 그 사람과는 친해지지 못한다.

### 4) 정재의 과다

사주에 정재가 개수로 4개 이상(월지를 포함하는 경우에는 3개 이상)이거나 점수로 50점 이상이면 정재 과다로 본다. 정재 과다 역시 편재 과다와 마찬가지로 인성과 비겁이 약하면 재다신약 사주이다.

### 5) 정재 과다시 성격 유형

편재 과다일 때와 마찬가지 성격이 나타난다. 편재 과다의 성격 유형을 참고한다. 인성과 비겁이 약할 경우에는 재다신약의 성격 유형을 보인다.

### 6) 정재 과다시 인간관계

남성 사주에서 정재는 여자, 부인, 애인, 아버지를 상징하고, 요조숙녀나 현모양처처럼 내성적이고 살림을 잘 하는 여성을 아내로 맞이한다. 여성 사주에서 정재는 아버지와 유부남을 상징하고, 남성과 여성 모두에게 월급을 상징한다.

정재가 과다한 사람은 성격이 보수적이고 안정적이며, 대인관계가 좁고 모험을 싫어한다. 참모나 학자 타입이다.

### 7) 정재와 직업

정재가 발달한 사람은 은근한 고집이 있고, 선비와 학자의 기질을 가지고 있다. 또한 성실하고 중후하며, 믿음직스럽고 신용을 잘 지키는 타입이다. 머리가 총명하며, 재능이 있고, 항상 모험을 하기보다는 한 단계 한 단계 밟아 나가려는 성격이다.

씀씀이가 헤프지 않아 안정적이며, 이성에게 인기가 있지만 모험을 두려워하기 때문에 가정에 큰 문제를 일으키지는 않는다. 조심스러운 성격에 검소하고 보수적이며, 분수에 넘치는 행동을 하거나 과도한 욕심을 부리지 않기 때문에 주위 사람들에게 믿음을 주고 건실한 생활로 인해 신뢰를 얻는다. 대인관계는 넓지 않지만 깊은 편이다.

새로운 것을 기획하거나 계획하는 능력은 있지만, 본인이 독립적으로 처음부터 끝까지 완성해내고 그것을 수익으로 완벽하게 창출해내기에는 배짱이 부족하다. 다만, 내 편과 다른 편이 균형을 이루고 정재가 발달한 사주는 시작부터 마무리까지 충분히 완성시키고, 성과도 매우 크다. 그러나 신약 사주일 때는 위와 같은 특징이 반감됨을 명심해야 한다.

정재가 과다한 사람(편재가 과다한 사람과 동일하다)은 재물에 대한 욕망이 강하고, 남성의 경우 이성에게 인기가 높다. 재물 관리나 이성문제에 신경 써야 한다.

### ❶ 정재 발달 사주

어떤 일에 깊이 관심을 가지며 창의력과 통찰력이 요구되는 직업, 독창적이고 개인적인 독립심이 강하면서 열정적으로 일을 추진하는 직업이 어울린다.

- **1순위 직업** : 회사원, 공무원, 교사, 교수 등 고정적인 월급을 받는 직업, 금융업, 순수과학 분야, 연구, 철학, 심리학, PD, 감독, 비서, 철학, 개발.

- **2순위 직업** : 편재 발달 사주에서 2순위 직업과 관련된 직업. 자영업, 세일즈맨, 여학교 교사 (남성의 경우).

### ❷ 정재 과다 사주

금융 계통(증권업·은행업·보험업), 회계사, 공직이나 일반 기업의 경리부서 또는 회계 부서가 적합하다.

정재가 과다한 사주는 사업을 지나치게 벌이려다 뜻하지 않게 인생에 부침이 있을 수 있으므로 어디까지나 자신의 능력에 맞게 유지해야 한다. 융통성을 발휘하고 돈 관리에 주의해야 한다.

## 7 편관

### 1) 편관의 의미

#### ❶ 사회적인 의미

편관의 사회적 의미는 명예, 관직, 리더십 등이다. 일반 이론에서는 편관을 칠살이라고 하여 나(일간)를 극하는 흉한 육친으로 본다. 그러나 어떤 육친이든 주위 상황에 따라 좋을 수도 있고 나쁠 수도 있으니 타당성이 없다는 것이 필자의 생각이다.

**편관의 의미**
남성 사주에서는 자식을 나타내고, 여성 사주에서는 배우자를 나타낸다. 사회적으로 남녀 모두에게 명예, 관직, 자유를 상징한다.

#### ❷ 남성의 육친

남성 사주에서 편관은 자식에 해당한다. 일반 이론에서는 일간이 나이고 나는 남성이기 때문에 나와 음양이 같은 편관을 아들로 본다. 그러나 필자의 임상 결과를 볼 때 그러한 구분은 무의미하다. 아들 딸 구분하지 말고 단순히 자식으로 보아야 한다.

#### ❸ 여성의 육친

여성 사주에서 편관은 남편에 해당한다. 일반 이론에서는 편관이 애인에 해당한다고 하지만, 이 부분 역시 타당성이 부족하다. 임상 사례나 연구 결과로 미루어 활동적이고 적극적인 남편으로 보는 것이 더 정확하다.

### 2) 편관의 발달
사주에서 편관이 개수로 3개(월지를 포함하는 경우에는 2개)이고 점수로는 30~40점이면 편관 발달로 본다.

### 3) 편관 발달시 성격 유형
편관이 발달한 사람은 대인관계가 뛰어나고 명예욕이 있기 때문에 자신을 믿어주고 책임과 권한이 주어지는 곳에서는 2배의 능력을 발휘한다. 자신이 정해놓은 목표가 있을 때에는 주위 사람들과 원만한 관계를 유지하면서 그들의 힘을 빌려서 목표를 성취해 나간다. 큰 것을 얻기 위해서는 작은 자존심이나 명예의 손상을 감수하면서도 끝까지 밀고 나간다. 항상 목표를 설정하고 성과를 거두기 위해서 꾸준히 노력한다.

순간적인 판단력과 재치는 타의 추종을 불허한다. 자신이 필요로 하는 일이나 자신이 정한 목표를 이루기 위해 과감하게 밀고 나가며, 도전할 대상이 생기면 힘이 솟아나는 타입이다.

고집이 매우 세고, 다른 사람과 비교당하는 것을 싫어하며, 누군가에게 명령을 받을 경우에는 타인에 비해 스트레스가 심하다. 미래에 대한 열정과 목표의식이 뚜렷하므로 성취력이 탁월하다. 다만, 편관이 발달한 경우라고 해도 사주 내에 정관이 있어서 정관과 편관이 혼잡된 사주라면 관성 과다로 본다는 것을 명심해야 한다.

이들의 특징은 융통성, 적극성, 추진력, 원만한 대인관계, 배짱, 자유주의자로 종합할 수 있다. 그러나 주변의 사주 구성에 따라 혼합된 성격이 나타날 수도 있다. 예를 들어, 편관이 3개인데 재성 역시 3개가 있으면 재성도 많고 관성도 많은 재관다신약(財官多身弱) 사주가 되어 편관 발달 사주의 성격 유형보다는 재관다신약 사주의 성격 유형이 우선한다.

### 4) 편관의 과다

사주에 편관이 개수로는 4개(월지를 포함하는 경우에는 3개)이고 점수로는 50점 이상이면 편관 과다이다. 여기에 비견과 겁재가 약하면 관다신약에 해당한다.

**관다신약**
편관과 정관이 사주 내에 50점 이상(상황에 따라 변동 가능)이면서 비견과 겁재가 약한 경우를 말한다.

### 5) 편관 과다시 성격 유형

사주에 편관이 많으면 사람을 좋아하고, 시간과 장소에 구애받지 않고 사람들에게 잘 적응하며, 사교성이 뛰어나다. 적극성과 용맹성 그리고 돌진하는 태도는 타의 추종을 불허할 정도이다. 통이 매우 커서 작은 돈에 구애받지 않으며, 각지에 의형제를 둘 만큼 사람을 좋아하고 그들에게 매우 멋진 사람으로 인정받는다.

그러나 자신감이 지나치고 쉽게 분노하며 상대의 감정을 무시하거나 과격한 면은 단점이다. 또한 작은 것을 싫어하고 큰 것을 좋아하며, 누구 앞에서든 자신감이 넘치고 씀씀이가 크다. 신경이 지나치게 예민하고 과민하여 가정에서 쉽게 폭력을 행사하기도 한다.

자존심이 너무 강하고, 성질이 급하며, 쓸데없는 의협심에 사로잡혀 너무 많은 의형제를 맺는다. 그로 인해 음주가무를 즐기게 되고 경조사에 참여하는 일들이 많다 보니 앞으로 벌고 뒤로 새어나가는 경우가 많다. 자존심을 상하게 하거나 자신을 억누르는 사람과 잘 다투고, 가까운 가족들에게 의지하려고 한다. 이들은 밖에서는 착하고 의협심이 넘치는 사람이지만, 가정에서는 순간적으로 터뜨리는 성격이며, 난폭한 행동을 하기도 한다. 여성의 경우에는 이성문제가 발생할 수 있고, 남편복이 약하다.

돈을 좋아하지만, 자존심이나 명예를 손상시킨다면 아무리 큰돈을 준다 해도 절대 타협하지 않는 성격이다. 타인에게 지는 것을 못 견디는 성격이므로 적을 만드는 경우가 많으며, 한곳에 앉아서 하는 일이나 정체되어 고정적으로 일하는 것을 견디기 어렵고, 쉽게 따분해 하며, 항상 움직이는 것을 좋아한다. 자신감이 지나쳐서 소위 정치꾼 같은 느낌을 줄 때가 많다. 배우자 또한 자기 주장이 강한 사람이라면 부부 사이에 다툼이 끊이지 않을 것이다.

특히 관다신약 사주는 주변에 의리가 두터운 친구가 많다는 것을 은근히 자랑하고, 그것으로 자기의 폭 넓은 인간관계를 과시하려 하는 점이 특징이다.

예를 들어, 관다신약 사주인 사람이 청주에 살고 있다고 치자. 이 사람은 본거지인 청주에 수없이 많은 친구와 선후배가 있을 뿐만 아니라 서울, 부산, 강원도, 제주도에도 친구와 선후배가 많다. 이 사람은 의형제를 맺은 선후배들에게 술을 사거나 수없이 많은 선물을 해준다. 그러나 자신이 베푼 것은 까맣게 잊어버리고 상대방에게 받은 선물을 집안 식구나 주위 사람들에게 자랑하고 다니기 좋아한다. 의형제를 맺은 제주도 친구가 옥돔 등을 보내 왔다면 그것을 자신이 먹는 것이 아니라 처갓집과 부모님은 물론 이웃사람, 주변 친구들에게까지 나누어준다. 이러한 행동에는 어느 정도 순수한 마음도 있지만, 제주도에도 의형제가 있음을 자랑하고 싶은 마음이 더 크다. 이렇게 선물을 받고 마는가 하면 전혀 그렇지 않다. 자신이 받은 것보다 더 큰 선물을 그 친구에게 보내주는 것이다.

이들은 간섭받고 지배당하는 것을 싫어하는 타입이므로 독립적인 사업을 하는 경우가 많은데, 다양한 인간관계 덕분으로 사업이 번창하고 수익이 많은 듯 보인다. 그러나 의리가 있다는 소리를 듣고 싶은 욕심과 자존심 때문에 씀씀이가 커져서 앞으로 벌고 뒤로 밑지며 항상 돈에 쪼들린다. 만약 배우자가 왜 이리 친구를 만나서 술 마시고 어울려 다니느냐고 싫은 소리를 하면, "내가 친구 선후배들과 만나는 것이 나 혼자 먹고 살려고 하는 것이냐, 다 처자식 먹여 살리려고 하는 것이지"라며 큰소리를 친다. 이들은 다양한 친구와 선후배와의 관계로 인해 가정에 충실하기가 쉽지 않다. 또한 주위 사람들의 경조사를 챙기느라 시간과 돈을 허비하고, 그 결과 버는 돈에 비해 씀씀이가 더 커진다. 다른 사람들에게 보여주고자 하는 쓸데없는 자존심이 너무 강한 것이 문제이다.

이들은 부모로부터 많은 재산을 물려받거나 우연찮게 사업에서 큰돈을 벌게 되면 자신의 능력 이상으로 사업을 확장하려다가 어려움을 겪기 십상이다. 그렇지 않으면 명예욕에 사로잡혀 선거에 출마하여 당선되기 위해 발버둥친다. 그로 인하여 가지고 있는 재산을 다 날려버리는 경우가 많다.

군겁쟁재나 다른 신약 사주들처럼 이들은 과도한 욕망 때문에 삶이 힘들어질 수 있다. 따라서 항상 자신의 능력에 맞추어 조심스럽게 밀고 나가고, 재물관리에 힘쓰며, 돈 거래나 보증은 절대 해서는 안 된다. 다양한 인맥, 저돌적인 자세, 배짱 있게 밀어붙이는 추진력은 충분히 인정받을 만하지만, 지나친 욕심이나 과도한 명예욕 그리고 자존심을 삼가야 들어오는 수입을 잘 지켜낼 수 있다. 일단 신약 사주는 수익이 많다는 장점이 있으므로 보이지 않게 뒤로 새어나가는 것을 주의해야 한다.

### 6) 편관 과다시 인간관계

편관은 남성 사주에서는 자식과 명예를 상징하고, 여성 사주에서는 남편과 명예를 상징한다. 편관이 과다할 때 여성은 활동적인 남성을 남편으로 맞이한다고 본다.

편관이 과다한 사람은 성격상 타인의 지배를 거부하고 자신이 리더가 되는 것을 선호하므로 절대 타인의 밑에 있지 못한다. 자신의 명예에 먹칠을 하는 일이 생기면 금전적인 이익이 많이 생기는 일이라도 과감하게 거부한다.

여성의 경우에는 편관이 많거나 편관이 천간에 있으면 부부간에 갈등이 많을 수 있으므로 항상 자신의 일을 갖고 독립적으로 생활하는 것이 좋다.

### 7) 편관과 직업

편관이 발달한 사람은 의협심이 강하고, 의리가 있으며, 자존심이 강하다. 모험심과 배짱이 있어서 어떤 일이든 도전하기를 좋아하고, 순간적인 판단력이 뛰어나며, 맺고 끊는 과단성과 결단력이 있다. 독립적인 삶을 좋아하고, 자신이 하고자 하는 일이나 목표를 끝까지 이루어내려는 고집이 있으며, 강한 자를 누르고 약한 자를 이끌어가는 리더십이 있다. 자신의 능력을 과소평가하지 않고, 자신감에 넘치며, 목적을 달성하기 위해 타인들을 이끌며 그들의 도움을 이끌어낸다.

편관이 발달한 사람은 목표를 위해서는 자신의 고집도 쉽게 꺾을 수 있고, 순간적인 대처능력이 뛰어나다. 일과 조직 내에서 뛰어난 행정능력을 발휘하는 타입이므로 책임자의 위치에 오르는 경우가 많다. 다만 신약 사주일 때는 장점이 반감된다.

그러나 편관이 과다한 사람은 추진력이 지나치게 강해서 자신의 능력보다 큰 일들을 벌이는 경향이 있고, 그로 인하여 인생의 굴곡이 따르게 된다. 다른 사람에게 자신을 내맡기지 못하고, 조직 내에서는 자신이 우두머리가 되지 않는 한 직장을 그만두게 된다. 그러므로 아주 자유로운 직장이 아닌 경우에는 그만두고 사업을 하는 경우가 많다. 시간이 걸리는 일이나 타인에게 지배받고 간섭받는 일에는 스트레스가 심하고, 타인과 비교당하면 스트레스가 2배로 심해진다. 고집이 매우 강하고 고집불통의 성격이다.

또한 이들은 지나친 욕심과 욕구 불만으로 인해 성공에 대한 집착이 강하고, 누군가와 어울리고 함께하는 것을 좋아한다. 과거나 현재보다는 미래에 대한 욕망이 크고, 목표나 꿈이 지나치게 큰 편이다. 칭찬에 매우 민감하고, 다른 사람들에게서 모든 일을 성공적으로 해낸다는 말을 듣고 싶어한다.

**❶ 편관 발달 사주**

사전준비를 철저히 하며, 계획적이고 체계적으로 목적을 이루어 나가는 직업, 일을 조직하고 계획하고 지휘해 나가는 지도자가 잘 맞는다.

- **1순위 직업** : 사업가, 정치인, 의사, 판사, 검사, 변호사, 자유로운 직장(공장장 · 전문 경영인 · 공무원 · 교사 · 교수), 경제학자, 정치학자, 건축가, PD.
- **2순위 직업** : 자유로운 직장, 세일즈맨(보험영업 · 자동차 판매).

### ❷ 편관 과다 사주

정관이 과다한 사주와 마찬가지로 편관이 과다한 사주는 타인의 지배를 받지 않고 일을 너무 크게 벌이지 않는 직업이면서 명예를 얻는 직업이 잘 맞는다. 예를 들어 사업가, 선출직 단체장, 연예인, 정치인, 운전사, NGO 간부 등이 있다.

단, 사업을 지나치게 벌이다가 인생에 부침을 겪을 수 있으므로 자신의 능력에 맞게 사업을 해야 한다. 융통성을 발휘하고 돈 관리에 힘써야 한다.

---

## 육친으로 분석하는 신강과 신약

 좀더 자세히

### 1. 신강과 신약의 의미
신강(身强)이란 사주원국에서 인성과 비겁의 비율이 절반을 넘어서고 식상, 재성, 관성은 절반이 안 되는 것을 말한다.

신강의 반대는 신약(身弱)으로서, 사주원국에서 식상, 재성, 관성이 차지하는 비율이 절반을 넘어서고, 인성과 비겁의 비율은 절반이 안 되는 것을 말한다.

### 2. 신강과 신약의 해석
일반 이론에서는 신강과 신약을 다음과 같이 해석한다.

| 신강한 사주 | 적극적이다 | 인생이 순조롭다 | 배짱이 있다 |
| --- | --- | --- | --- |
| 신약한 사주 | 소극적이다 | 생에 굴곡이 있다 | 소심하다 |

그러나 위와 같은 해석은 문제가 많다. 단순히 신강과 신약만 보고 삶을 읽어내고 운명을 분석하려는 것 자체가 문제일 뿐만 아니라, 오랜 기간 통계를 내보니 이러한 해석마저 잘 맞지 않기 때문이다.

신약이란 사주원국에서 내 편이라고 할 수 있는 정인과 편인 또는 비견과 겁재가 절반을 넘지 않는 것인데, 신약 사주인 사람들이 실제로도 약하다고 보아서는 안 된다. 신약 사주에는 식상다신약, 재다신약, 관다신약이 있는데, 이들 사주를 가진 사람들은 소심하고 소극적이며 안정적인 것이 아니라 오히려 적극적이고 자신감이 넘친다. 이미 여러 번 설명한 것처럼, 신약 사주는 자신감이 넘치고 적극적이어서 오히려 과도한 욕심을 부리다가 문제가 발생한다.

사주에서는 신약이든 신강이든 한쪽으로 육친이 편중되면 타인의 간섭을 싫어하고, 독립적이며, 자유주의자로서 명예를 추구하는 타입으로 본다. 그러므로 신약은 인생의 굴곡이 심하고 소심하며, 그와 반대로 신강은 인생이 순조롭게 풀리고 적극적이라는 해석은 타당성이 전혀 없는 이론임을 밝혀둔다.

## 8 정관

**정관의 의미**

남성 사주에서는 자식을 나타내고, 여성 사주에서는 배우자를 나타낸다. 사회적으로는 남녀 모두 안정적인 관직, 명예, 자유를 상징한다.

### 1) 정관의 의미

**❶ 사회적인 의미**

정관은 사회적으로 명예와 관직을 상징한다.

**❷ 남성의 육친**

정관은 남성 사주에서 자식을 의미한다. 일반 이론에서는 음양이 다르다고 해서 딸로 보는데, 아들과 딸을 구분할 필요는 없다.

**❸ 여성의 육친**

여성 사주에서는 남편에 해당한다. 단, 안정적이고 보수적인 남편으로 본다.

### 2) 정관의 발달

사주에 정관이 개수로 3개(월지를 포함하는 경우에는 2개)이고 점수로는 30~40점이면 정관 발달로 본다. 그러나 정관이 발달한 상태이면서 편관을 합쳐서 4개 이상이거나 50점이 넘는 경우에는 정관 발달 사주로 보지 않고 관성 과다 사주로 보아야 한다.

### 3) 정관 발달시 성격 유형

정관이 발달한 사람은 섬세한 감정의 소유자이다. 명예를 소중히 생각하며 진리와 정의 및 인간적인 면에 관심이 많다. 불가능한 이상향에 대한 꿈을 마음 속 깊이 간직하는 등 순수함이 있다.

이들은 새로운 공간에 적응하는 것이 늦고, 새로운 사람과 만날 때에도 처음에는 매우 어색해한다. 그러나 한번 정을 주면 쉽게 배신하지 않는 의리파이다. 불쌍하게 생각하거나 마음이 착하다고 생각하는 사람에게는 인정을 베풀고 너그럽게 대하며, 봉사정신이 투철하다. 선비적이고 학자적인 성품을 지니고 있으며, 은근한 끈기가 있고, 삶에 대한 희망을 꾸준히 키워 나간다.

다양한 사람들을 한꺼번에 만나는 것보다 일대일 만남을 즐기고, 주위 사람들에게 조언을 잘 해주기 때문에 이들에게 상담을 요청하는 사람도 많다. 일보다는 사람이 우선이고, 서로 감정을 공유할 때 더욱 신바람이 나고 자신감이 생긴다. 자신이 가치 있다고 생각해서 시작한 일에는 생명을 바칠 정도로 각오가 대단하다. 이해심이 많고 관대하며 개방적이다.

순박한 성격의 소유자이며 다양한 이론을 두루 섭렵하지만, 쓸데없는 걱정이 많은 것이 단점이다. 사업을 하면 인간관계에 얽매여 보증이나 돈 거래를 하게 되고 그로 인해 어려움을 겪을 수 있다. 이들은 사려 깊고 온화한 성격으로 점잖고 착한 사람이란 평을 듣지만, 남의 지시를 따르기보다는 자신의 마음에 따라 자유롭게 행동하거나 자유로운 직업을 가지는 것이 좋다.

### 4) 정관의 과다

사주에 정관이 개수로 4개 이상(월지를 포함하는 경우에는 3개 이상)이고 점수로는 50점 이상이면 정관 과다로 본다. 다만 내 편(비견·겁재·정인·편인)의 힘도 50점 정도이면 과다가 아닌 발달로 본다.

### 5) 정관 과다시 성격 유형

정관이 과다한 경우, 편관이 과다한 경우 그리고 정관과 편관이 섞여서 과다한 경우 모두 관성 과다에 해당하며, 여기에 비겁이 약하면 관다신약 사주이다.

다음은 필자가 관다신약 사주를 상담한 내용이다. 필자가 여기 저기에서 강의를 많이 하다 보니 사주를 상담할 시간이 부족하다. 사무실에서 사주 상담을 하는 것이 돈을 훨씬 많이 벌지만, 사주명리학이 사이비나 미신에 불과하다는 비판을 듣게 만드는 가짜 역학자들이 많다 보니 그러한 오해를 불식시키고 사주명리학을 올바로 알리기 위해 강의에 나서게 되었다.

사실 1995년 전후 필자가 사주 상담만 할 때에는 일정이 1년 정도 미리 잡혀 있었고, 아침 7시부터 저녁 10시까지 하루 종일 상담을 해야 할 정도로 사무실이 북적였다. 그런데도 굳이 강의에 나선 이유는, 바로 사주명리학은 과학적인 학문이고 인간적인 학문이라는 것을 많은 사람들에게 알리는 사주명리학 전도사 역할을 하고 싶어서였다. 지금은 꽉 찬 강의시간에도 불구하고 사주 상담을 받고 싶어하는 사람들을 틈나는 대로 상담하고 있다.

어느 봄날 저녁이었다. 그때까지도 상담을 받으려는 사람들이 대기실에 밀려 있었다. 상담시간인 저녁 9시를 넘긴 터라 어쩔 수 없이 기다리던 사람들을 돌려보내려고 하는데, 한 여성이 자기만이라도 꼭 사주를 보아달라고 막무가내로 우기는 것이었다. 하루 종일 상담하다 보니 상담비를 2배 3배로 준다고 해도 거절하고 싶을 만큼 피로가 쌓인 상태였다. 그러나 그 여성의 간곡한 청을 거절하기 어려워서 결국은 상담에 응했다. 그 여성은 남편의 사주를 불러주었는데 바로 관다신약 사주였다. 사주 상담 중에서 가장 편안하게 상담할 수 있는 것이 신약 사주이다.

"당신 남편은 관다신약 사주로서 다른 사람 밑에서 직장생활을 하기보다는 독립적인 일 즉 사업을 하겠군요?"

이렇게 물었는데 표정 변화가 없었다. 사실 이렇게 상대가 주눅이 들면 상담하기가 힘들지만, 수없이 많은 상담을 해왔기 때문에 상대의 감정이나 분위기에 휩쓸리기보다는 사주 자체에 몰입할 수 있게 되었다.

"당신 남편은 친구와 선후배가 아주 많군요?"

그때까지도 얼굴에 표정이 없었다. 요즘에는 많은 사람들이 점집이나 철학관으로 운명을 감정하러 많이 다니므로 그 정도는 이미 알고 있었는지 전혀 미동이 없었다.

"사업을 핑계로 친구와 선후배의 경조사는 물론 수없이 그들과 만나겠군요."

"더구나 가정에 소홀하여 집안일에 관심을 가져주길 바라면, 내가 친구 선후배와 만나는 것은 다 가정을 위한 것이지 나 혼자 잘 살려고 그러는 게 아니라며 큰소리치지요?"

그제서야 눈에서 눈물이 주르르 흘러내렸다. 신약 사주인 사람들의 성격이 어떠하며 가정에서 생활이 어떠한지를 그대로 보여주는 전형적인 예라고 할 수 있다.

### 6) 정관 과다시 인간관계

사주에서 정관은 남성에게는 자식과 명예, 여성에게는 남편과 명예를 상징한다. 단, 여성은 보수적인 남성을 남편으로 맞이하며, 이성문제가 생길 수 있고, 남편복이 부족하다.

정관 과다 사주인 사람들은 품행이 단정하고, 신용이 있으며, 용모가 준수하다. 타인에게 모범이 되려고 하고, 인간관계에 관심이 많으며, 인간성이 좋은가 나쁜가를 사람을 사귀는 가장 큰 기준으로 여긴다. 언제나 새로운 아이디어에 호기심을 갖고, 통찰력이 있으며, 장기적인 안목을 가진 편이다.

#### 관살혼잡

관살혼잡(官殺混雜)이란 사주 내에 정관과 편관이 함께 있는 경우를 말한다. 특히 일반 이론에서는 여성 사주가 관살혼잡인 경우에는 재혼을 한다고 하는데, 관살혼잡이라고 해서 반드시 재혼을 하는 것은 아니다. 남편복의 유무나 재혼 여부는 관살혼잡과는 관계가 없다고 보아야 한다.

### 7) 정관과 직업

정관이 발달한 사람은 안정적이고 보수적이다. 선비적인 기질을 가진 타입으로서 온후하고, 밝고 맑으며, 자존심을 지킬 줄 아는 사람이다. 자신을 위해서 함부로 사치하거나 치장하지 않고, 담백하고 절약정신이 강하다.

또한 이들은 매사에 계획적이고, 섬세하며, 성실한 편이다. 은근한 고집으로 맡은 일을 이루고자 하는 성실성이 있다. 타인을 배려하고, 주어진 일에 대한 책임감이 강하기 때문에 사사로운 재물의 이득보다는 명예를 중시한다. 폭넓은 대인관계는 아니지만 원만한 인간관계를 유지한다. 다만, 신약 사주는 다른 육친과 마찬가지로 장점이 줄어든다.

정관이 과다한 사람(편관이 과다할 때와 동일하다)은 겉으로는 멋지고 일이 잘 풀리는 것처럼 보이고 수익도 많지만, 쓸데없는 의리와 의협심 그리고 지나치게 다양한 인간관계로 인하여 의형제를 맺거나 그와 유사한 친구 선후배가 많다. 그래서 실제로는 재물이 보이지 않게 새어 나간다. 남들에게 보기 좋게 꾸미는 겉치레와 허례허식을 주의해야 한다.

### ❶ 정관 발달 사주

마음이 따뜻하지만 상대방을 잘 알기 전에는 표현하지 않는 성격이다. 친절하고 수용적이며, 감정을 나눌 수 있는 새로운 아이디어에 관심이 많고, 사람을 일대일로 돕는 직업이 잘 맞는다.

- **1순위 직업** : 심리학자, 상담학자, 정신과 의사, 사회복지사, 자선사업가, 상담가, 문학가, 구성작가, 편집장, 목사, 성직자, 예술가, 학자(교수), 과학자, 공무원, 회사원, 교사, 내근직, 연구직, 소설가, 성격배우.
- **2순위 직업** : 사업, 자유로운 직장, 연예인.

### ❷ 정관 과다 사주

편관 과다와 마찬가지로 정관 과다 사주는 사업가, 선출직 단체장, 선출직 지방의원, 연예인, NGO 간부, 택시 운전, 버스 운전, 포장마차 운영 등이 어울린다.

단, 매우 자유로운 직업을 선택하고 사업은 가능한 하지 말고, 하더라도 욕심내지 말고 능력에 맞는 규모여야 한다. 융통성을 발휘하고 돈 관리에 신경 써야 한다.

---

**관**다신약 사주의 특징

사주 내에 정관과 편관이 많고 비견과 겁재가 약한 관다신약 사주는 추진력, 돌파력, 강력한 리더십이 특징이다. 즉 화(火)가 많은 사주와 비슷한 특징을 가지고 있다.

양(陽)의 기질이 가장 강한 것이 관다신약 사주이다. 이들은 어렵고 힘든 상황을 극복해 나가는 탁월한 능력을 가지고 있다. 아무리 어려운 상황에서도 머뭇거리거나 뒤로 물러서는 일이 없다. 또한 상황 판단이나 정세 분석 능력이 탁월하다. 굽힐 때 굽힐 줄 알고, 밀고 나갈 때 밀고 나갈 줄 아는 맹장(孟將)의 품격을 갖춘 사람이다.

---

## ⑨ 편인

### 1) 편인의 의미

#### ❶ 사회적인 의미

편인은 사회적으로 공부, 부동산, 문서, 도장을 상징한다. 여기서 공부는 끼가 필요한 분야 예를 들어 예술, 연예, 기술, 발명 분야 등의 공부가 좋다.

#### ❷ 남성의 육친

어머니.

#### ❸ 여성의 육친

어머니.

> **point**
>
> **편인의 의미**
>
> 육친으로는 남녀 모두 어머니를 의미하고 사회적으로는 문서, 부동산, 공부 등을 의미한다.

## 2) 편인의 발달

사주에 편인이 개수로는 3개(월지를 포함하는 경우에는 2개)이고 점수로는 30점~40점이면 편인 발달 사주로 본다.

## 3) 편인 발달시 성격 유형

편인이 발달한 사람은 어떤 한 분야(여러 분야일 때도 있다)에 독특한 재능을 가지고 있는 경우가 많다. 한마디로 기(氣), 즉 끼가 있는 사람이다.

사람들은 누구나 끼를 가지고 있다. 다만 그 끼를 누가 더 잘 발휘하느냐에 따라 성패가 달라진다. 주위에서 기동(氣動)차다, 기막힌다, 기절한다 등의 말을 들어보았을 것이다. 여기서 말하는 기가 곧 '끼'이다. 예술가, 연예인, 의료인, 기술자, 체육인, 종교인 등은 끼가 있을 때 자신의 능력을 발휘할 수 있다.

편인과 관련된 공부는 학생이면 누구나 해야 하는 수학, 국어, 역사, 경제 등의 단순한 공부가 아니라 독특한 재능을 발휘하는 공부를 의미한다. 그렇다고 해서 수학이나 국어는 재능이 없는 사람이 하는 공부란 뜻은 아니다. 국어와 수학 등은 일반적으로 누구나 하는 공부이고, 독특한 끼를 발휘하는 직업과 관련된 것은 아니라는 의미이다.

편인이 발달한 사람은 자비롭고 덕망이 있으며 포용력이 있다. 학자적인 성품을 지녔으며, 인자한 선비의 풍모를 가지고 있다. 타인에게 자신의 감정을 능수능란하게 표현하지는 못하지만, 주어진 상황에 대처하는 능력이 탁월하다.

## 4) 편인의 과다

사주에 편인이 개수로는 4개 이상, 점수로는 50점 이상이면 편인 과다 사주이다. 월지에 편인이 있을 때는 3개 이상만 되어도 편인 과다로 본다. 다만, 내 편(비견·겁재·정인·편인)의 힘도 50점 가까이 되어 힘의 균형을 이룬다면 편인 발달로 본다.

## 5) 편인 과다시 성격 유형

정인과 편인이 사주에 과다하고 비견과 겁재가 약한 사주를 인다신약(印多身弱)이라고 한다. 내 편(정관·편관)이 많은데 무슨 신약이냐고 의아하게 생각할지도 모른다. 그러나 내 편 중에서도 나를 도와주는 것이 우선이 아니라 내가 우선이다.

한 가지 예를 들어보자. 일간이 병화(丙火)로서 화(火)는 이것 하나뿐이며, 인목(寅木)과 갑목(甲木)으로만 이루어진 사주가 있다. 이 사주에서는 화(火) 하나가 여러 개의 목(木)으로부터 생을 모두 받지 못하고 오히려 불이 꺼지고 만다. 그러므로 나를 생하는 인성이(편인이든 정인이든 상관없이) 많다면 신약 사주로 보아야 한다.

**인다신약**
정인과 편인이 사주 내에 50점 이상(상황에 따라 변동 가능)이면서 비견과 겁재가 약한 것을 말한다.

편인이 과다한 사람은 말의 시작과 끝이 다르고, 겉과 속이 다르다는 점이 특징이다. 그렇다고 사기성이 있다고 보는 것은 옳지 않다. 생각이 너무 자유롭고, 마음 속에서는 하고 싶은 것이 많은데 그것을 모두 실천할 수는 없고, 타인에게 기대하는 마음이 너무 크기 때문에 그러한 행동이 나타나는 것이다.

그들의 행동에는 일관성이 부족하고, 타인에게 간섭받거나 지배받는 것을 싫어한다. 마음도 급하고 행동도 급하며, 무엇인가를 하려고 하지만 너무 큰 기대와 희망을 품고 큰 목표를 정했다가 지나친 욕심 때문에 자칫 화를 부르는 경우가 많다.

이들은 군인이나 경찰, 종교, 예술, 발명 분야로 진출하면 능력을 발휘하고 자신이 원하는 것을 성취할 수 있지만, 사업가로 변신한다거나 금전에 무리하게 욕심을 내다가는 인생의 굴곡을 초래할 수 있음을 명심해야 한다. 군인, 경찰, 종교인, 예술가, 발명

가는 문제가 적게 발생하고 오히려 성공이 가능하지만, 사업에 진출하는 경우에는 무리한 욕심을 부려서 가까운 친척과 부모 형제들 그리고 배우자나 처갓집에까지 손을 벌리는 경우가 많다.

예를 들어 인다신약 사주인 사람이 5천만원으로 사업을 시작한다고 치자. 욕심이 넘치는 이 사람은 가진 돈 5천만원이 양에 안 차서 부모 형제, 배우자, 처갓집에 실패 확률은 감추고 사업의 희망적인 점들만 이야기하여 성공에 대한 환상을 심어주고 5억원을 투자하도록 한다. 그 후 사업을 무리하게 확장하여 상황이 어려워지면 또다시 손을 벌리고, 그제서야 가까운 친인척이 돈을 투자하지 않거나 여유가 없어 투자하지 못하면 사업 실패의 원인을 그들에게 돌린다. 어머니가 또는 아버지가 또는 당신이 조금만 더 투자했으면 내가 망하지 않았을텐데 더 투자해주지 않아서 망하게 되었다고 자신의 능력 부족을 탓하기보다는 주변 사람을 탓하는 것이다.

이들은 또한 마마보이나 마마걸의 기질이 있다. 밖에 나가서는 인간성도 좋고 따뜻한 마음의 소유자로 인정받지만, 집안에 들어와서는 외동아들 특유의 기질을 발휘하여 고집을 부리고 가족들에게 기대려는 경향이 있다.

### 6) 편인 과다시 인간관계

남성과 여성 모두에게 편인은 어머니, 예술·기술·의술·체육 등과 같은 공부, 부동산, 도장을 상징한다.

편인이 과다한 사람은 행동과 사고가 매우 독창적이다. 내적인 신념이 강하여 자신의 미래에 대해 산이라도 움직일 만큼 강한 희망을 가지고 있다. 어떤 상황이나 문제에 대해 고집이 세다. 자신이 가지고 있는 영감이나 아이디어를 실현시키려는 의지와 결단력, 인내심이 강하다.

### 7) 편인과 직업

편인이 발달한 사람은 기(氣), 즉 끼를 가져야 하는 직업이 어울린다. 예를 들어 예술, 기술, 체육, 의술 관련 직업에 종사하면 자신의 능력을 최대한 발휘할 수 있다.

이들은 재능이 있고 재주가 탁월하여 어느 분야에서든 재능을 발휘한다. 자신과 타인의 능력을 중요하게 생각하며, 목표 달성을 위해 모든 시간과 노력을 다해 일한다. 하나의 완성품이 탄생되면 곧바로 또 다른 일이나 목표를 위해 매진하지만, 어떤 일이 자신의 본업인지 의심할 때가 많다. 머리가 총명하고 두뇌 회전이 빨라서 순간적인 재치가 있고 임기응변에 능하다. 단, 약간 급한 성격과 끈기가 부족한 면은 보완해야 하며, 앞서 설명한 것처럼 신약 사주에서는 장점이 줄어든다.

편인이 과다한 사람(정인이 많은 사람과 동일하다)은 성격이 매우 급하고, 끈기 있게 밀고 나가기보다는 대충 대충 쉽게 처리하려고 한다. 자신의 재주만 믿고 이것 저것 손대는 것이 많지만 금방 싫증내고, 어떤 일이든 끝을 맺지 못하고 용두사미가 되는 경우가 많다. 이렇게 자신의 능력 부족으로 일을 제대로 끝맺지 못해 실패하거나 어려움이 닥치면 가까운 가족이나 주위 사람들에게 책임을 떠넘기고 정작 자신은 회피하기 때문에 주변 사람을 곤경에 빠지게 하는 경우가 많다.

### ❶ 편인 발달 사주

독창적인 혁신가이고, 창의력이 풍부한 이들에게는 항상 새로운 가능성을 찾고 새로운 시도를 하는 직업이 어울린다. 복잡한 문제를 해결하는 능력이 요구되고 지칠 줄 모르는 에너지를 발산시키는 직업도 좋다.

- **1순위 직업** : 예술가(성악가·화가·무용가·사진작가), 연예인(탤런트·영화배우·개그맨·가수·연극배우), 체육인, 기술자, 의료인(의사·한의사), 건축가, 토목사업, 건설사업, 발명가, 컴퓨터분석가, 애널리스트, 펀드매니저, 컴퓨터그래픽, 과학자, 통역관.
- **2순위 직업** : 간호사, 부동산업.

### ❷ 편인 과다 사주

군인, 경찰, 교도관 등과 같이 자신의 권위를 세우면서 돈을 많이 만지지 않는 직업이 어울린다.

    편인 과다 사주는 사업은 가능한 하지 말아야 하고, 하더라도 자신의 능력에 맞게 해야 한다. 그리고 돈 관리에 힘써야 한다.

### 10 정인

**정인의 의미**

정인은 안정적이고 보수적인 특징을 가지고 있으므로 정인 발달 사주는 안정적인 직업이 어울린다.

#### 1) 정인의 의미

**❶ 사회적인 의미**

정인은 사회적으로 공부, 부동산, 문서, 도장을 상징한다.

**❷ 남성의 육친**

어머니.

**❸ 여자의 육친**

어머니.

#### 2) 정인의 발달

사주에 정인이 개수로는 3개(월지를 포함하는 경우에는 2개)이고 점수로는 30~40점 이면 정인 발달로 본다.

#### 3) 정인 발달시 성격 유형

정인이 발달한 사람은 마음이 따뜻하고, 덕망이 있으며, 자비롭고, 생각의 폭이 넓다. 품위가 있고, 인격이 고상한 선비의 인품을 가지고 있다. 모성본능이 강하고 여린 편이며, 칭찬에 민감하다. 그러므로 누군가가 자신을 인정해주고 칭찬해주면 2배의 능력을 발휘한다.

    또한 머리가 총명하고 감각이 빠르다. 소심하고 내성적이며, 타인에 대한 배려가 깊고 동정심이 많다. 자신과 가까운 사람들이 즐거워하고 기뻐하는 일들을 만들려고 노력한다. 즉흥적이며 계획성이 부족하고 배짱이 부족한 것 같지만, 배움에 대한 끊임없는 열정은 타의 추종을 불허한다. 더불어 상상력이 탁월하다.

다만, 어려운 상황에 처하면 어쩔 줄 몰라서 잘 대처하지 못하고, 극한 상황이 닥치면 스트레스를 많이 받으며, 주위 사람들의 비판적인 말에 쉽게 상처받는다. 다른 사람에 비해 인맥이 다양하지 않고, 사람들과 어울리기보다는 혼자 고독을 즐기거나 구성원이 적은 모임을 선호하는 경향이 있다.

이들은 타인의 마음을 쉽게 간파하는 능력이 탁월하여 상담가의 기질이 있다. 순간적인 판단력은 늦지만, 한번 시작하면 일을 꾸준히 밀고 나가 결말을 잘 이끌어낸다. 항상 예의바르게 행동하고 품위를 유지하려고 한다.

### 4) 정인의 과다

사주에 정인이 개수로는 4개 이상이며 점수로는 50점 이상일 때 정인 과다로 본다. 정인이 과다한 경우, 편인이 과다한 경우, 정인과 편인이 섞여서 과다한 경우 모두 인성 과다로 본다. 이때 비겁이 약하면 인다신약 사주이다.

### 5) 정인 과다시 성격 유형

인다신약 사주는 이미 편인에서 그 특징을 설명하였다. 여기에서는 더욱 상세한 설명을 위해 필자가 사주명리학을 강의하면서 간명한 인다신약 사주의 예를 들어본다.

필자는 현재 여러 대학에서 사주명리학 초급, 중급, 고급 연구를 비롯해 하락이수, 성명학, 육효학, 주역, 풍수학, 인상학을 강의하고 있다. 모 대학에서 연구 즉 사주풀이를 가르칠 때의 일이다. 이 강의 시간에는 수업을 듣는 수강생들이 가져온 사주를 서로 연구하고 분석해본다. 수강생들이 가져온 사주 중에서 무작위로 선택하여 사주를 풀어 나가는 것인데, 공무원인 한 수강생이 자신의 남편 사주를 불러주었다. 그런데 그 사주가 바로 인다신약 사주였다. 이미 설명한 것처럼 인다신약이란 편인과 정인이 많고 비견과 겁재가 약한 사주를 말한다.

인다신약의 특징은 7대독자 또는 부모의 사랑을 독차지하는 외동아들을 생각하면 이해가 빠르다. 현대에 와서 인다신약인 아이들이 많이 태어난다. 자녀를 하나밖에 낳지 않거나 늦게 결혼하고 늦게 출산하다 보니 아이에 대한 집착이 크기 때문이다. 그런 이유로 요새 아이들이 점점 더 전혀 위아래를 구분하려 들지 않고 자기 위주로 커간다. 밖에 가서는 인정이 넘쳐나는 듯하면서 집에서는 고집을 부리고, 의존적이며, 마마보이 또는 마마걸 스타일이다.

　　이들은 직장생활을 하는 것이 쉽지 않고, 자기 사업을 하거나 직장생활을 하면서도 주식에 투자하거나 사업에 투자하는 등 일확천금을 꿈꾸는 경향이 있다. 이들에게 가장 잘 어울리는 직업은 군인이나 경찰 계통이다. 타인에게 권위와 힘을 과시하면서 직업적인 안정과 자유로움을 누릴 수 있기 때문이다.

"남편 사주가 인다신약이니 사업에 대한 욕망, 일확천금에 대한 욕망이 있겠군요. 자유로운 직장을 다니면 조금 덜하겠지만, 직장을 다니면서도 욕심이 있어서 누군가와 동업한다고 투자하거나, 다른 사업을 벌이거나, 무리하게 주식에 투자합니다. 그런데 자신의 능력만큼 투자하는 것이 아니라 집안의 가까운 사람들에게 투자 명목으로 돈을 받습니다. 어머니, 아버지, 장모, 장인, 배우자, 처갓집 식구, 형제들에게 손을 벌리기 시작하여 가져다 쓴 돈이 꽤 됩니다. 투자를 조금만 더 하면 반드시 큰돈을 벌 것처럼 이야기하고, 그 말에 마음 약하여 투자하다 보니 어느새 꽤 많은 돈이 남편 분에게 빠져 나가게 되었겠지요. 조금씩 조금씩 이 사람 저 사람에게 가져다 쓴 돈이 꽤 되는데, 그 돈을 빌려주거나 보증을 선 친척들은 빚에 허덕이거나 금전적인 어려움을 겪고 있지요."

　　처음에는 감정을 드러내지 않다가, 필자의 간명이 계속 이어지니 그 수강생은 결국 동료 수강생들이 꽤 많은 강의실에서 왈칵 울음을 터뜨렸다. 필자 역시 너무 강하게 이야기했나 싶어 잠시 동안 칠판에 적힌 사주를 풀지 못하고 멍하니 망설이고 있었다. 하지만 어차피 남편의 상황을 본인이 알고 상담을 요청했을 것이고, 그렇기 때문에 상담으로 인한 어려움도 이겨낼 수 있으리라 생각하고 계속 이어 나갔다.

"친인척이나 배우자의 투자금액이 눈덩이처럼 불어나는데 정작 투자한 돈은 어디로 갔는지 사업은 부도 일보직전이거나 이미 부도난 상태이니, 더 이상 투자하지 않게 되었을 것입니다. 본인도 직장에 다니시니 남편 분을 위해 많은 돈을 투자금으로 건네주었을 것입니다. 퇴직금을 중간 정산해서까지 남편에게 건네주었고, 그것도 모자라 친정집 돈까지 끌어다 주었겠지요."

그녀는 계속 눈물을 흘리면서 고개만 끄덕였다.

"조금만 더 투자해주면 반드시 형편이 좋아져 떼돈을 벌 것이라고 장담하며 또 다시 투자해줄 것을 강조하겠지요."

그제서야 조금은 진정이 되었는지 "네" 하고 대답하였다.

"더 이상 가망이 없어 보이자 상담자 본인이나 친인척이 투자를 중단했고, 결국 사업이 부도나자 모든 책임을 아내와 가족들에게 돌렸죠. 당신들이 조금만 더 투자해주었으면 큰돈을 벌 수 있었을텐데 중간에 투자를 중단해서 망한 거라고, 자신의 과도한 욕심이나 무리한 투자를 반성하기는커녕 인다신약 사주의 특징인 타인의존형 스타일대로 모든 책임을 다른 사람에게 전가시키는 것입니다."

상담자는 수업이 끝날 때까지 계속 눈물을 흘렸고 그 모습을 보는 필자 역시 마음이 착잡하였다. 자신의 사주를 알고, 자신의 욕심을 버리고 자신의 능력만큼 일했다면 자신의 돈뿐만 아니라 주위 사람들의 소중한 돈까지 잃어버리는 사태는 벌어지지 않고 가정도 평화로우리란 생각에 가슴이 답답하였다.

또 다른 인다신약 사주는 1958년생으로 잘 나가는 군인 생활을 그만두고 사업을 시작한 사람이다. 이 사람 또한 사업 초기에 여기 저기 가족들에게서 돈을 빌리고, 마지막에는 어머니, 여동생들의 주민등록증을 빌려서 카드를 만든 다음 카드 대출까지 모두 사용하고 본인은 물론 어머니, 여동생들까지 신용불량자로 만들었다. 그런데 이 사람은 아직도 자신이 잘못해서 사업이 실패한 것이 아니라 부모님이 조금 더 투자해주지 않아 사업이 부도났다고 생각하고 있다.

이러한 예들에서 볼 수 있듯, 인다신약은 인성이 강한 신왕 사주가 아니라 신약한 사주임을 명심해야 한다.

### 6) 정인 과다시 인간관계

정인은 남성 사주와 여성 사주 모두 어머니를 상징하고, 공부 중에서 정규 과목, 그리고 부동산과 도장을 상징한다.

정인이 과다한 사람은 행동과 사고가 매우 안정적이다. 내적인 신념이 강하지만, 변화와 모험을 싫어한다. 책임감이 강하고 온정적이며 헌신적이다. 인내심이 강해서 세부적이고 반복적인 일을 끝까지 해낸다.

정인의 침착성이나 인내력을 가정이나 사회에서 발휘하여 사람들에게 안정감과 편안함을 준다. 무슨 일을 하든지 다른 사람의 사정을 고려하여 결정하며, 자신의 감정과 타인의 감정 변화에 매우 민감하다.

### 7) 정인과 직업

정인이 발달한 사람은 머리가 좋고 총명하며 지혜롭다. 언제나 생각이 깊고 사고의 폭이 넓으며, 학자적인 성품과 선비적인 기질을 가지고 있다. 선량하며 모성본능이 있다. 인격이 중후하고 품위가 있으며, 말과 행동이 일치하며 의리가 있다. 다양한 사람들을 상대하기보다는 일정한 사람들과 끈끈한 인간관계를 맺는다. 평생 공부를 계속하고 배우는 직업이 좋다. 다만, 신약 사주일 때는 장점이 약간 줄어든다.

정인이 과다한 사주는(편인 과다 사주와 동일하다) 다른 신약 사주들과 마찬가지로 밖에 나가서는 멋지게 보이도록 행동하지만, 집에 들어와서는 반대의 모습을 보여준다. 가족이나 친척의 돈을 자신의 것인 양 빌려 쓰거나 보증을 서달라고 부탁하는 경우가 많은데, 결국 지나친 욕심을 부리다가 인생에 부침을 겪을 수 있다. 군인, 경찰처럼 자신의 권위를 유지하면서 삶을 이끌어가는 직업이 좋다.

**❶ 정인 발달 사주**

직관력과 사람 중심의 가치를 중시하는 직업, 다양하지는 않지만 사람들을 좋아하며, 인화를 중요하게 생각하는 직업이 잘 어울린다.

- **1순위 직업** : 교수, 판사, 검사, 교사, 의사, 연구원, 성직자, 시인, 작가, 광고, 저널리스트, 상담, 예술, 문학, 외교, 판매.
- **2순위 직업** : 예술가, 연예인, 체육인, 발명가, 연구원, 부동산업자, 건축사, 토목, 건설사업.

**❷ 정인 과다 사주**

군인, 경찰, 교도관, 교사, 교수, 연구원이 잘 어울린다.

  단, 정인 과다 사주는 자유로운 직장에서 일하는 것이 좋다. 군인, 경찰, 교도관 역시 적합하지만 사업은 되도록 하지 말아야 하고, 하더라도 자신의 능력에 맞추어 규모를 줄여야 한다. 특히 돈 관리에 힘써야 한다.

## 육친으로 본 리더십

### 1. 비견의 리더십

**장점**
- 자존감이 있다
- 인정이 있다
- 섬세하다
- 분위기를 이끈다
- 자기 만족이 있다
- 집념이 강하다
- 독립적이다
- 판단력이 있다
- 개척적이다
- 의지적이다

**단점**
- 경솔하다
- 독선적이다
- 과시적이다
- 자기본위적이다
- 쓸데없는 잔걱정이 많다
- 고독하다
- 자존심이 강하다
- 의지력이 부족하다
- 현실감각이 떨어진다
- 감정적이다

### 2. 겁재의 리더십
비견과 비슷한 장단점을 가지고 있다.

### 3. 식신의 리더십

**장점**
- 안정적이다
- 보수적이다
- 겸손하다
- 현실적이다
- 중후하다
- 묵묵히 일한다
- 실리적이다
- 원칙적이다
- 양보한다
- 침묵한다

**단점**
- 적극성이 부족하다
- 진보성이 부족하다
- 배짱이 부족하다
- 미래에 대한 안목이 부족하다
- 대인관계가 부족하다
- 자신감이 부족하다
- 사람보다 일을 중시한다
- 융통성이 부족하다
- 결단력이 부족하다
- 자기 의견이 부족하다

## 4. 상관의 리더십

**장점**
- 참모 기질이 있다
- 조직적이다
- 기획력이 있다
- 원칙적이다
- 표현력이 있다
- 추리력이 있다
- 총명하다
- 희생정신과 봉사정신이 있다
- 의리가 있다
- 승부사의 기질이 있다

**단점**
- 사람을 구분한다
- 실속이 없다
- 적극성이 부족하다
- 융통성이 부족하다
- 지나치게 과시한다
- 배짱이 부족하다
- 잔재주를 부린다
- 실속이 부족하다
- 추진력이 부족하다
- 순간 판단능력이 부족하다

## 5. 편재의 리더십

**장점**
- 대인관계가 원만하다
- 활동적이다
- 적극적이다
- 부드럽다
- 밝다
- 명랑하다
- 사교적이다
- 외교적이다
- 다정다감하다
- 다양한 지식이 있다

**단점**
- 낭비한다
- 풍류를 좋아한다
- 일확천금을 꿈꾼다
- 말이 많다
- 요령을 부린다
- 체면을 생각하지 않는다
- 너무 많은 사람들을 사귄다
- 쓸데없이 정을 베푼다
- 집중력이 부족하다
- 안정감이 부족하다

## 6. 정재의 리더십

**장점**
- 근검절약한다
- 건실하다
- 성실하다
- 안정감이 있다
- 섬세하다
- 합리적이다
- 규칙적이다
- 보수적이다
- 자상하다
- 믿음직스럽다

**단점**
- 적극성이 부족하다
- 융통성이 부족하다
- 자기 가족 위주이다
- 대인관계가 부족하다
- 추진력이 부족하다
- 인색하다
- 결단력이 부족하다
- 감정이 예민하다
- 마음에 담아둔다
- 감정이 얼굴에 바로 드러난다

## 7. 편관의 리더십

 **장점**
- 배짱이 있다
- 적극적이다
- 행동으로 보여준다
- 통솔력이 있다
- 대장의 기질이 있다
- 사교적이다
- 솔직하다
- 결단성이 있다
- 판단력이 뛰어나다
- 희생적이다

**단점**
- 투쟁적이다
- 즉흥적이다
- 명예욕이 강하다
- 반항적이다
- 공명심이 강하다
- 자만심이 강하다
- 자존심이 강하다
- 독선적이다
- 고집이 세다
- 성급하다

## 8. 정관의 리더십

 **장점**
- 순박하다
- 모성본능이 있다
- 정직하다
- 따뜻하다
- 희생적이다
- 온정적이다
- 안정적이다
- 의지가 강하다
- 개척정신이 강하다
- 섬세하다

 **단점**
- 순종적이다
- 우유부단하다
- 집념이 부족하다
- 박력이 부족하다
- 애착이 부족하다
- 배짱이 부족하다
- 마음에 담아둔다
- 이타심이 너무 강하다
- 결단력이 부족하다
- 감정표현이 서툴다

## 9. 편인의 리더십

 **장점**
- 행동이 자연스럽다
- 자율적이다
- 생각이 독특하다
- 즉흥적이다
- 솔직하다
- 파격적이다
- 이상적이다
- 다양성이 있다
- 다재다능하다
- 창조적이다

 **단점**
- 경솔하다
- 통솔력이 부족하다
- 무질서하다
- 원만하지 못하다
- 날카롭다
- 몰상식하다
- 현실감각이 떨어진다
- 체계적인 면이 부족하다
- 일관성이 부족하다
- 자아도취적이다

## 10. 정인의 리더십

 **장점**
- 선비의 품격이 있다
- 안정적이다
- 모성본능이 있다
- 따뜻하다
- 온정적이다
- 사람 중심이다
- 감수성이 있다
- 감각적이다
- 교육자의 기질이 있다
- 지식이 많다

**단점**
- 보수적이다
- 모험심이 부족하다
- 사람에 대한 집착이 강하다
- 다양성이 부족하다
- 끈기가 부족하다
- 추진력이 부족하다
- 생각이 너무 많다
- 현실감각이 떨어진다
- 자신의 생각에 집착한다
- 행동이 뒤따르지 못한다

**생활 속 역학**

## "태어난 시간을 알아내는 법_"

요즘에는 대부분 병원에서 출산하기 때문에 아기가 태어난 시간을 분 단위, 심지어 초 단위까지 정확하게 알 수 있다. 그러나 예전에는 시계가 귀하여 태어난 시간을 아는 것이 쉽지 않았다. 또한 시계가 있다고 해도 바쁘게 살다 보니 아기가 태어난 시간을 정확하게 기억하는 사람이 많지 않았다. 이러한 이유로 사주의 정확도가 높지 않았다.

따라서 출생시간이 정확하지 않은 사람들의 사주를 해석하기 위해 자연스럽게 태어난 시간을 찾는 방법이 많이 등장하게 되었다. 그러나 이러한 방법들은 웃음이 나올 정도로 타당성이 없다는 것이 문제이다. 그럼에도 불구하고 많은 철학관이나 점집, 절에서 그러한 방법들이 유행하였는데, 시간을 잘 모르는 사람들 입장에서는 그러한 방법이나마 의지할 수밖에 없기 때문이다.

여기에 소개하는 방법들은 어디까지나 재미로 보는 방법이므로, 이렇게 알아낼 수도 있구나 하는 정도로 생각하면 좋을 것이다. 정확한 시간은 알지 못하더라도 아침에 태어났는지 점심에 태어났는지 밤에 태어났는지는 알 수 있을 것이다. 따라서 아침에 태어났다고 하면 아침에 해당하는 인(寅)시, 묘(卯)시, 진(辰)시의 사주를 따로따로 보아서 그 사람의 삶을 뒤돌아보아 인시일 때 삶과 묘시일 때 삶과 진시일 때의 각각 다른 삶 중에서 그 사람의 삶과 일치하는 시간을 태어난 시간으로 보면 된다. 다만 사주를 정확하게 풀 수 있는 실력이 필요하기 때문에 함부로 볼 수 없는 어려움이 있다.

재미로 보는 방법에는 아버지가 먼저 돌아가셨는가 어머니가 먼저 돌아가셨는가에 따라 보는 법, 머리의 가마 형태에 따라 보는 법, 울음소리로 보는 법, 얼굴의 형태로 보는 법, 잠자리 버릇으로 보는 법, 출생시의 상황을 보는 법 등 다양한 방법이 있다.

### ❶ 부선망 모선망으로 보는 법
부모님 중에서 아버지가 먼저 돌아가셨다면 양시(陽時)에 태어난 것이다. 반대로 어머니가 먼저 돌아가셨다면 음시(陰時)에 태어난 것이다.

① 부선망(父先亡) : 자(子), 인(寅), 진(辰), 오(午), 신(申), 술(戌)시 출생.
② 모선망(母先亡) : 축(丑), 묘(卯), 사(巳), 미(未), 유(酉), 해(亥)시 출생.

### ❷ 가마의 위치로 보는 법
① 오른쪽에 있는 가마 : 양시 즉 자(子), 인(寅), 진(辰), 오(午), 신(申), 술(戌)시 출생.
② 왼쪽에 있는 가마 : 음시 즉 축(丑), 묘(卯), 사(巳), 미(未), 유(酉), 해(亥)시 출생.

### ❸ 가마의 개수로 보는 법
① 가마가 없는 경우 : 진(辰), 술(戌), 축(丑), 미(未)시 출생.
② 가마가 1개인 경우 : 자(子), 오(午), 묘(卯), 유(酉)시 출생.
③ 가마가 2개인 경우 : 인(寅), 신(申), 사(巳), 해(亥)시 출생.

### ❹ 울음소리로 보는 법
① 가늘고 급하며 높은 울음소리 : 자(子), 오(午), 묘(卯), 유(酉)시 출생.
② 느린 울음소리 : 진(辰), 술(戌), 축(丑), 미(未)시 출생.
③ 굵고 높은 울음소리 : 인(寅), 신(申), 사(巳), 해(亥)시 출생.

### ❺ 얼굴의 형태로 보는 법
① 자(子)시 : 얼굴이 길다.
② 축(丑)시 : 둥근 턱에 얼굴이 두툼하다.
③ 인(寅)시 : 입, 귀가 크고 얼굴이 넓고 길다.
④ 묘(卯)시 : 얼굴이 길고 좁고 턱이 뾰족하다.
⑤ 진(辰)시 : 얼굴이 둥글고 크며 빛이 난다.
⑥ 사(巳)시 : 얼굴이 길다.
⑦ 오(午)시 : 얼굴이 길다.
⑧ 미(未)시 : 얼굴이 넓고 두툼하다.
⑨ 신(申)시 : 얼굴에 위엄이 있다.
⑩ 유(酉)시 : 얼굴이 길고 턱이 뾰족하다.
⑪ 술(戌時) : 얼굴이 넓고 두툼하다.
⑫ 해(亥時) : 얼굴이 길다.

### ❻ 잠버릇으로 보는 법
① 반듯하게 누워 자는 경우 : 자(子), 오(午), 묘(卯), 유(酉)시 출생.
② 옆으로 누워 자거나 엎드려 자는 경우 : 진(辰), 술(戌), 축(丑), 미(未)시 출생.
③ 돌아다니며 자는 경우 : 인(寅), 신(申), 사(巳), 해(亥)시 출생.

이미 언급한 것처럼 위의 방법들은 타당성이 있어 보이지 않는다. 부선망 모선망을 예를 들어보겠다. 필자의 경우 아버님이 먼저 돌아가셨다. 그렇다면 형제들 모두 양시인 자(子), 인(寅), 진(辰), 오(午), 신(申), 술(戌)시 중에 태어났어야 하는데 필자만 해도 해시 출생이고, 다른 형제들 역시 양시와 음시가 섞여 있다. 많은 사람들을 상대로 적용해 보아도 타당성이 없는 학설로 보인다. 어디까지나 이런 방법도 있다는 정도로 알아두기 바란다.

# EXERCISE

**KEY POINT**

식신은 일간이 생하고 음양이 같은 것이다.

편재는 남성에게 여자를 나타내며 부인에 해당한다.

여성 사주에서 자신이 생하는 식신이 바로 자식에 해당한다.

여성 사주에서 자신을 극하는 편관은 남편을 상징한다.

비견이 많으면 재성을 극하므로 재물이 새어 나갈 수 있다.

정인은 일반적인 공부와 관련된 직업, 비견은 사람을 상대로 하는 직업, 식신과 상관은 말을 사용하는 직업을 상징하므로 교육자(교사·교수·강사)에 적합하다.

## 실전문제

**1** 다음 중 육친에 대한 설명으로 올바르지 않은 것은?

① 비견은 일간과 같고 음양도 같은 것이다.
② 식신은 일간이 생하고 음양이 다른 것이다.
③ 편재는 일간이 극하고 음양이 같은 것이다.
④ 정관은 일간을 극하고 음양이 다른 것이다.
⑤ 정인은 일간을 생하고 음양이 다른 것이다.

**2** 다음 중 육친에 대한 설명으로 올바르지 않은 것은?

① 겁재는 친구, 선후배, 형제에 해당한다.
② 비견은 여성에게 시부모나 시형제에 해당한다.
③ 편재는 남녀 모두 아버지에 해당한다.
④ 편재는 남성에게 애인이나 첩에 해당한다.
⑤ 정관은 여성에게는 남편에 해당하고, 남성에게는 자식에 해당한다.

**3** 다음 중 여성에게 자식을 의미하는 육친은?

① 비견   ② 식신   ③ 정재   ④ 정관   ⑤ 정인

**4** 다음 중 여성에게 남편을 의미하는 육친은?

① 겁재   ② 상관   ③ 편재   ④ 편관   ⑤ 편인

**5** 다음 중 많으면 재물에 큰 어려움이 생길 수 있는 육친은?

① 비견   ② 식신   ③ 상관   ④ 정재   ⑤ 편관

**6** 다음 중 교육자에게 알맞은 육친이 아닌 것은?

① 정인   ② 상관   ③ 비견   ④ 식신   ⑤ 편재

**7** 다음 육친 중 안정된 직업을 선택하면 좋은 경우는?

① 비견이 없다.
② 편재가 많다.
③ 정재가 발달되어 있다.
④ 편관이 발달되어 있다.
⑤ 편인이 많다.

**8** 다음 중 편재에 대한 설명으로 올바르지 않은 것은?

① 남성에게는 아버지에 해당한다.
② 여성에게는 아버지에 해당한다.
③ 남성에게는 첩에 해당한다.
④ 남성에게는 여자를 나타낸다.
⑤ 남성과 여성 모두 재물에 해당한다.

**9** 다음 중 비견에 대한 설명으로 올바르지 않은 것은?

① 비견은 친구, 선후배, 형제, 동업자를 의미한다.
② 비견이 사주에 많은 경우에는 친구, 선후배, 형제, 동업자가 나에게 해를 끼치는 경쟁자나 라이벌이 되는 경우가 많다.
③ 비견은 일간과 오행도 같고 음양도 같은 것이다.
④ 비견은 남성에게는 여자, 여성에게는 남자에 해당한다.
⑤ 비견이 사주 내에 많을 때는 연예인, 예술가, 방송인 등 사람을 상대로 하는 직업이 좋다.

**10** 다음 중 식신에 대한 설명으로 올바르지 않은 것은?

① 식신은 재물을 얻는 육체 활동, 경제 활동을 말한다.
② 식신은 일간이 생하고 음양이 같은 것이다.
③ 식신은 말하는 직업이나 음식과 관련된 먹는 직업과 관련이 있다.
④ 식신은 여성에게는 자식을 의미한다. 남녀 모두 의식주를 상징한다.
⑤ 식신은 수성(壽星)이라고도 부른다.

---

**KEY POINT**

정재는 안정적이고 보수적인 특징을 가지고 있으므로 정재 발달 사주는 안정적인 직업이 어울린다.

남성 사주에서 편재가 첩만 의미하지는 않는다. 여자에 해당하고 부인에 해당한다.

비견은 남성에게는 남성, 여성에게는 여성에 해당한다.

편재와 정재는 재물을 얻는 육체 활동, 경제 활동을 상징한다.

# KEY POINT

여성 사주에서는 상관이 자식을 의미한다. 남성 사주에서는 관성이 자식에 해당한다.

**11** 다음 중 상관에 대한 설명으로 올바르지 않은 것은?

① 상관은 일간이 생하고 음양이 다른 것이다.
② 상관은 화술이 뛰어나고 상상력이 뛰어나며 다재다능한 특징을 가지고 있다.
③ 상관은 명예를 상징하고 남녀 모두에게 자식을 의미한다.
④ 상관은 남성에게는 여성에게 애정을 주고 애정을 표현한다는 의미가 있다.
⑤ 상관은 재물을 생산하는 기초가 되고 재성을 생한다.

안정적이고 수동적인 직업에 어울리는 육친은 정재이다.

**12** 다음 중 편재에 대한 설명으로 올바르지 않은 것은?

① 편재는 비정기적인 소득으로 볼 수 있다.
② 편재는 안정적이고 수동적인 직업에 어울린다.
③ 편재는 남녀 모두에게 아버지를 의미하고, 남성 사주에서는 여성 또는 부인 등으로 본다.
④ 편재는 대인관계가 원만하고 사교성이 있다.
⑤ 편재는 일간이 극하고 음양이 같은 것을 말한다.

여성에게 남자를 의미하는 육친은 편관과 정관이다.

**13** 다음 중 정재의 설명으로 올바르지 않은 것은?

① 정재는 일간이 극하고 음양이 다른 것을 말한다.
② 정재는 믿음직스럽고 책임감이 강하며 꾸준하다.
③ 정재는 투기성이 있는 사업은 불리하고 고정적인 월급을 받는 것이 좋다.
④ 정재는 여성에게는 남자에 해당하고, 안정적이고 보수적인 남편을 의미한다.
⑤ 정재는 안정적이고 보수적이어서 공무원, 교사, 회사원 등의 직업이 어울린다.

**14** 다음 중 편관에 대한 설명으로 올바르지 않은 것은?

① 편관은 일간을 극하고 음양이 같은 것을 말한다.
② 편관은 육친 순서에서 일곱 번째이고 나를 극하기 때문에 칠살(七殺)이라고도 한다.
③ 편관은 다정다감하고 자상하며 따뜻한 마음의 소유자이다.
④ 편관은 남성에게는 자식에 해당하고, 여성에게는 남편, 남자친구, 애인에 해당한다.
⑤ 편관은 명예, 관직 등에 해당한다.

**15** 다음 중 정관에 대한 설명으로 올바르지 않은 것은?

① 정관은 일간을 극하고 음양이 다른 것이다.
② 정관은 남성에게는 자식에 해당하고, 여성에게는 남편, 남자친구, 애인에 해당한다.
③ 정관은 명예와 관직을 의미한다.
④ 정관은 안정적이고 학자적, 선비적 기질이 있으며 명예를 소중히 한다.
⑤ 정관은 군인이나 경찰처럼 형사권, 형벌권을 행사하는 직업이 좋다.

**16** 다음 중 편인에 대한 설명으로 옳은 것은?

① 편인은 일간을 생하며 음양이 같은 것이다.
② 편인은 효신살(梟神殺) 또는 도식(倒食)이라고 부르는데 이것은 큰 의미가 있다.
③ 편인은 계모나 서모 또는 어머니의 형제인 이모나 외삼촌에 해당한다.
④ 편인은 식신을 극하고 재물을 빼앗는 겁재를 돕기 때문에 도식(倒食)이라고 하고 흉신 중의 하나이다.
⑤ 편인은 의리가 있고 인정이 넘치고 어머니복이 있다.

---

**KEY POINT**

편관은 적극적이고, 배짱이 있으며, 나서기를 좋아하는 것이 특징이다.

정관은 안정적이고 부드러운 성품이며, 공무원이나 교사 등이 어울린다.

편인을 효신살이나 도식이라고도 부르지만 의미가 없다. 계모, 서모를 상징한다고 하지만 그냥 어머니로만 보면 된다. 정인은 길신이고 편인은 흉신이라고 단정하는 것 또한 의미가 없다.

## KEY POINT 🔑

추진력이 약한 것이 정인의 특징이다.

**17** 다음 중 정인에 대한 설명으로 올바르지 않은 것은?
① 정인은 일간을 생하며 오행이 다른 것을 말한다.
② 정인은 나를 낳아준다고 하여 어머니에 해당한다.
③ 정인은 문서, 도장, 학문, 지식, 부동산 등에 해당한다.
④ 정인은 감각이 잘 발달하였고 머리도 좋고 추진력도 강하다.
⑤ 정인은 학자적 성품이 있고 탐구심이 매우 강하며 안정적이고 보수적인 특징이 있다.

칠살은 편관에 해당한다.

**18** 다음 중 다른 의미의 용어는?
① 편인   ② 도식   ③ 효신살   ④ 칠살

아주 가까운 배우자나 가족에게는 고집을 피우고, 친구나 선후배, 동업자 등에게는 따뜻한 마음을 보여준다.

**19** 다음 중 비견 또는 겁재가 많거나 이 둘이 혼잡되어 많을 때의 특징이 아닌 것은?
① 가까운 가족이나 친척들 가까운 사람에게는 인정을 베풀고 조언을 듣고자 하는 열의가 있다.
② 독립적이고 자유로운 것을 선호하며 인정해주는 것을 선호한다.
③ 연예인, 예술가, 방송인 등 인기 있는 직업에 적성이 있다.
④ 남성은 남성들에게, 여성은 여성들에게 인기가 많거나 그들을 상대로 하는 직업에 적성이 있다.
⑤ 추진력이나 개척정신이 있지만 사업은 삼가는 것이 좋다.

식상이 많은 사람은 리더보다는 참모의 기질이 강하다. 또한 이들은 기획력, 창조력, 구조화가 발달하여 일처리가 꼼꼼하지만, 때때로 남의 이목을 무시하고 밀어붙이는 경우가 있어서 직장생활에 적응하지 못하고 직업이 안정감이 없는 경우가 있다.

**20** 다음 중 식신 또는 상관이 많거나 식신과 상관이 혼잡되어 많을 때의 특징이 아닌 것은?
① 지혜롭고 총명하고 다재다능하며 아이디어가 뛰어나다.
② 파격적인 발상을 하고, 언어능력이 너무 발달되어 자신감이 넘친다.
③ 남성과 여성 모두 자식을 늦게 낳거나, 자연유산되거나, 자궁외임신 등의 문제가 있을 수 있다.
④ 창조적이고 구조적 기획력이나 계획적인 분야에 재능이 있다.
⑤ 자신감이 넘쳐 리더로서 자질이 뛰어나다.

**▶ 여기 정답!**
1) 2   2) 4   3) 2   4) 4   5) 1
6) 5   7) 3   8) 3   9) 4   10) 1
11) 3   12) 2   13) 4   14) 3   15) 5
16) 1   17) 4   18) 4   19) 1   20) 5

# 율곡 이이와 주역

조선 중기의 학자이자 정치가인 율곡 이이는 유학자이면서도 주역에 통달하였다. 특히 임진왜란을 예언하고, 그에 대비하여 10만 양병설을 주장한 일은 매우 유명한데, 반대파의 반대로 채택되지 못했다. 이에 이이는 임진강이 굽어보이는 강가의 벼랑에 화석정을 지어, 그가 세상을 떠나고 8년 임진왜란이 일어났을 때 선조가 임진강을 건너 의주로 피난할 수 있도록 하였다.

뿐만 아니라 병조판서에 있을 때는 충무공 이순신을 보고 앞으로 나라를 구할 인물이니 조정에서 등용하도록 유성룡에게 천거하기도 하였다.

또한 이이는 앞일을 내다보고 집안 사람들에게 닥칠 불상사를 우려하여 매사에 조심하도록 하였다. 그 중에서 자신의 7대손에게 생길 일을 미리 알고 그것을 예방한 일이 전한다.

어느 날 이이는 "오늘은 인운(人運)이 불길하니 집에 있는 사람들은 모두 밖으로 나가지 말라"고 일렀다. 가족과 하인에 이르기까지 모두 대문을 걸어 잠그고 문밖 출입을 삼가고 있었는데, 이웃집 아이가 몰래 집에 들어와 안에 있는 아이들과 함께 놀다 큰일이 벌어졌다. 이 아이가 감나무에 올라가 감을 따려다 방문이 열리는 소리에 깜짝 놀라 그 자리에 떨어져 숨을 거두고 만 것이다.

이웃에 살던 아이의 부모는 순식간에 아이를 잃고 슬픔이 컸지만 양반집에서 일어난 일이라 어떻게 항의하지도 못하고 아이의 장례를 치렀다. 이 일로 오랫동안 고민하던 이이는 그의 자식에게 석함을 주며 내가 죽고 7대손에게 위험이 미치면 이 함을 열어보라고 유언을 남겼다.

세월이 흘러 이이의 7대손이 죄를 짓고 포도청에 끌려가게 되었다. 문득 7대조 할아버지의 유언이 생각난 그는 유언대로 석함을 들고 나섰다. 원님 앞에 꿇어앉은 7대손이 석함을 개봉하려고 하니 원님은 그것이 무엇이냐고 물었고, 이이의 7대손은 자신의 7대조 할아버지인 이이가 물려준 것이라고 대답하였다. 이에 원님은 "그렇게 고명하신 분의 유물이라면 내가 한번 열어 보겠다" 하면서 자신에게 석함을 가져오도록 명하였다. 이에 7대손은 "아무리 내가 죄인으로 이곳까지 끌려와 꿇어앉아 있지만 7대조 할아버지의 유물이니 원님은 일어서서 받으시오"라고 말했다. 그 말이 일리가 있다고 생각한 원님이 일어서서 7대손이 앉아 있는 자리로 가려는 순간 원님이 앉아 있던 대들보가 무너졌다. 원님이 그 석함을 열어보니 "내가 너의 목숨을 살려주니 너도 나의 7대손을 살려주기 바란다"라는 글귀가 쓰여 있었다.

## 육친으로 보는 적성과 직업

**대덕 한마디**

사람들은 대개 자신의 성격에 어울리는 직업을 선택하기 마련이다. 적극적이고 대인관계가 좋으면서 활동적인 사람은 적극적이고 활동적인 직업을 가지는 경우가 많다. 사주팔자의 육친을 분석하여 성격 유형을 알아내면 직업까지 구분해낼 수 있다. 이것은 육친 분포에 따라 성격이 다르게 나타나고, 성격 유형에 따라 선호하는 직업이 각자 다르게 나타나기 때문이다.

육친으로 직업을 판단할 때에는 육친의 성격 분석이 선행되어야 한다. 오랜 경험과 임상실험을 거쳤기 때문에 필자의 분석은 타당성이 꽤 높은 편이지만, 사람에 따라 부모에 의하여 반복적으로 "네 직업은 이것이다", "너는 이것이 가장 잘 어울린다"라고 세뇌된 경우나 오랫동안 부모가 원하는 직업의 공부를 계속해온 사람은 직업 적성이 습관에 의해 변하게 된다. 다시 말해 자신의 성격 유형이나 적성 유형에 따라 최선의 직업 선택을 하는 것이 아니라 반복적인 교육에 따라 그 분야의 직업 적성이 자신에게 가장 잘 어울린다고 느끼는 것이다.

그만큼 반복 교육이나 세뇌 교육은 무서운 것이다. 처음에는 부모의 결정에 따라 선택한 직업에 잘 적응하려고 노력하지만, 세월이 흘러가면서 자신의 직업에 서서히 싫증을 느끼게 되고 방황하게 된다. 그러므로 어릴 적부터 아이의 직업 적성이 무엇인지, 성격 유형은 어떠한지 차근차근 천천히 분석해내되, 결코 서두르지 말고 타고난 재능을 발휘할 수 있게 도와주어야 한다.

때때로 "우리 아이는 재주가 하나도 없어. 누굴 닮아서 그런지 몰라" 하고 푸념하는 부모가 있는데 이것은 정말 잘못된 생각이다. 어떤 아이든 어떤 사람이든 장점은 분명히 존재한다. 부모가 채 발견하지 못했거나 부모가 원하는 직업 또는 적성에 몰입하기 때문에 자녀의 타고난 장점이 눈에 띄지 않는 것이다. 예를 들어, 부모 생각에 자녀가 장차 의사가 되었으면 하는데 의사의 기질이 전혀 보이지 않으면 이 아이는 아무런 장점이 없다고 생각하는 것이다.

또한 형제간의 비교로 인한 문제도 있다. 만약 형이 월등하게 공부를 잘하고(여기서 공부를 잘한다는 것은 성적이 좋다는 의미이지 특정 분야에 뛰어난 적성을 가지고 있다는 의미가 절대 아니다) 동생은 형에 비해 성적이 형편없다면, 이 아이는 아무런 개성이 없거나 재주가 없다고 몰아가는 것이다. 형에 비해서 학교 성적이 떨어질 뿐이지 적성이 전혀 없는 것이 아님을 분명히 알아두어야 한다.

모든 사람은 사주팔자에 타고난 장점이 있다. 그 장점을 빨리 찾아내는가 또는 정확하게 찾아내는가에 따라 그 사람의 운명이 달라진다. 자신이 타고난 적성을 잘 판단하고 발달시키면 크게 성공하겠지만, 타고난 적성을 발견하지 못하고 엉뚱한 직업을 선택한다면 실패가 연속될 것이다. 그러므로 적성을 정확하게 판단하고 개발하는 일은 매우 중요하다. 여기에서는 육친에 따른 적성과 직업 분류를 설명했는데, 더 나아가 오행이나 신살, 격국, 성명학을 다각도로 이용하면 그 사람의 운명에 가장 근접하는 직업 적성을 분석해낼 수 있을 것이다.

이 장에서는 육친에 따라 가장 잘 어울리는 직업을 1순위로, 다음으로 잘 어울리는 직업을 2순위로 구분해놓았다. 다만, 사람이나 가정환경에 따라 1순위가 가장 잘 어울리는 경우가 있는가 하면, 그렇지 않고 2순위가 가장 잘 어울리는 경우가 있다. 이런 경우에 오행에 따른 직업 적성과 성명학에 나타난 직업 적성 등 다양한 결과를 참고해야 정확한 직업 적성이 나타난다.

육친 분석에서는 특정 육친이 발달한 경우에는 성격 구성에 변화가 없는데, 과다한 경우에는 성격 변화가 크게 나타난다는 특징이 있다. 여기서 비견 과다 또는 겁재 과다 그리고 비견과 겁재가 섞여서 과다한 경우는 모두 성격 유형이 같다고 판단한다. 마찬가지로 식신 과다와 상관 과다 그리고 식신과 상관이 섞여서 과다한 경우에도 같은 유형의 성격으로 판단한다. 편재 과다, 정재 과다, 편재와 정재가 섞여서 과다한 경우에도 같은 유형의 성격으로 판단한다. 편관 과다, 정관 과다 그리고 편관과 정관이 섞여서 과다한 경우에도 모두 같은 유형의 성격으로 판단하고, 편인 과다나 정인 과다 그리고 편인과 정인이 섞여서 과다한 경우에도 모두 같은 유형의 성격으로 판단한다. 또 한 가지 특징은, 한 가지 육친이 발달하였으나 신약할 때에는 해당 육친 발달시의 장점이 줄어든다는 것이다. 단, 장점이 모두 사라지는 것은 아니고 다소 줄어드는 정도이다.

대운을 분석하는 방법에는 크게 2가지가 있다.
오행을 통한 대운 분석과 육친을 통한 대운 분석이 그것이다.
오행으로는 대운 속에 나타난 건강을 분석해낼 수 있으며,
육친으로는 대운 속에 나타난 여러 가지 변화와 변동을
읽어낼 수 있다. 여기서 변화와 변동은 직업, 사업, 이사, 결혼,
만남, 승진, 합격, 당선 등 사람이 살아가면서 겪게 되는
움직임이나 만남을 의미한다. 이러한 대운 분석을 통해서
5년 또는 10년마다 바뀌는 삶의 여정을 읽어내고,
자신의 삶을 적극적이고 발전적으로 이끌 수 있도록 노력해야 한다.

4

김동완의 사주명리학 강의 Vol.2
사주명리학 완전정복

# 대운 분석

육친을 통한 대운 분석 / 오행을 통한 대운 분석 /
대운 자체의 분석

# 대운 분석

chapter 4

누구나 살아가면서 인생의 변화를 겪는다.
대운을 알면 인생의 변화에 대비할 수 있고 보다 긍정적이고
희망적인 삶을 살 수 있다. 대운을 분석할 때 오행을 통해서는
대운에 나타난 건강을 알 수 있고, 육친을 통해서는 대운에 나타난
인간 삶의 모든 변화와 변동을 읽어낼 수 있다.

사주원국(원사주)을 분석하는 것도 중요하지만 대운을 분석하는 것 역시 중요하다. 대운은 사람이 살아가면서 만나게 되는 행복과 불행을 읽어낼 수 있는 도구이다. 사주원국을 자동차에, 대운을 도로에 비유하는 사주명리학자들이 많이 있는데, 그것은 대운이 한 사람의 운명이 어디로 흘러갈지를 좌우한다고 보기 때문이다.

여기서 반드시 기억해야 할 것이 있다. 자신의 삶, 즉 타고난 사주팔자의 장점을 잘 살펴 미리 대비한다면 좋은 대운으로 변화시킬 수 있고, 자기 자신을 이해하지 못하고 미래에 올바로 대처하지 못하면 나쁜 대운으로 자신의 삶을 이끌어갈 수 있다는 점이다.

대운을 분석하는 방법에는 크게 오행을 통한 대운 분석과 육친을 통한 대운 분석이 있다. 오행으로는 대운 속에 나타난 건강을 분석해낼 수 있으며, 육친으로는 대운 속에 나타난 여러 가지 변화와 변동을 읽어낼 수 있다.

여기서 변화와 변동은 직업, 사업, 이사, 결혼, 만남, 승진, 합격, 당선 등 사람이 살아가면서 겪게 되는 움직임이나 만남을 의미한다. 이러한 대운 분석을 통해서 5년 또

는 10년마다 바뀌는 삶의 여정을 읽어내고, 자신의 삶을 적극적이고 발전적으로 이끌 수 있도록 노력해야 한다.

여기에서는 세세한 대운 분석이나 대운과 연운의 비교 분석 등은 생략한다. 육친과 오행을 통한 대운 분석 방법 이외에도 용신을 통한 분석, 사주원국과의 합충 등을 통한 분석, 대운의 자체 변화를 통한 분석, 대운 자체의 오행이나 지지를 통한 분석 등 다양한 방법이 있지만, 모두 다루기에는 너무 방대한 분량이기 때문에 이 책에서는 육친과 오행을 통한 분석을 중점적으로 다룬다. 이 내용만 철저하게 이해해도 대운을 읽어내고 대운의 흐름을 읽으며 한 사람의 삶의 여정을 읽어가는 데 큰 문제가 없으리라고 확신한다. 이 부분을 많은 독자들이 꼼꼼하게 읽고 사람들에게 희망을 주는 상담가가 되기를 바란다.

# 1. 육친을 통한 대운 분석

육친을 통해서 대운을 분석할 때에는 부모의 영향력 아래 사는 시기와 그 이후에 독립하여 생활하는 시기를 나누어서 분석한다. 한참 성장할 때에는 부모의 영향력을 많이 받지만, 성장하여 부모로부터 독립하면 부모의 영향력이 줄어들고 자기 자신의 능력으로 살아가기 때문이다.

## 1 초년기 · 청년기

부모의 영향력 아래 살아가는 시기는 대개 어릴 적부터 25세 전후로 볼 수 있다. 사람에 따라 부모로부터 독립하는 시기가 20세 정도로 빨리 올 때도 있고 30세 정도로 늦춰질 수도 있지만, 일반적으로 30세를 넘어가는 경우는 많지 않다. 여기에서는 부모의 영향력 아래 생활하는 시기를 초년기와 청년기로 본다.

초년기와 청년기는 사주와 대운을 비교 분석하기보다 대운 자체의 육친에 초점을

**point**

**초년기 · 청년기**

부모의 영향력이 강한 시기이므로 이 시기에는 대운 자체의 육친에 초점을 두어 분석한다.

맞추어 분석한다. 물론 사주원국의 특징이나 격국(格局)의 크기에 따라서 대운 변화의 정도는 달라질 수 있다. 그러나 부모의 영향을 받는 이 시기에는 사주 당사자의 사주를 분석하거나 사주와 대운을 비교 분석하기보다는 단순히 대운에 나타난 육친을 파악하는 것이 사주 주인공의 초년운과 청년운을 판단하는 데 더 정확할 것이다. 더욱 자세한 대운 분석을 위해서는 사주원국을 분석해야 하지만, 여기에서는 작용력이 큰 대운 육친 자체를 분석하는 데 중점을 둔다.

## 1) 비견 대운

**행동 특징**

이때는 부모나 선생님, 친구 등 주위 사람들에게 인정받고 싶은 욕구가 증대되는 시기이다. 그래서 부모, 선생님, 친구 등 주위 사람들이 인정해주고 칭찬해주면 자신의 능력을 발휘한다.

다만, 부모가 보수적이거나 강인한 성품인 경우 또는 본인이 다른 형제들에 비해 사랑을 덜 받고 있거나 비교당한다고 생각하면, 인정받고 싶은 욕구를 친구를 통해서 해소하려는 경향이 나타난다. 친구들을 사귀기 위해 지나친 자기 과시를 하고 그 결과 씀씀이가 헤퍼지며, 공부에 집중하기보다 친구들과 어울리는 일이 잦아질 수 있다.

### 대처 방법

초년기와 청년기의 비견 대운에는 자녀에게 지속적인 관심을 갖고 칭찬을 자주 해주며, 주변의 친구나 다른 형제와 비교하지 말아야 한다. 또한 다른 사람들 앞에서 자녀의 자존심을 살려주고 북돋아주는 것이 좋다. 학교에서 선생님들에게도 인정받고 칭찬받는다면 더욱 좋을 것이다.

이 시기의 비견 대운에는 예술적 끼를 발휘하는 경우가 많다. 운동회, 체육대회, 소풍, 학예회 등 다른 학생들이나 사람들 앞에 나설 기회가 생기면 처음에는 망설이지만 최선을 다한다. 그러므로 어떤 장소에서든 누구 앞에서든 자녀의 자존심을 살려주는 것이 좋다. 예를 들어, 상을 받거나 많은 사람들 앞에서 인정받으면 스스로 본분인 공부에 최선을 다할 것이다.

다만 한 가지 주의할 점이 있다. 비견 대운에는 예민하고 자존심이 매우 강해지는 경향이 있으므로 자녀에게 거리낌없이 대하지 말고 조심스럽게 대하는 것이 좋다. 또 심리학 용어로 강화 즉 칭찬을 활용하는 것이 중요하다. 자녀를 인정해주고, 타인들로부터 시선을 받게 하라.

**point**

**비견·겁재 대운**

주위 사람들에게 인정받고 싶은 욕구가 커지는 시기이다. 인정받고 칭찬받으면 자신의 능력을 최대한 발휘한다.

## 2) 겁재 대운

### 행동 특징

부모나 선생님, 친구 등 주위 사람들에게 인정받고 싶은 욕구가 커지고, 동시에 친구나 선후배들과 어울려 놀기 좋아하는 시기이다. 자신을 내세우고 싶어하고 인정받고 싶어하는 시기이므로 칭찬받고 싶은 욕망이 강해진다. 감정이 예민해지고 감수성이 발달한다.

### 대처 방법

부모나 주위 사람들에게 칭찬받고 인정받고 싶은 욕망이 강해지는 시기이므로 지속적인 관심을 쏟아야 한다. 자존심을 살려주고 부모가 관심을 기울여주는 것이 필요하다.

또한 친구나 선후배들과 어울려 놀고 싶어하는 시기이므로 부모가 친구가 되어주면 좋다. 부모가 친구처럼 대화를 나누고 영화나 연극이나 공연 등을 같이 관람하는 것도 겁재 대운에 슬기롭게 대처하는 방법이다. 그 외의 방법은 비견 대운을 참고한다.

## 3) 식신 대운

식신 대운은 관(官), 즉 관성을 극하는 시기이므로 사주 주인공의 명예욕이나 자존심이 극도로 자제된다. 학문에 대한 열의나 배우고자 하는 적극성이 가장 커지는 시기이다. 육친 대운 중에서 자발적으로 학습에 대한 열의가 가장 크게 발휘되는 시기이다.

**대처 방법**

식신 대운에는 부모가 조금만 신경 써주면 자신의 실력을 최대한 발휘한다. 따라서 학문적인 뒷받침을 적극적으로 해주는 것이 좋다. 당연히 칭찬은 필수이다. 심리학적으로 능력을 향상시키는 방법 중에서 강화 즉 칭찬만큼 좋은 것이 없다.

이 시기에는 학습 환경만 조성해주면 자녀 스스로 알아서 학습의욕이 고취되어 열정적으로 배우고자 하므로, 부모가 해줄 수 있는 상황만큼 적극적으로 도와주면 꽤 높은 성과를 얻을 수 있다.

## 4) 상관 대운

**행동 특징**

상관은 관성을 극하므로, 초년기·청년기의 상관 대운에는 관(官) 즉 나서고 싶어하는 명예욕을 자제시킨다. 따라서 이 시기에는 학생의 본분인 학업에 충실해지는 경우가 많다. 어려서 부모의 관심이 부족하였거나 환경이 좋지 않은 특별한 경우가 아닌 이상 학습의욕이 커진다. 식신 대운보다는 자신을 내세우고 싶어하거나 언어 표현력이 발달하지만, 초년 대운 중에서는 안정적인 편이다.

**대처 방법**

상관 대운에는 부모가 크게 간섭하거나 잔소리하지 않아도 자녀 스스로 학습의욕이 커지므로 공부에 집중할 수 있는 분위기만 만들어주면 높은 성과를 얻을 수 있다. 대화를 통해 아이가 원하는 것이 무엇인지 들어주고, 적극적으로 아이가 원하는 학습 분위기를 만들어주면 좋다.

**식신·상관 대운**
식상이 관성을 극하므로 명예욕이 줄어들고, 대신 학문에 대한 열의가 극대화되는 시기이다.

## 5) 편재 대운

**행동 특징**

편재는 재물 즉 돈을 의미하므로 이 시기에는 자녀가 돈을 벌거나 돈을 쓰고 싶어한다. 40세가 넘은 가난한 부모 세대는 돈을 벌러 나가는 경우가 많았고, 반대로 현대에 와서 풍족한 삶을 사는 아이들은 돈을 쓰는 경우가 많다.

이 시기에는 적극적이고 활동적인 기질이 생겨나고 사람들과 어울리는 데 적극적이다. 특히 남성의 경우에는 편재 대운에 이성을 만나고 싶어하고, 여성들이 주변에 많이 접근한다.

**편재 · 정재 대운**

재성은 곧 재물을 의미하므로 이 시기에는 돈에 대한 관심이 커진다.

**대처 방법**

편재 대운에는 돈을 벌거나 돈을 쓰고 싶어하므로 이것을 활용하여 글쓰기대회, 미술대회, 경시대회 등에 나가 상금을 타게 하면 좋다. 부모가 너무 바쁘거나 여유가 없어서 신경 쓰기 어렵다면 시간을 정하여 아르바이트를 하게 하는 것도 좋은 방법이다. 그러나 아르바이트는 공부에 전념해야 하는 학생 신분을 감안하여 판단해야 한다. 이 시기에는 연예계에 진출하려고 하는 경우도 많으니 사주원국에 도화살 즉 예술적 끼가 있는 경우에 한해서 그 분야에 진출시키는 것도 좋다.

또한 남성에게는 여자가 들어오는 시기이니, 아들에게 여자친구가 생겼다면 집에 초대하여 가족들에게 소개하도록 하는 것이 좋다. 부모의 동의 아래 여자친구와 둘이서 집과 도서관을 함께 다니면 오히려 좋은 학습 분위기가 만들어질 수 있다.

한편 자수성가한 나이 많은 사람들 중에서 초년에 편재 대운이 있었다면 부모복이 없어서 일찍 생계를 책임진 경우가 많다.

## 6) 정재 대운

**행동 특징**

정재 또한 편재와 같이 돈에 해당하므로 이 시기에는 돈에 대한 관심이 많아진다. 그러다 보니 돈을 쓰고 싶거나 돈을 벌고 싶어진다. 편재 대운에 비해 적극성과 활동성이 떨어지는데, 요즘에는 부모복이 있어도 자녀 본인이 풍족하게 쓰고 싶어서 아르바이트를 하는 경우가 많다.

### 대처 방법

편재 대운과 유사한 상태이므로 각종 대회에 내보내서 상금을 타게 하거나, 연예인의 끼가 있으면 일찍 연예계로 진출하게 하는 것이 좋다. 사주원국에 연예인의 끼가 없는 아이는 대회에 자주 내보내 상금을 타면 좋다.

아들이라면 여자친구가 생겼을 때 집으로 초대하여 가족들과 친해질 수 있도록 하고, 집이나 도서관에서 함께 공부하며 서로 공부에 도움이 될 수 있게 하는 것도 좋다.

나이 많은 사람들 중에는 초년 정재 대운에 부모복이 없어서 일찍 생계에 뛰어든 사람들이 많다. 그에 비해 요사이 태어나는 아이들은 부모가 이혼하는 경우도 있고, 부모가 화목하더라도 자녀 본인이 유학을 가서 부모가 기러기아빠나 기러기엄마가 되는 경우가 많다.

## 7) 편관 대운

### 행동 특징

편관은 명예에 해당하므로 이 대운에는 자신을 내세우려는 기질이 나타난다. 나이는 어리지만 어른처럼 행동하고 싶어하는 경우가 종종 있다. 적극성과 배짱, 욕심이 생겨나고 인정받고자 하는 명예욕이 발동한다.

딸이라면 남자친구를 만나고 싶어하거나 남자친구들의 접근이 많아진다.

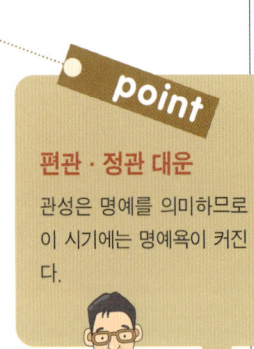

**point**

**편관·정관 대운**
관성은 명예를 의미하므로 이 시기에는 명예욕이 커진다.

### 대처 방법

편관 대운에는 자신이 리더가 되고 싶어하거나 누군가에게 인정받고자 하는 명예욕이 강해진다. 그러므로 이 시기에는 학교에서 반장 등의 임원으로 활동하는 것이 좋다. 그럴 수 없는 상황이라면 상을 타거나 발표회에 나가서 자신을 내세우는 것이 좋다.

또한 부모가 아들이나 딸에게 스스럼없이 대하기보다는 친구처럼 대해주거나, 실제로는 믿음직스럽지 못하더라도 다 커서 믿음직한 성인이 된 것처럼 대화를 나누는 것이 필요하다. "우리 아들이 다 커서 믿음직스럽다", "우리 아들이 부모를 지켜줄 정도로 다 컸다" 등 자주 대화를 나누고, 손잡고 영화관이나 공연장을 같이 가는 것도 좋고, 같이 팔씨름을 하거나 씨름을 해보는 것도 좋다. 이때는 표시가 나지 않게 져주는 것이 필요하다. 그러나 시기적으로 부모와 자녀 사이에 대화가 부족하거나 갈등이 심할 때에는 자녀가 친구들과 어울려 다니는 경우가 있다.

여성에게 편관은 남자를 의미하므로, 딸의 경우에는 남자친구들의 접근이 많아지고 남자친구들과 어울리고 싶어하는 시기이다. 따라서 남자친구를 집으로 초대하고 같이 공부하면서 좋은 친구로 지낼 수 있도록 도와주는 것이 좋은 방법이다.

## 8) 정관 대운

### 행동 특징

정관은 명예를 상징한다. 적극적으로 나서거나 돌파하는 행동은 부족하지만, 자신의 명예를 소중히 여기고 책임자나 리더가 되고 싶어하는 마음이 강하다. 평소보다 배짱이나 적극성은 부족할지 모르지만, 가슴 속에는 인정받고 싶은 명예욕이 가득하다.

### 대처 방법

정관 대운에는 편관 대운처럼 적극적으로 대화를 나누고 친구처럼 놀아주고 어른이 다 된 것처럼 인정해주는 것이 필요하다. 다만 편관 대운보다는 덜 적극적이므로 자신의 감정을 쉽게 드러내지 않는 특성이 있는데, 이때에는 부모가 보다 적극적인 노력을 기울여야 한다.

예를 들어, 공연장이나 영화관 등에 손잡고 같이 관람을 가거나 집에서 팔씨름, 씨름 등을 하면서 친구처럼 다정하게 놀아주고 아이가 자연스럽게 자신의 감정을 모두 드러낼 수 있도록 해준다. 또한 공부에 집중할 수 있도록 학습 분위기를 만들어주는 것이 필요하다. 가능하다면 반장이나 학교 임원 등으로 활동할 수 있게 하는 것이 좋다.

딸이라면 남자친구에 대한 관심이 커지고 남자친구들이 주변에 많이 모이는 시기이다. 따라서 남자친구를 집으로 초대하여 둘이 건전한 친구로 지내며 부족한 공부를 함께 할 수 있도록 분위기를 만들어주는 것이 좋다.

## 9) 편인 대운

**편인 · 정인 대운**
새로운 것에 대한 관심이 많아지고 적극적으로 배우고자 하는 시기이다.

### 행동 특징

편인은 끼 있는 공부를 상징한다. 평소보다 행동의 변화가 두드러지지만 학습의욕은 강해진다. 공부에 대한 열의나 지식을 습득하려는 열정이 넘쳐나는 시기이다. 새로운 것, 새로운 지식에 대한 관심이 많아지고 적극적으로 배우려고 한다.

### 대처 방법

편인 대운에는 지식에 대한 호기심과 배움에 대한 열의가 커지므로 학습 환경을 조성해주는 것이 필요하다. 앉아서 하는 공부도 좋지만, 시청각 교육이나 현장교육 등 다양한 교육 환경을 만들어주는 것이 필요하다. 부모나 교사 등 주변에서 학습 환경을 잘 만들어주고 학습의욕을 북돋아주면 공부를 매우 열심히 하고, 자신의 능력을 최대한 발휘할 수 있다.

## 10) 정인 대운

### 행동 특징

사주원국에 특별한 문제가 없고 어릴 적 부모가 맞벌이를 하느라 아이를 이곳 저곳에 보내 정서적 불안감이 생기지 않는 한, 이 시기에는 안정적이고 차분한 성격이며 배움에 대한 열정이 있다. 주변에서 조금만 관심을 기울여준다면 학습의욕이 강하여 자신의 능력을 크게 발휘할 수 있다. 꾸준하게 자신의 지적 욕구를 채워가고 싶은 욕심이 발휘되는 시기이다.

### 대처 방법

정인 대운에는 학습의욕이 강해지고 배움에 대한 열의가 커져 자발적으로 학습 분위기를 만드는 경우가 많다. 부모나 주변에서 조금만 관심을 기울여주고 학습 분위기를 만들어준다면 자신의 능력을 최대한 발휘할 수 있다. 꾸준하게 노력하는 시기이므로 성적이 꾸준하게 상승할 수 있다.

## 2 청년기 이후

부모의 영향력에서 벗어나기 시작하는 청년기 이후(일반적으로 대학 졸업 후로 본다)부터는 사주원국과 대운의 관계가 매우 중요하다.

태어나서 대학을 졸업하기 전까지는 부모의 영향력 아래서 생활하므로 자신의 사주팔자, 즉 사주원국과 대운의 관계가 의미를 찾을 수 있을 정도로 강하게 형성되지 않는다. 그러나 부모의 영향력에서 벗어나면서부터는 타고난 사주팔자의 영향력이 나타나고, 사주원국과 대운이 서로 강하게 연관된다. 단, 이 시기에도 사주원국의 작용 범위가 대운의 작용 범위보다 크다.

여기서 한 가지 알아두어야 할 것이 있다. 직업에 따라 대운의 작용이 강하게 나타나는 경우도 있고, 약하게 나타나는 경우도 있다는 점이다.

예를 들어, 공무원은 대운의 작용이 아주 미세한 반면, 사업가나 정치인은 대운이 아주 크게 작용한다. 회사 등 직장에 몸담고 있는 사람은 대운의 작용력이 작고, 독립적인 삶을 살아가는 경우에는 대운의 작용력이 매우 크다.

독립 이후의 육친 대운은 크게 2가지로 나누어 분석한다. 하나는 사주원국의 점수가 적은(힘이 약한) 육친이 대운에서 같은 육친을 만나는 경우이고, 다른 하나는 사주원국의 점수가 많은(힘이 강한) 육친이 대운에서 같은 육친을 만나는 경우이다.

> **point**
>
> **청년기 이후**
>
> 청년기 이후에는 타고난 사주팔자의 영향력이 나타나므로 사주원국과 대운을 비교 분석한다. 단, 직업에 따라 대운의 작용이 다르게 나타날 수 있다.

## 1) 사주원국의 힘이 약한 육친이 같은 대운을 만나는 경우

### ❶ 비겁이 약한데 비겁 대운일 때

사주원국에서 비겁의 힘이 약한데 대운에서 비겁운이 오면 사주원국의 비겁이 안정적으로 변한다. 비겁은 사람에 해당하는 육친이므로, 이 시기에는 대인관계가 원만해지며 주위 사람들의 도움으로 인해 인한 길한 일들이 생긴다. 만나는 사람들이 대개 도움을 주고, 어려운 상황이 와도 주위의 도움으로 쉽게 해결한다. 주변에 사람들이 늘어나고, 그들이 물질적으로나 정신적으로 도움이 되니 사람으로 인한 기쁨이 넘쳐나게 된다.

### ❷ 식상이 약한데 식상 대운일 때

사주원국에서 식상의 힘이 약한데 대운에서 식상운이 오면 사주원국의 식상이 안정된다. 식상은 의식주와 언어능력을 의미하므로, 이 시기에는 의식주가 풍족해지고 누군가의 앞에 서서 이야기할 기회가 생기거나 선거에 나가거나 누군가와 대화할 때에 말에 설득력이 생긴다.

### ❸ 재성이 약한데 재성 대운일 때

사주원국에서 재성의 힘이 약한데 대운에서 재성운이 오면 사주원국의 재성이 안정된다. 재성은 재물을 의미하므로, 이 시기에는 재물이 들어와서 사업하는 사람들은 사업이 번창하게 되고, 직장인은 뜻하지 않은 돈이 들어온다. 원하는 부동산의 매매 역시 쉽게 이루어진다.

남성은 주위 여성들로부터 인기를 얻게 된다. 애인이 없는 사람은 애인이 생길 가능성이 매우 높은 시기이며, 애인이나 배우자가 있는 사람은 여성으로 인한 이익이 생기거나 이성의 도움이 클 것이다.

### ❹ 관성이 약한데 관성 대운일 때

사주원국에서 관성의 힘이 약한데 대운에서 관성운이 오면 사주원국의 관성이 안정

**약한 육친과 대운**

사주원국에서 힘이 약한 육친이 자신과 같은 대운을 만나면 사주 내에서 힘이 안정적으로 변하여 긍정적인 영향을 미친다.

된다. 관성은 명예, 관직, 직장에 해당하므로 이 시기에는 직장을 얻거나 승진, 합격, 당선 등의 기쁜 일들이 있고 이름을 얻는 명예스러운 일들이 있다. 또한 주변으로부터 인정받고, 어떠한 모임에서든 감투를 쓰게 되거나 표창을 받는 등 기쁜 일이 있다.

여성에게 관성은 남성을 의미하므로, 미혼인 사람은 애인이 생기고 기혼자는 이성의 도움을 얻게 된다.

### ❺ 인성이 약한데 인성 대운일 때

사주원국에서 인성의 힘이 약한데 대운에서 인성운이 오면 사주원국의 인성이 안정된다. 인성은 문서, 부동산, 공부에 해당하므로 이 시기에는 부동산을 매입하거나 유산을 상속받는 등 부동산이 늘어나고, 또한 문서에 해당하므로 결혼하거나 합격 통지서나 당선 통지서 등의 문서를 받는다. 배움에 대한 열의가 강해지므로 무엇인가 배우고자 하고 자격증 등을 취득하게 된다.

## 2) 사주원국의 힘이 강한 육친이 같은 대운을 만나는 경우

### ❶ 비겁이 강한데 비겁 대운일 때

사주원국에서 비겁의 힘이 강한데 대운에서 비겁운을 만나면 사주원국의 비겁이 지나치게 강해진다. 비겁은 사람에 해당하므로 이 시기에는 대인관계로 인한 어려움이 있게 되고, 동업이나 합작 등에 어려움이 따르며, 보증이나 돈 거래로 인한 재물 손실이 있게 된다. 비겁이 재성을 극하므로 재물이 새어 나가기 때문이다. 따라서 될 수 있는 한 여유자금은 부동산에 투자하고, 주식투자나 사채, 사업 확장 등의 욕심은 버려야 한다.

또한 재성은 여자에 해당하므로 비겁이 강한 상태에서는 애인과의 다툼, 배우자와의 다툼 등 여성과 갈등이 생길 수 있으며, 심한 경우 헤어지는 아픔도 겪게 된다.

한마디로 이 시기에는 사람과의 관계가 매우 어려워진다. 사람으로 인한 재물문제가 발생하므로 동업, 보증, 돈 거래 등은 절대 삼가야 하고, 만약 어쩔 수 없는 거래가 있을 때에는 꼼꼼하게 살펴보고 일을 완벽하게 처리해야 한다.

**강한 육친과 대운**

사주원국에서 힘이 강한 육친이 자신과 같은 대운을 만나면 사주 내에서 힘이 지나치게 왕성해지므로 부정적인 영향을 미친다.

### ❷ 식상이 강한데 식상 대운일 때

사주원국에서 식상의 힘이 강한데 대운에서 식상운을 만나면 사주원국의 식상이 지나치게 강해진다. 식상은 의식주, 언어능력 등에 해당하므로, 이 시기에는 의식주에 문제가 생기거나 구설수에 오르내리게 된다.

또한 식상은 관성을 극하는데, 관성은 명예나 직장에 해당하므로 명예를 실추시키는 일이 생기거나 직장에서 감봉 처분을 받거나 명예퇴직을 당할 수 있다. 사주원국의 구성이 나쁘면서 대운에서 식상운이 찾아오면 관재(官災)의 아픔까지 뒤따른다.

여성에게는 관성이 남자를 의미하므로 이 시기에는 애인이나 배우자와 다투거나 헤어지는 슬픔이 있다. 이 시기에는 사람과의 관계에서 구설수가 예상되므로 매사에 조심스럽게 대처하고, 먼저 양보하고 서로 다툼이 발생하지 않도록 세심하게 신경 써야 한다.

### ❸ 재성이 강한데 재성 대운일 때

사주원국에서 재성의 힘이 강한데 대운에서 재성운이 오면 사주원국의 재성이 지나치게 강해진다. 재성은 재물을 의미하므로, 이 시기에는 재물에 대한 욕망이 커져서 사업을 확장하거나 투자하는 등 일을 벌이다가 경제적인 어려움을 겪을 수 있다.

남성의 경우에 재성은 여자를 의미하므로 이 시기에는 여성으로 인한 구설수나 다툼이 있을 수 있다.

또한 재성은 인성을 극하는데, 인성이 문서에 해당하므로 보증 또는 돈 거래로 인한 문제가 발생할 수 있다. 이 시기에는 재물 욕심이 높아지지만 무리하게 확장하거나 일을 벌이지 말고 욕심을 버리는 것이 필요하다. 가능하면 변화를 줄이는 것이 현명한 대처 방법이다.

### ❹ 관성이 강한데 관성 대운일 때

사주원국에서 관성의 힘이 강한데 대운에서 관성운이 오면 사주원국의 관성이 지나치게 강해진다. 관성은 명예, 관직, 직장에 해당하므로 명예욕이 너무 많아져서 주변을 무시하거나 일을 독단적으로 처리하는 경향이 심해지고, 자신감이 넘치다 보니 타인을 무시하게 된다. 이로 인해 구설수에 오르거나 관재수가 따른다.

직장인은 직장을 그만두고 독립적이고 자유로운 삶을 살고 싶어서 사업을 벌이거나 선거에 나가는 등 무리하게 활동하여 어려움이 따른다.

또한 관성은 나를 극하는 육친이므로 사주원국의 구성이 불안정할 때나 극심하게 편중된 관성 과다 사주에 관성 대운이 찾아오면 건강 이상이 나타날 수 있다.

여성에게는 관성이 남자에 해당하므로 주위에 남자들이 많아져서 남자로 인한 구설수가 있거나, 애인이나 배우자가 갑자기 사사건건 간섭하거나 갈등을 조장하는 경우가 생길 수 있다. 사주원국에 관성이 과다한데 대운에서 관성이 집중적으로 들어오면 성폭력이나 성추행과 더불어 목숨을 위협하는 어려움까지 겪게 된다.

이 시기에는 너무 무리하지 말고, 자신을 낮추며, 조심스러운 행동이 필요하다. 여성은 밤늦게 다니거나 과음으로 정신을 놓아버리는 일이 없도록 주의한다.

### ❺ 인성이 강한데 인성 대운일 때

사주원국에서 인성의 힘이 강한데 대운에서 인성운이 오면 사주원국의 인성이 지나치게 강해진다. 인성은 부동산, 문서에 해당하므로, 이 시기에는 문서로 인한 문제 즉 보증, 돈 거래, 서류 작성이 잘못되어 어려움이 뒤따른다. 또는 부동산 매매가 잘못되어 어려움이 있을 수 있다.

인성이 식상을 극하므로 의식주 문제가 발생하게 되고, 또한 공부를 의미하기도 하므로 잘 다니던 직장을 자격증을 딴다거나 다른 공부를 해보겠다고 그만두는 일도 벌어질 수 있다.

이 시기에는 부동산을 거래하거나 서류를 작성할 때 꼼꼼하게 검토하여 문제가 발생하지 않도록 주의해야 한다. 또한, 현실을 직시하고 지나친 변화는 삼가는 것이 좋다.

### 생활 속 역학

## "사이비(似而非)의 유래_"

사이비라는 말은 우리 주위에서 흔히 쓰이는 말이다. 사이비 종교, 사이비 기자 등 부정적인 의미로 사용하는 경우가 대부분인데 과연 이 말은 어디에서 유래했을까? 『맹자(孟子)』에 보면 다음과 같은 공자의 말씀이 있다.

孔子曰 惡似而非者 惡莠 恐其亂苗也 ( 공자왈 악사이비자 악유 공기난묘야 )

비슷하면서 아닌 것을 미워한다. 가라지(피)를 미워하는 것은 벼 싹을 어지럽힐까 염려하기 때문이다

벼와 피는 구별하기가 쉽지 않다. 벼와 피는 겉모습이 비슷하기 때문이다. 여기서 사이비(似而非)라는 말이 나왔다. 비슷하면서 아닌 것, 얼핏 보면 진짜 같은데 사실은 가짜인 것이 바로 사이비이다.

벼가 한참 자라는 시기에는 대개 피를 뽑아낸다. 잡초의 일종인 피가 무성해지면 벼가 제대로 자랄 수 없기 때문이다. 그러나 피는 벼와 생김새가 매우 비슷하여 쉽게 가려낼 수 없기 때문에 그대로 방치하는 경우가 생기는데, 그러다 보면 농사를 망치기 십상이다.

공자는 이런 피 즉 사이비를 미워한 것이다. 지금 우리 사회에도 진짜 행세를 하면서 해악을 끼치는 여러 종류의 사이비가 판치고 있다. 사주명리학 분야 역시 마찬가지이다. 겉모습에 현혹되지 말고 진면목을 살펴보는 지혜가 어느 때보다 절실한 시기이다.

## 2. 오행을 통한 대운 분석

오행을 통한 대운 분석으로는 건강에 대해 알 수 있다. 이 경우에는 다음 2가지로 나누어 분석한다. 첫 번째는 사주원국에서 어느 오행의 힘이 약한데 대운에 그 오행의 힘을 빼앗는 오행이 있는 경우이고, 두 번째는 사주원국에서 어느 오행의 힘이 강한데 대운에 그것을 생하는 오행이 있는 경우이다.

### 1 고립된 오행이 힘을 빼앗는 대운 오행을 만나는 경우

사주에서 다른 오행들에 의해 고립된 오행은 힘이 약할 수밖에 없다. 이렇게 고립된 오행이 대운에서 자신의 힘을 빼앗는 오행을 만나면 건강에 문제가 생긴다.

#### 1) 고립된 목이 화·토·금 대운을 만나는 경우

**원인 분석**

사주원국의 목(木)이 고립되어 힘이 약한 상태인데 대운에서 화(火)·토(土)·금(金) 운을 만나면 목(木)이 극심한 공격을 받게 된다. 그 결과 목(木)과 관련된 부위에 건강 이상이 나타날 수 있다.

**대처 방법**

정기적인 건강검진이 우선이다. 이와 더불어 이 시기에는 목(木)의 힘을 보강하는 방법으로 잠자는 방향과 문 방향이 동쪽을 향하게 한다. 색상 중에서 청색 계통의 옷이나 인테리어를 선택하면 좋고, 목재 책상을 활용하는 것도 건강을 지킬 수 있는 방법이다.

종합적으로 동쪽 방향과 청색 계통(초록색·하늘색·남색 등)과 목재 등을 활용한 인테리어로 건강을 지켜주는 것이 좋다.

> **point**
>
> **고립된 오행과 대운 오행**
>
> 사주원국에서 고립되어 힘이 약한 오행이 대운에서 자신의 힘을 빼앗는 오행을 만나면 관련 부위에 건강문제가 생긴다. 이때는 해당 오행을 생하는 오행을 활용한다.

**돌발퀴즈**

- 오행은 각각 인체의 어느 부위와 관련되어 있는가?

- 목(木)은 간, 담(쓸개), 뼈를 다스리고 수술과 관련되어 있다. 화(火)는 소장, 심장을 다스리고 혈관질환, 안과질환, 정신질환과 관련되어 있다. 토(土)는 위장, 비장을 다스리고 생식기질환과 관련되어 있다. 금(金)은 대장, 폐, 뼈를 다스리고 자폐증 및 우울증과 관련되어 있다. 마지막으로 수(水)는 신장과 방광을 다스리고 생식기질환, 불면증, 두통, 자폐증, 우울증과 관계가 있다.

### 2) 고립된 화가 토·금·수 대운을 만나는 경우

**원인 분석**

사주원국의 화(火)가 고립되어 힘이 약한 상태인데 대운에서 토(土)·금(金)·수(水) 운이 오면 화(火)가 극심한 공격을 받게 된다. 이때는 화(火)의 건강 이상이 나타난다.

**대처 방법**

정기적인 건강검진이 우선이다. 더불어 이 시기에는 화(火)의 힘을 보강하기 위해 잠자리 방향과 문 방향이 남쪽을 향하게 한다. 색상 중에서는 적색 계통(분홍·빨강 등)의 옷이나 인테리어를 활용하고, 목재 책상을 이용한다.

종합적으로 남쪽 방향, 적색 계통, 목재나 불을 이용한 인테리어 등으로 건강을 지켜주는 것이 좋다.

### 3) 고립된 토가 금·수·목 대운을 만나는 경우

**원인 분석**

사주원국의 토(土)가 고립되어 힘이 약한 상태인데 대운에서 금(金)·수(水)·목(木) 운이 오면 토(土)가 극심한 공격을 받게 된다. 이때는 토(土)의 건강에 위험이 예상된다.

**대처 방법**

정기적인 건강검진이 우선이다. 더불어 이 시기에는 토(土)의 힘을 보강하기 위해 잠자리 방향과 문 방향이 남쪽을 향하게 하고, 색상 중에서는 황색 계통의 옷이나 인테리어를 활용한다. 노란색 책상, 황토 침대를 이용해도 좋다.

종합적으로 남쪽 방향, 황색 계통, 황토를 이용한 실내 인테리어 등으로 건강을 지켜주는 것이 좋다.

## 4) 고립된 금이 수·목·화 대운을 만나는 경우

**원인 분석**

사주원국의 금(金)이 고립되어 힘이 약한 상태인데 대운에서 수(水)·목(木)·화(火) 운이 오면 금(金)이 극심한 공격을 받게 된다. 이때는 금(金)의 건강에 위험이 예상된다.

**대처 방법**

정기적인 건강검진이 우선이다. 더불어 이 시기에는 금(金)의 힘을 보강하기 위해 잠자리 방향과 문 방향이 서쪽을 향하게 하고, 색상 중에서는 백색 계통의 옷이나 인테리어를 활용하고, 철제 책상과 금속성 인테리어를 이용하면 좋다.

종합적으로 서쪽 방향, 백색 계통, 금속성의 물건 등을 이용한 실내 인테리어 등으로 건강을 지켜주는 것이 좋다.

## 5) 고립된 수가 목·화·토 대운을 만나는 경우

**원인 분석**

사주원국의 수(水)가 고립된 상태인데 대운에서 목(木)·화(火)·토(土)의 운이 오면 수(水)가 극심한 공격을 받게 된다. 이때는 수(水)의 건강에 위험이 예상된다.

### 대처 방법

정기적인 건강검진이 우선이다. 더불어 이 시기에는 수(水)의 힘을 보강하기 위해 잠자리 방향과 문 방향이 북쪽을 향하게 하고, 색상 중에서 흑색 계통의 옷이나 인테리어를 활용한다. 철제 책상이나 금속성 인테리어, 수족관, 분수 등의 물을 이용하면 좋다.

종합적으로 북쪽 방향, 흑색 계통, 금속성 또는 물을 이용한 실내 인테리어와 액세서리 등으로 건강을 지켜주는 것이 좋다.

## 2 과다한 오행이 도와주는 대운 오행을 만나는 경우

사주원국에서 힘이 과다한 오행이 대운에서 자신을 도와주는 오행을 만나면 힘이 더욱 강해진다. 지나치게 강한 오행으로 인해 오히려 관련 부위에 건강문제가 생길 수 있다.

> **point**
>
> **과다한 오행과 대운 오행**
>
> 사주원국에서 힘이 과다한 오행이 대운에서 자신을 돕는 오행을 만나면 지나치게 강해져서 오히려 건강이 나빠진다. 이때는 해당 오행을 극하는 오행을 활용한다.

### 1) 과다한 목이 수·목 대운을 만나는 경우

### 원인 분석

사주원국에 목(木)이 과다한 상태인데 대운에서 과다한 목(木)을 생하는 수(水)를 만나거나 자신과 같은 목(木) 운을 만나면 힘이 극도로 왕성해진다. 이때는 목(木)의 건강에 위험이 예상된다.

### 대처 방법

정기적인 건강검진이 우선이다. 더불어 이 시기에는 목(木)의 힘을 약화시키기 위해 목(木)을 극하는 금(金)의 방향과 색상을 활용한다. 잠자리 방향과 문 방향이 서쪽을 향하게 하고, 백색 계통의 옷이나 인테리어를 활용하며, 철제 책상이나 금속성 인테리어 도구 등을 이용하는 것이 좋다.

종합적으로 서쪽 방향, 백색 계통, 금속성 등을 이용한 실내 인테리어와 액세서리 등으로 건강을 지켜주는 것이 좋다.

## 2) 과다한 화가 목·화 대운을 만나는 경우

### 원인 분석

사주원국에 화(火)가 과다한 상태인데 대운에서 과다한 화(火)를 생하는 목(木)이나 자신과 같은 화(火) 운을 만나면 힘이 극도로 왕성해진다. 이때는 화(火)의 건강에 위험이 예상된다.

### 대처 방법

정기적인 건강검진이 우선이다. 더불어 이 시기에는 화(火)의 힘을 약화시키기 위해 화(火)를 극하는 수(水)의 방향이나 색상을 활용한다. 잠자리 방향과 문 방향이 북쪽을 향하게 하고, 흑색 계통의 옷이나 실내 인테리어, 철제 책상이나 금속성 인테리어, 그리고 수족관이나 분수 등 물을 이용한 인테리어나 액세서리를 이용하면 좋다. 수(水)를 생하는 금(金)의 인테리어 방향이나 색상도 무난하다.

종합적으로 북쪽 방향, 흑색 계통, 물 등을 이용한 실내 인테리어 등으로 건강을 지켜주는 것이 좋다.

## 3) 과다한 토가 화·토 대운을 만나는 경우

### 원인 분석

사주원국에 토(土)가 과다한 상태인데 대운에서 과다한 토(土)를 생해주는 화(火)나 자신과 같은 토(土) 운을 만나면 힘이 극도로 왕성해진다. 이때는 토(土)의 건강에 위험이 예상된다.

### 대처 방법

정기적인 건강검진이 우선이다. 더불어 이 시기에는 토(土)의 힘을 약화시키기 위해 토(土)를 극하는 목(木)의 방향이나 색상을 활용한다. 잠자리 방향과 문 방향이 동쪽을 향하게 하고, 색상 중에서 청색 계통 등의 옷이나 인테리어, 목재, 나무 등을 활용한 인테리어, 액세서리 등을 이용하면 좋다.

종합적으로 동쪽 방향, 청색 계통 그리고 나무와 목재 등을 이용한 실내 인테리어 등으로 건강을 지켜주는 것이 좋다.

## 4) 과다한 금이 토·금 대운을 만나는 경우

### 원인 분석

사주원국에 금(金)이 과다한 상태인데 대운에서 과다한 금(金)을 생하는 토(土)나 자신과 같은 금(金)을 만나면 힘이 극도로 왕성해진다. 이때는 금(金)의 건강에 위험이 있다.

### 대처 방법

정기적인 건강검진이 우선이다. 더불어 이 시기에는 금(金)의 힘을 약화시키기 위해 금(金)을 극하는 화(火)의 방향이나 색상을 활용한다. 잠자리 방향과 문 방향이 남쪽을 향하게 하고, 적색 계통 등의 옷이나 벽난로 등의 인테리어 등을 이용하면 좋다. 화(火)를 생하는 목(木)의 방향이나 색상을 활용하는 방법도 무난하다.

종합적으로 남쪽 방향, 적색 계통 등을 이용한 실내 인테리어 등으로 건강을 지켜주는 것이 좋다.

## 5) 과다한 수가 금·수 대운을 만나는 경우

### 원인 분석

사주원국에 수(水)가 과다한 상태인데 대운에서 과다한 수(水)를 생하는 금(金)이나 자신과 같은 수(水) 운이 오면 힘이 극도로 왕성해진다. 이때는 수(水)의 건강에 위험이 우려된다.

**대처 방법**

정기적인 건강검진이 우선이다. 더불어 이 시기에는 수(水)의 힘을 약화시키기 위해 수(水)를 극하는 토(土)의 색상과 토(土)를 생하는 화(火)의 색상이나 방향을 활용한다. 잠자리 방향이나 문 방향에 토(土, 중앙)를 활용할 수 없으므로 화(火)의 방향인 남쪽을 향하게 하고, 황색 계통이나 적색 계통 등의 옷이나 인테리어, 황토, 벽난로 등의 인테리어와 액세서리 등을 이용하면 좋다.

종합적으로 남쪽 방향, 황색 계통, 적색 계통, 황토, 불 등을 이용한 실내 인테리어 등으로 건강을 지켜주는 것이 좋다.

## 3. 대운 자체의 분석

대운 자체를 분석하는 방법도 있다. 대운 자체의 변화를 읽어내고 분석해내는 일 또한 매우 방대한 작업이다. 합충으로 보는 방법, 대운의 변화로 보는 방법 등 다양한 방법이 있는데 여기에서는 그중 간단한 몇 가지를 설명한다.

**❶ 자(子) 대운**
새로운 시작을 상징한다.

### ❷ 오(午) 대운

개점휴업(開店休業)을 상징한다.

### ❸ 진술축미(辰戌丑未) 대운

나들목 역할을 한다. 이 시기에는 변화에 능동적으로 대처하면 새로운 희망을 만날 수 있다.

### ❹ 대운수의 변화

숫자가 변할 때 인생의 변화도 크다.

### ❺ 60대 이후 암장 속의 용신

다음 4가지 경우에는 건강과 관련해 큰 어려움을 겪게 된다.

① 목(木) 용신인 사주 주인공이 60대 이후에 진(辰) 대운을 만날 때.
② 화(火) 용신인 사주 주인공이 60대 이후에 미(未) 대운을 만날 때.
③ 금(金) 용신인 사주 주인공이 60대 이후에 술(戌) 대운을 만날 때.
④ 수(水) 용신인 사주 주인공이 60대 이후에 축(丑) 대운을 만날 때.

---

**생활 속 역학**

## "대장군방_"

대장군방(大將軍方)은 대장군이 있는 방향을 말한다. 대장군(大將軍)은 3년마다 방향을 바꾸어 앉는 연도로 보는 신살인데, 사람들 사이에 많이 알려져 있고 점집이나 철학관 심지어 절에서도 이것을 중요하게 다룬다. 주로 이사나 이장 등 인간사의 변화 변동에 중요한 참고 사항으로 삼는 경우가 많다. 문제는 사주명리학이나 기타 운명학 지식이 많지 않은 사람들이 대장군방, 삼살방, 삼재 등만 외워서 인생 상담을 해주는 경우가 많다는 것이다.

그러나 방향의 신살은 실제적으로 볼 때 타당성이 부족하다. 방향의 신살이 삶을 지켜준다고 생각하고 과신하다가는 자칫 스스로 삶을 개척하려는 노력이나 희망을 포기해버릴 수 있다. 결과적으로 방향 신살은 인간 삶의 변화와 변동을 막기 때문이다.

아주 오래 전 농경사회에서는 변화나 변동 없이 사회의 안정이 유지되어야 일정한 농업 생산성을 유지할 수 있었다. 따라서 대장군방이나 삼살방 등을 이용해 생활의 변화를 바라는 사람들의 바람을 포기하도록 만드는 것이 지극히 당연하였다. 사실 대장군방이나 삼살방은 왕이 다스리던 때에 왕을 제외한 일반 백성들은 함부로 이사하지 못하도록 하여 왕권을 지키는 통치 수단으로 쓰이기도 하였다.

그러나 하루가 다르게 변화하는 현대사회에서 대장군방 등의 방향 신살은 지키기도 어렵거니와 의미가 희미해졌다. 활동이 많은 요즘에 특정 방향을 선택해서 움직이는 것은 불가능하기 때문이다.

예를 들어 충청도, 경상도, 전라도에 사는 고등학교 3학년생들이 대장군방이 북쪽에 해당하는 해에 수능시험을 보았다고 치자. 이들이 서울에 있는 대학에 지원하면 모두 떨어질 수밖에 없다. 그러나 해마다 서울에 있는 대학에 합격하는 수험생을 보면 충청도, 경상도, 전라도 곳곳에서 나온다.

대장군방은 예부터 전해 내려온 풍습으로서 변화와 변동이 있을 때 한번 생각해보고 신중하게 행동하라는 의미로만 받아들이는 것이 좋다.

### ❶ 대장군 찾는 법

대장군을 찾으려면 방위의 합을 알아야 한다. 방위의 합을 방합(方合)이라고 하는데, 해자축(亥子丑)은 합수(合水), 인묘진(寅卯辰)은 합목(合木), 사오미(巳午未)는 합화(合火), 신유술(申酉戌)은 합금(合金)이다. 이 방합을 활용하여 대장군의 방위를 찾는다.

대장군은 말 그대로 군대의 대장이다. 앞으로만 진격해야지 뒤로 물러나면 안 된다는 의미에서 대장군방이라고 불린다. 방합 연도에는 방합의 시계 방향으로 전진하고, 앞 방향 즉 반대 방향에 해당하는 곳으로는 움직이는 것을 꺼린다.

亥子丑 해자축     수(水)이니 북방에 해당한다. 그러므로 해자축년에는 수(水), 즉 북방의 앞 방위인 서쪽이 대장군방이 된다.

寅卯辰 인묘진     목(木)이니 동방에 해당한다. 그러므로 인묘진년에는 목(木), 즉 동방의 앞 방위인 북쪽이 대장군방이 된다.

巳午未 사오미     화(火)이니 남방에 해당한다. 그러므로 사오미년에는 화(火), 즉 남방의 앞 방위인 동쪽이 대장군방이 된다.

申酉戌 신유술     금(金)이니 서방에 해당한다. 그러므로 신유술년에는 금(金), 즉 서방의 앞 방위인 남쪽이 대장군방이 된다.

## ❷ 대장군 방위도

방위는 시계방향 즉 북에서 동으로, 동에서 남으로, 남에서 서로, 서에서 북으로 전진해야 하고, 이것을 역행하는 것은 대장에게 어울리지 않으며 일이 모두 후퇴한다고 보았다.

| 연도 | 대장군방 |
|---|---|
| 해자축(亥子丑) | 서쪽 |
| 인묘진(寅卯辰) | 북쪽 |
| 사오미(巳午未) | 동쪽 |
| 신유술(申酉戌) | 남쪽 |

## ❸ 대장군방의 내용

해에 따라 대장군방이 존재하고, 이 대장군방으로 움직이면 어려운 일들이 발생한다고 본다.

① 대장군방에 해당하는 방향으로는 변화 변동(이사·이장·개업·출장·직장에 들어가거나 학교에 가는 등)을 하지 말아야 한다.
② 대장군방에 해당하는 방향에는 건물 수리나 증축을 하지 말아야 한다.
③ 대장군방으로 함부로 이사하거나 이장하거나 매장하거나 개업하는 등 변화 변동이 있거나, 수리나 증축 그리고 개축이나 사초 등을 하는 경우에는 살아서 나가기 어려울 정도로 흉악한 일들이 줄줄이 발생한다.
④ 만약 어쩔 수 없이 이동해야 할 경우에는 이삿짐을 실은 차나 상여를 대장군방이 아닌 다른 방향으로 움직여서 다리를 건넌 후 대장군방으로 움직이면 대장군방이 해소된다.

# 운명을 개척한 알렉산더대왕

알렉산더대왕이 유럽을 평정한 후 아시아로 정복전쟁을 나서기 전이었다. 그는 많은 부하들과 함께 점성술사를 찾아가, 자신의 큰 손을 펴서 점성술사에게 들이밀며 말했다.

"내 손금을 보고 말해주게. 내가 천하를 제패할 수 있겠는가?"

알렉산더대왕의 갑작스런 방문과 그가 이끌고 온 장수들의 우람하고 용맹스러운 모습에 점성술사는 기가 죽었지만, 떨리는 가슴을 진정시켜 가면서 아주 조심스럽게 알렉산더대왕의 손금을 살펴보았다. 이윽고 손금을 보고 난 점성술사가 말했다.

"아주 훌륭한 손금이옵니다."

"내가 물은 것은 천하의 제패에 관한 것이지 않은가?"

"사실대로 말씀드리면 제 목숨이 위태롭지 않을까 두렵습니다."

"하하하. 내가 그렇게 속이 좁은 것 같소? 걱정 말고 있는 그대로 대답하시오."

점성술사는 한숨을 길게 내쉬며 할 수 없다는 듯이 말했다.

"운명선과 두뇌선이 1cm만 더 길었다면 천하를 얻을텐데 지금의 손금으로는 힘들겠습니다."

"그래?"

점성술사의 이야기를 듣고 있던 알렉산더대왕은 서슴없이 자신의 칼을 빼들어 자신의 손바닥에 대고 쭉 그었다. 손금을 1cm 더 늘린 것이다.

"자, 이러면 되겠는가?"

점성술사가 깜짝 놀라서 그 자리에 무릎을 꿇으며 말했다.

"대왕께서는 천운을 타고 나지는 못했지만 반드시 천하를 호령할 것입니다. 운명을 개척하려는 의지가 대왕의 운을 바꾸어줄 것입니다."

이 일화가 들려주는 교훈은 무엇인가? 바로 운명이라는 것은 충분히 극복할 수 있으며, 스스로 개척할 여지가 있다는 것이다. 운명의 운(運)은 '움직인다'는 뜻이므로, 운명이란 곧 명(命)을 움직인다, 다시 말해 '삶을 변화시킨다'는 의미이다.

필자 역시 사주명리학을 공부하면서 나름대로 운명학의 매력을 점점 더 크게 느낄 수 있었다. 다시 한번 강조하지만, 역학이나 사주명리학 등 운명학은 사람들로 하여금 삶을 개척할 수 있도록 돕고, 삶을 바꾸어주며, 삶의 희망을 느낄 수 있도록 북돋아주어야 한다.

# EXERCISE

## KEY POINT

부모의 영향력 여부로 구분한다. 어릴 적에는 부모의 영향력 아래 살아가므로 자신의 운명보다 대운의 영향력이 크고, 독립 이후에는 타고난 사주의 영향력이 크다.

## 실전문제

**1** 육친으로 대운을 분석할 때 구분 기준으로 올바른 것은?

① 부모의 영향력 여부로 구분한다.
② 초년, 청년, 중년, 말년 등 네 시기로 구분한다.
③ 어릴 적부터 세상을 마칠 때까지 구분 없이 똑같다.
④ 음은 부정적인 면, 양은 긍정적인 면으로 구분한다.
⑤ 천간은 긍정적인 면, 지지는 부정적인 면으로 구분한다.

편관·정관 대운에는 자녀를 하나의 인격체로 보고 친구처럼 대해야 한다.

**2** 초년기와 청년기의 대운 분석 중 부모가 자녀를 친구처럼 대하고 많은 대화를 나누며 인격체로서 인정해주어야 하는 육친 대운은?

① 비겁운　　② 식상운　　③ 재성운
④ 관성운　　⑤ 인성운

남성의 사주에서 편재와 정재는 여자에 해당하며, 편재·정재 대운은 여자친구를 만나고 싶어지는 시기이다.

**3** 초년기와 청년기의 대운 분석 중 남성에게 여자친구가 생기거나 돈을 벌거나 돈을 쓰고 싶은 육친 대운은?

① 비겁운　　② 식상운　　③ 재성운
④ 관성운　　⑤ 인성운

편관·정관 대운에는 명예욕이 발동하여 적극적이고 활동적으로 변하고, 사람들 앞에 나서 그들을 이끌어가고 싶어한다.

**4** 초년기와 청년기의 대운 분석 중 반장 등 감투를 쓰게 되면 자신의 능력을 최대한 발휘하는 육친 대운은?

① 비겁운　　② 식상운　　③ 재성운
④ 관성운　　⑤ 인성운

비견·겁재 대운에는 칭찬받고 싶어하고 남들 앞에 자신을 드러내고 싶어한다.

**5** 초년기와 청년기의 대운 분석 중 칭찬에 가장 민감하고 나서고 싶어하며 타인의 시선에 관심이 많은 육친 대운은?

① 비겁운　　② 식상운　　③ 재성운
④ 관성운　　⑤ 인성운

**6** 초년기와 청년기 대운 분석 중 부모가 강압적이고 보수적일 때 반항심이 가장 강해지는 육친 대운은?

① 비겁운　　② 식상운　　③ 재성운
④ 관성운　　⑤ 인성운

> **KEY POINT**
>
> 편관·정관 대운은 누군가가 자신을 억누르면 억제하기 힘든 시기이다.

**7** 초년기와 청년기 대운 분석 중 부모가 학습 분위기만 조성해주면 되는 육친 대운은?

① 비겁운　　② 식상운　　③ 재성운
④ 관성운　　⑤ 인성운

> 식신·상관 대운과 편인·정인 대운은 학습의욕이 발달하는 시기이다. 따라서 부모는 학습 분위기만 만들어주면 된다.

**8** 다음 중 사주원국에 비겁이 과다할 때 대운에서 만나면 중 좋지 않은 육친은?

① 비견　② 식신　③ 상관　④ 편재　⑤ 편관

> 비견이 과다한 사주에 비견 대운이면 인간관계에서 어려움이 따른다.

**9** 다음 중 사주원국에 관성이 과다한데 대운에서 관성운을 만났을 때 발생하는 일이 아닌 것은?

① 확장하고 싶어한다.
② 직장인은 직장을 그만두고 싶어한다.
③ 재물이 새어 나간다.
④ 명예욕이 과도해진다.
⑤ 관재수가 발생할 수 있다.

> 편관이나 정관 대운에 반드시 재물이 새어 나가는 것은 아니다.

**10** 다음 중 사주원국에 재성이 과다할 때 대운에서 만나면 좋지 않은 육친은?

① 비견　② 겁재　③ 식신　④ 편관　⑤ 정인

> 식신은 재성을 생하므로 과도한 재성이 더욱 강해져서 재물과 관련된 문제가 생긴다.

## KEY POINT

동업을 하면 재물을 잃어버릴 가능성이 높은 대운이지만, 무조건 동업을 강행하지는 않는다.

**11** 다음 중 사주원국에 비겁이 과다한데 대운에서 비겁을 만날 때 발생하는 일이 아닌 것은?

① 친구, 선후배, 형제와 갈등이 생길 수 있다.
② 동업을 강행하다가 문제가 발생한다.
③ 보증이나 돈 거래를 잘못하여 어려움이 생길 수 있다.
④ 도움이 되지 않는 친구나 선후배, 형제들이 모여든다.
⑤ 남성은 애인이나 배우자와 다툼이 있거나 헤어짐의 아픔이 있다.

재물 문제는 편재·정재와 관계가 있다.

**12** 다음 중 사주원국에 식상이 과다한데 대운에서 식상을 만날 때 발생하는 일이 아닌 것은?

① 직장인은 직장을 그만두고 싶은 마음이 간절해진다.
② 구설수에 휘말리게 된다.
③ 의식주에 문제가 발생한다.
④ 보증, 돈거래로 재물이 새어 나간다.
⑤ 여성은 남자친구나 배우자와 다투거나 갈등이 있다.

식신은 재성을 생하므로 재성이 제 능력을 발휘하게 된다.

**13** 다음 중 사주원국에 재성이 약할 때 가장 좋은 대운 육친은?

① 비견   ② 식신   ③ 편관   ④ 정관   ⑤ 정인

식신과 상관은 재성을 생하므로 재물이 늘어난다.

**14** 다음 중 식상 대운의 긍정적인 부분은?

① 명예를 얻는다.
② 인간관계가 좋아진다.
③ 재물을 늘려준다.
④ 여성은 애인이나 배우자를 만난다.
⑤ 부동산이 늘어난다.

사람이 가진 그릇의 크기는 격국에서 알아볼 수 있다.

**15** 다음 중 대운에서 육친으로 볼 수 없는 것은?

① 직업 변동   ② 재물 증가   ③ 시험 합격
④ 그릇의 크기   ⑤ 부동산 매매

## KEY POINT

**16** 다음 중 인성 대운의 긍정적인 부분이 아닌 것은?

① 부동산이 늘어난다.
② 시험의 합격 가능성이 높다.
③ 배우고자 하는 열의가 넘친다.
④ 다른 사람 앞에 나서서 이야기할 기회가 많다.
⑤ 매매의 성사 가능성이 높다.

> 타인 앞에 나서서 이야기할 기회는 식신·상관 대운에서 나타난다.

**17** 다음 중 목(木)이 고립된 사주가 대운에서 만나면 좋지 않은 오행을 짝지어놓은 것은?

① 화(火)·토(土)    ② 수(水)·목(木)    ③ 수(水)·토(土)
④ 목(木)·토(土)    ⑤ 목(木)·금(金)

> 목(木)이 고립된 사주는 목(木) 기운을 뺏어가는 화(火)·토(土)·금(金) 대운일 때 건강에 문제가 생긴다.

**18** 다음 중 화(火)가 고립된 사주가 대운에서 만나면 좋은 오행을 짝지어놓은 것은?

① 목(木)·화(火)    ② 화(火)·토(土)    ③ 토(土)·금(金)
④ 금(金)·수(水)    ⑤ 수(水)·목(木)

> 목(木)과 화(火)는 화(火)가 고립될 때 화(火)가 처한 문제에서 벗어나도록 도와줄 수 있다.

**19** 다음 중 금(金)이 과다한 사주가 대운에서 만나면 좋은 오행은?

① 토(土)·금(金)·수(水)    ② 금(金)·수(水)·목(木)
③ 수(水)·목(木)·화(火)    ④ 목(木)·화(火)·토(土)
⑤ 화(火)·토(土)·금(金)

> 과다한 금(金)과 금(金)을 생하는 토(土)를 제외하면 모두 좋다.

**20** 다음 중 대운에서 오행으로 알아낼 수 있는 것은?

① 사업 관계    ② 성격문제    ③ 부부관계
④ 승진 합격    ⑤ 건강문제

> 대운의 오행을 사주와 비교 분석하면 건강에 대해 알 수 있다.

### ◎ 여기 정답!

1) 1  2) 4  3) 3  4) 4  5) 1
6) 4  7) 2, 5  8) 1  9) 3  10) 3
11) 2  12) 4  13) 2  14) 3  15) 4
16) 4  17) 1  18) 1  19) 3  20) 5

## 대덕 한마디

### 암탉이 울면 알을 낳는다!

성명학, 관상학, 사주명리학 등의 운명학에서는 여성을 부정적으로 다루는 경우가 많다. 그 중에서 사주명리학은 백호대살, 양인살, 명예살, 백말띠, 호랑이띠, 개띠 등 다양한 부분에 걸쳐 여성의 삶을 상대적으로 비하하고 있다. 정말 이러한 사주를 가진 여성은 사건 사고에 휘말리거나 배우자를 극하거나 스님이 될 운명인가? 과연 속담처럼 암탉이 울면 집안이 망하는가? 사주명리학에서 여성에게 더욱 나쁘게 작용하는 이론들이 과연 타당성이 있는지 자세히 따져보자.

백호대살과 양인살은 우선 학설 자체의 문제점이 있다. 일반적으로 이 살들이 연주에 있으면 조부모가 피 흘리고 죽는다고 한다. 백호대살과 양인살은 모두 합쳐 10개이다. 60갑자 전체에서 10개가 연주에 올 수 있으므로, 확률상 조부모 6명 중 1명은 단명하고 피 흘리고 죽는다.

생각해보자. 할아버지 할머니가 자식을 3명 두고, 그 자식 3명이 각각 자녀를 2명씩 낳았다면 모두 6명의 손자와 손녀를 두게 된다. 이들 6명 중에서 누군가의 사주팔자의 연주가 백호대살이나 양인살이 될 확률은 거의 100%에 가깝다. 당연히 할머니 할아버지가 단명하고 피 흘리며 죽게 된다. 그러나 이것은 상식적으로 이해되지 않는다. 만약 2006년 병술(丙戌)년에 손자를 두면 이 아이의 연주는 백호대살인 병술년이 된다. 따라서 2006년에 손자를 보는 모든 할머니 할아버지는 아이가 태어난 것을 보고 얼마 지나지 않아 피 흘리고 죽어야 한다는 결론이 나온다. 이들 조부모는 손자를 얻어서 기뻐해야 할까 아니면 자신이 얼마 안 있어 피 흘리고 죽으니 슬퍼해야 할까. 이렇게 타당성이 없으므로 백호대살과 양인살은 대폭 수정되어야 한다.

한편 여성은 일주에 백호대살이나 양인살이 있으면 남편이 피 흘리고 죽는다고 하여 결혼이 어려웠다. 그래서 만약 딸이 이 사주를 타고나면 백호대살이 없는 날로 생일을 바꾸는 경우가 있었다. 남성은 백호대살이 있어도 큰 문제가 없는데 왜 여성은 문제가 될까? 더불어 여성이 백말띠나 호랑이띠인 해에 태어나면 팔자가 세고, 개띠 해에 태어나면 집안에 있지 않고 밖으로 돌아다녀서 팔자가 세다고 할까? 바로 백호대살, 양인살, 명예살, 백마띠, 호랑이띠, 개띠, 용띠 등이 나타내는 성향이 지배받기 싫어하고 독립적이며 자립정신이 강하다는 데 답이 있다.

이러한 사주팔자를 타고난 사람은 다른 사람들이 맡겨주고 인정해줄 때 능력을 발휘하지만, 간섭하고 억누르면 스트레스를 심하게 받고 그 상황을 벗어나고자 하는 의지가 강해진다. 가부장적인 한국 남성들에게 여성이 자신의 감정을 그대로 표출하는 것이 곱게 보일 리 없었다. 남성이 여성을 함부로 대해도 그저 여성은 참고 순종하는 것이 미덕인 세상에서 도저히 용납할 수 없는 경우가 백호대살, 양인살, 명예살, 백마띠, 호랑이띠, 개띠, 용띠 여성이었을 것이다. 그래서 이들이 목소리를 높여 자기 주장을 하면 집안이 망한다고 했고, 이들이 자신의 주장을 펼까 봐서 배우자나 주변 사람들이 죽는 이유가 이들에게 있다고 뒤집어씌운 것이다.

그러나 자신의 감정과 생각을 솔직하고 당당하게 이야기하고, 맡은 바 책임을 다하며 능력을 발휘하는 이 여성들은 집안을 망하게 하는 것이 아니라 집안을 일으켜 세운다. 요즈음 대다수의 초등학교에서는 여학생이 1등을 하고, 고시 합격자의 30% 정도가 여성이라고 한다. 백호대살, 양인살, 명예살, 백말띠, 호랑이띠 여성들은 활동적인 커리어우먼 기질을 갖고 있다. 이들은 미래 한국의 대들보이다. 암탉이 울면 집안이 망하는 것이 아니라 알을 낳는다.

천간 10자와 지지 12자가 결합한 육십갑자는
각각 특징적인 성격을 갖고 있다. 육십갑자로 운명을 본다는 의미는,
태어난 생년월일시를 천간과 지지로 나타낸 연주, 월주, 일주, 시주만을 살펴서
운명을 판단한다는 뜻이다. 연주, 월주, 일주, 시주 중에서 일주의 기운이
가장 강하므로, 일주로 운명을 본다 또는 일주로 성격을 본다고 말하기도 한다.
여기서 운명과 성격을 같은 의미로 사용하는데, 그 이유는
성격이 운명을 좌우하는 경우가 많기 때문이다.
한편 사주팔자의 네 기둥 중에서 일주의 작용은 50% 정도이고,
월주와 연주의 작용은 각각 20% 정도, 시주의 작용은 10% 정도이다.

김동완의 사주명리학 강의 Vol.2
사주명리학 완전정복

# 육십갑자로 보는 운명

육친의 특징 / 오행의 특징 / 신살의 특징 /
띠 동물의 특징 / 육십갑자의 분석

# chapter 5

## 육십갑자로 보는 운명

각각의 육십갑자는 특징적인 성격을 갖고 있다.
이 육십갑자로 이루어진 사주팔자 중에서 영향력이
가장 큰 일주를 살펴서 운명을 판단하는 방법을 소개한다.
단, 보다 깊이 있는 사주 상담을 위해서는
사주팔자 전체의 상황을 살펴보아야 한다.

천간 10자와 지지 12자가 결합한 육십갑자는 각각 특징적인 성격을 갖고 있다. 육십갑자로 운명을 본다는 의미는, 태어난 생년월일시를 천간과 지지로 나타낸 연주, 월주, 일주, 시주만을 살펴서 운명을 판단한다는 뜻이다. 연주, 월주, 일주, 시주 중에서 일주의 기운이 가장 강하므로, 일주로 운명을 본다 또는 일주로 성격을 본다고 말하기도 한다. 여기서 운명과 성격을 같이 의미로 사용하는데, 그 이유는 성격이 운명을 좌우하는 경우가 많기 때문이다.

한편 사주팔자의 네 기둥 중에서 일주의 작용은 50% 정도이고, 월주와 연주의 작용은 각각 20% 정도, 시주의 작용은 10% 정도이다.

작용력이 가장 큰 일주 위주로 운명을 판단할 때는 먼저 태어난 날의 천간을 나로 보고 지지를 육친으로 보아 육친 관계를 살펴본 다음, 지지의 도화살·역마살·명예살을 살펴보고, 다시 12가지 띠 동물의 특색을 살펴보고, 마지막으로 백호대살·괴강살·양인살 등을 살펴서 전체적인 성격 유형을 판단한다.

단, 보다 깊이 있는 사주 상담을 위해서는 사주 전체의 상황을 살펴보고 음양오행, 육친, 격국, 용신 등을 종합적으로 활용해야 한다.

예)

| 시 | 일 | 월 | 연 |
|---|---|---|---|
| 丁 | 庚 | 丙 | 戊 |
| 丑 | 申 | 寅 | 戌 |

이 사주는 경신(庚申) 일주에 태어났는데, 이 경신(庚申)을 분석하여 운명을 판단하는 것을 바로 일주로 운명(또는 성격)을 본다고 말한다.

우선 경(庚)을 나로 보고 신(申)을 육친으로 보면 비견에 해당한다. 신(申)은 역마살인 인신사해(寅申巳亥)의 하나이고, 띠 동물로는 원숭이이다. 비견은 지기 싫어하고 칭찬받기를 좋아하며, 인정을 받으면 2배의 능력을 발휘한다. 역마살은 활동적이고 움직임이 있으며, 원숭이는 재주가 많고 재치 있다. 이것을 종합하면, 이 사람은 자기 주관이 뚜렷하고 독립적이며, 순간적인 판단력이 우수하고, 다른 사람에 비해 감각이 뛰어나고, 재주가 발달하였으며, 활동적이다. 이렇게 일주 경신(庚申)을 살펴보아 사주 주인공의 성격을 판단하고 직업 적성을 알아볼 수 있다.

이 사주에서 네 기둥의 영향력을 보면 일주 경신은 50% 정도, 월주 병인(丙寅)과 연주 무술(戊戌)은 각각 20%, 시주 정축(丁丑)은 10%이다. 이렇게 네 기둥의 영향력이 모두 다르므로 원칙적으로는 사주 네 기둥을 각각 살펴보아 종합적으로 성격을 분석해야 하지만, 너무 복잡하기 때문에 연월시는 보지 않고 제일 작용력이 강한 일주로 대체하는 것이다.

한편 사주 네 기둥으로 성격을 본다고 할 때는 어느 한 기둥을 보는 것이 아니라 연월일시 모두를 종합적으로 판단한다.

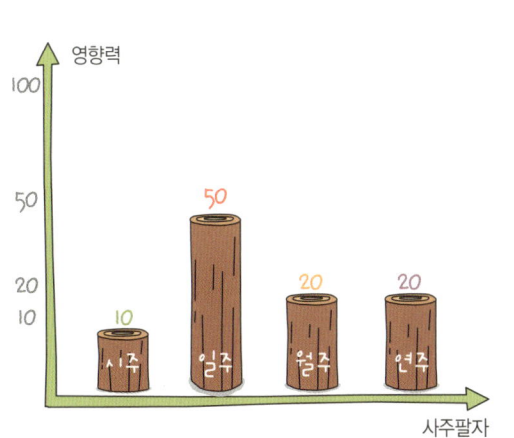

> **point**
>
> **일주로 보는 운명**
>
> 사주팔자 중에서 가장 영향력이 큰 일주 위주로 운명을 판단하는 것을 말한다. 일주의 육친 관계, 신살, 띠 동물의 특징들을 파악한 뒤 이를 종합하여 운명을 판단한다.

## 생활 속 역학

### "육갑을 떤다의 유래_"

육갑(六甲)은 육십갑자(六十甲字)의 준말로서, 일반적으로 남의 언행을 얕잡아 말할 때 '육갑을 떤다'고 표현한다.

육십갑자는 천간 10자와 지지 12자가 순서대로 서로 짝을 지어 이루어진 60가지 간지 결합을 말하는데, 최초의 간지 결합이 천간 갑(甲)과 지지 자(子)가 합쳐진 갑자(甲子)이므로 육십갑자라고 부른다. 이 육십갑자가 한 바퀴 다 돌면 갑(甲)이 처음으로 돌아왔다고 해서 육십 번째 생일을 회갑(回甲)이라고 한다. 우리 나라 사람들은 회갑을 맞으면 회갑연이라고 하여 잔치를 벌이고 축하하는 자리로 삼을 만큼 이 육십갑자라는 말은 긍정적인 의미가 있다. 그런데 이 육십갑자가 어떻게 사람들 사이에 '육갑을 떤다'와 같은 부정적인 의미로 쓰이게 되었을까?

예나 지금이나 모자란 실력을 가지고 장황하게 허풍을 떠는 사람이 많다. 어느 모임이나 단체에 가면 관상이나 손금을 보아주겠다는 사람을 쉽게 볼 수 있는데, 열심히 이야기하다가 자신보다 실력이 뛰어난 사람이 나타나면 보기가 무섭게 입을 다물고 만다.

이렇게 학문이 깊지 않고 제대로 실력을 갖추지 못한 사람들이 몇 자 주워들은 실력으로 사람들의 사주나 관상, 손금을 보아주는 등 함부로 행동하는 것을 두고 '육십갑자를 함부로 떠든다', '육갑을 떤다'고 하였다. 처음에는 제대로 알지도 못하면서 사주를 보아준다고 나선다는 의미로 쓰이다가, 점차 격에 맞지 않는 말이나 행동 등을 할 때 얕잡아 이르는 말로 쓰이게 된 것이다.

## 1. 육친의 특징

태어난 날의 천간을 나로 보고, 지지를 육친으로 보아 육친 관계를 분석한다. 각각의 육친에 따라 다음의 특징이 나타난다.

### 비견

① 인정이 많고, 다른 사람에게 베풀기 좋아하며, 남의 부탁이나 일을 도맡아 처리해준다.

② 고집과 배짱, 추진력이 있고 의욕과 패기가 넘치며, 적극적이고 진취적이다.

③ 호탕하고 양심적이어서 주위 사람들에게 존경받는다.

④ 순수한 성격이다.

### 겁재

① 대인관계가 원만하며, 인정이 많고 베풀기를 좋아한다.

② 명랑하고 적극적이며 진취적이다.

③ 배짱이 좋고 활동적이다.

④ 맺고 끊는 것이 약하고 보증 등을 주의해야 한다.

### 식신

① 중후하고 안정적이며, 인품이 고상하고 단정하며, 예의바르다.

② 인간미가 있고 부드러운 성격이다.

③ 섬세하고 분명한 것을 좋아하며, 신의가 있다.

④ 기획력이 있고 계획적인 기질이 강하다. 묵묵하게 자신의 일을 처리한다.

### 상관

① 두뇌가 뛰어나고, 언변이 좋다.

② 자기 주관과 주장이 강하고, 고집이 있다.

③ 다재다능한 능력의 소유자이다.

④ 기획력이 탁월하고, 재치와 임기응변이 뛰어나다.

### 편재

① 성격이 항상 긍정적이며 밝고 명랑하다. 말솜씨가 있으며 처세술이 탁월하다.

② 온화하고 온순하며, 합리적이면서도 자존심이 강하다.

③ 인정이 많으며 예의바르다.

④ 용모가 수려하고 단정하며, 생활력이 강하다.

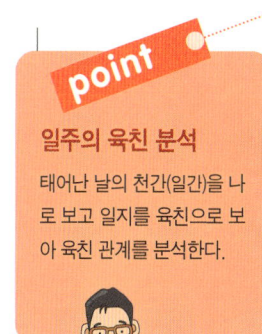

**point**

**일주의 육친 분석**

태어난 날의 천간(일간)을 나로 보고 일지를 육친으로 보아 육친 관계를 분석한다.

### 정재

① 우직하고 은근한 고집이 있다.

② 보수적이고 선비의 기질이 있으며 학자적인 성품이다.

③ 매사에 합리적이고 분명하지만, 융통성이 부족하다.

④ 인품이 바르고 두뇌가 명석하다. 맡겨주고 인정해주면 2배의 능력을 발휘한다.

### 편관

① 자기 주관이 뚜렷하여 매사에 앞장서서 일을 추진한다.

② 주변 사람들로부터 신뢰와 존경을 받으며 명예와 품위를 지키기 위해 항상 노력한다.

③ 배짱과 추진력이 있다.

④ 대인관계가 폭 넓다.

⑤ 정열적이고 리더십이 탁월하다.

### 정관

① 자유롭고 의지력이 강하며, 남에게 도움받는 것을 싫어한다.

② 매사에 너그럽고 온유한 성격의 소유자이며, 타인에게 베풀기를 잘 한다.

③ 학자적이고 은근한 고집과 끈기가 있다.

④ 신의와 믿음이 두텁다.

### 편인

① 자기만의 개성이 뚜렷하고, 재주가 많고 머리가 좋다.

② 감각이 있고 지혜와 지략이 뛰어나다.

③ 다방면에 경험을 쌓으며, 지식이 풍부하다.

④ 끼가 있다.

### 정인

① 매사에 신중하고, 학자적인 성품을 가지고 있다.

② 정직하고 은근한 고집이 있다.

③ 자존심이 강하고 안정적인 것을 추구한다.

④ 모성본능이 있고 인정이 많다.

## 2. 오행의 특징

사주팔자의 오행으로 사주 주인공의 심리적 특성과 직업 적성을 파악할 수 있다. 각각의 오행은 다음과 같은 특징을 가지고 있다.

### 목(木)

① 강직한 성품이면서 뻗어 나가고 싶어한다.

② 인정이 많고 신경이 예민하다.

③ 명예욕이 강하다.

### 화(火)

① 명랑하고 예의바르다.

② 화려하고 감성이 풍부하다.

③ 마음이 조급하여 시작은 잘 하지만 마무리가 약하다.

### 토(土)

① 믿음직스럽고 중후하다.

② 고집이 세고 은근한 끈기가 있다.

③ 결단력과 과단성이 강하다.

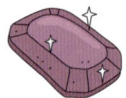

### 금(金)

① 완벽을 추구하고 예민한 성격이다.

② 언제나 변화와 개혁을 추구한다.

③ 맺고 끊음이 분명하지만 대인관계가 매끄럽지 못하다.

### 수(水)

① 지혜롭고 총명하다.

② 창조력이 있고, 기획력과 아이디어가 탁월하다.

③ 의지가 약하고, 매사에 주저하는 경우가 많다.

## 3. 신살의 특징

여기에 소개하는 신살들은 특징이 뚜렷하고, 극단적이거나 부정적이지 않은 신살들이다.

괴강살은 무진(戊辰)·무술(戊戌)·경진(庚辰)·경술(庚戌)·임진(壬辰)·임술(壬戌)이고, 양인살은 병오(丙午)·무오(戊午)·임자(壬子)이다. 백호대살은 갑진(甲辰)·을미(乙未)·병술(丙戌)·정축(丁丑)·무진(戊辰)·임술(壬戌)·계축(癸丑)이고, 도화살은 자오묘유(子午卯酉), 역마살은 인신사해(寅申巳亥), 명예살은 진술축미(辰戌丑未)이다.

### 괴강살·양인살·백호대살

① 고집이 세고 자기 주장이 강하며, 매사에 의욕적이고 추진력이 강하다.

② 리더십과 배짱이 있고, 끈기가 있다.

③ 큰 일을 할 때 자신감이 넘쳐나며 대인관계가 매우 좋다.

④ 가슴이 넓고 호탕한 성격이며 화끈한 타입이다.

### 도화살

① 재주가 많고 두뇌가 뛰어나다.

② 감각이 발달하였고, 항상 새로운 것을 추구하며, 독창적이고 진취적이다.

③ 개성이 뚜렷하고 예쁘고 화려한 것을 좋아한다.

④ 섬세하고 부드러우며 명랑하다.

### 역마살

① 활동적이다.

② 새로운 것을 추구하고 항상 새로운 일을 만들어간다.

③ 활동 범위가 넓다.

④ 정적인 것보다 동적인 것을 선호한다.

### 명예살

① 지배받기 싫어하고 고집이 세다.

② 은근한 끈기가 있고 행동에 자신감이 넘친다.

③ 독립적이고 자유로운 것을 선호한다.

④ 맡겨주고 인정해주면 2배의 능력을 발휘한다.

> **point**
>
> **일주의 신살 분석**
>
> 괴강살, 양인살, 백호대살 등 일주의 신살과 도화살, 역마살, 명예살 등 일지의 신살을 보고 사주 주인공의 운명을 분석한다.

괴강살·양인살·백호대살 　 도화살 　 역마살 　 명예살

**돌발퀴즈**

Q 사주명리학에서 좋은 신살은 무엇이고 나쁜 신살은 무엇인가?

A 사주명리학에는 매우 많은 신살들이 있다. 그런데 이들 중 쓸모 없는 신살들이 대다수이다. 이론적인 타당성이 부족한 경우도 있지만, 사용할 수 있는 신살이라고 해도 기존의 이론을 그대로 적용할 수 없는 경우가 많다.

　신살에 대한 가장 큰 오해는 좋은 신살과 나쁜 신살이 따로 정해져 있다는 것이다. 일반 이론에서 그와 같이 분류하는 경우가 많다. 그러나 이것은 잘못된 설명이다. 하나의 신살에는 좋은 점과 나쁜 점이 모두 존재하기 때문이다. 따라서 자신의 사주팔자에 있는 신살을 잘 파악하고 장점은 개발하여 더욱 크게 발전시키고, 단점은 보완하도록 노력해야 한다.

## 4. 띠 동물의 특징

일반적으로 태어난 해의 지지로 띠 동물을 판단하지만, 일주 위주의 운명판단법에서는 태어난 날의 지지로 띠 동물을 판단한다.

### 子(쥐)

① 두뇌가 총명하다.

② 지혜롭다.

③ 감수성과 아이디어가 있다.

### 丑(소)

① 은근한 고집이 있다.

② 기획력과 아이디어가 반짝인다.

③ 자신이 하는 일에 열정적이다.

### 寅(호랑이)
① 자기 주관이 뚜렷하다.
② 명예와 품위를 지키려고 한다.
③ 몰아서 하는 것을 좋아한다.

### 卯(토끼)
① 개성이 뚜렷하다.
② 다른 사람들에게 베풀기를 좋아한다.
③ 쓸데없는 것에 고집을 피운다.

### 辰(용)
① 완벽을 추구한다.
② 고집이 매우 세다.
③ 끈기와 추진력이 있다.

### 巳(뱀)
① 내성적이면서도 표현력이 뛰어나다.
② 정열적이지만 끈기가 부족하다.
③ 활동적인 면이 강하다.

### 午(말)
① 활동적이고 적극적이다.
② 대인관계가 원만하다.
③ 감각이 발달하고 감수성이 풍부하다.

### 未(양)

① 신경이 예민하다.

② 자존심이 강하고 외유내강의 성격이다.

③ 은근한 끈기가 있다.

### 申(원숭이)

① 재주가 많고 재치가 넘친다.

② 감각이 뛰어나다.

③ 끈기와 집중력이 부족하다.

### 酉(닭)

① 내성적이고 섬세하며 분명한 것을 좋아한다.

② 재주가 있고 꾸준하게 노력한다.

③ 자기 주장이 약하고 안정적이다.

### 戌(개)

① 자존심이 강하고 은근한 끈기가 있다.

② 몸과 마음이 항상 바쁘다.

③ 성공 아니면 실패로 극단적이다.

### 亥(돼지)

① 머리가 좋고 베풀기 좋아한다.

② 온순한 성격으로 우직하고 믿음직스럽다.

③ 사람을 가려서 사귀며 소심한 타입이다.

# 5. 육십갑자의 분석

아래의 사주팔자들은 일주에 올 수 있는 모든 육십갑자들을 포함하고 있다. 사주팔자만 알려져 있고 생년월일시나 태어난 시간이 정확하지 않은 경우가 있지만, 일주 위주의 운명판단법으로 맞추어보기에는 큰 무리가 없을 것이다.

## 1 갑목

### 갑자(甲子)

> **point**
>
> **갑목**
>
> 갑목(甲木)에는 갑자(甲子), 갑인(甲寅), 갑진(甲辰), 갑오(甲午), 갑신(甲申), 갑술(甲戌) 이 있다.

#### ❶ 분석

① 갑자(甲子)는 천간의 첫 번째 글자와 지지의 첫 번째 글자로 구성된다.

② 자수(子水)가 갑목(甲木)을 생하는 수생목(水生木)의 관계이므로 육친으로는 정인에 해당한다.

③ 자(子)는 도화살에 해당하며, 띠동물로는 쥐이다.

#### ❷ 성격

① 낙천적인 성격이며, 대인관계가 원만하고 인정이 많다.

② 화려한 것을 추구하고 자존심이 강하다.

③ 가슴이 넓고 자신감이 넘치며 의지가 강하다. 이해타산이 빠르고 공과 사가 분명하다.

예) 전 미국 부통령 넬슨 록펠러(1908년 7월 8일 양력)

| 시 | 일 | 월 | 연 |
|---|---|---|---|
| 庚 | 甲 | 己 | 戊 |
| 午 | 子 | 未 | 申 |

## 갑인(甲寅)

**❶ 분석**

① 갑인(甲寅)은 천간과 지지가 모두 양목(陽木)이다.

② 육친관계를 보면 갑목(甲木)과 인목(寅木)은 같은 양목으로 비견에 해당한다.

③ 인(寅)은 역마살에 해당하며, 띠 동물로는 호랑이이다.

**❷ 성격**

① 화끈하고, 추진력과 배짱이 있으며, 두뇌회전이 빠르고 적극적이다.

② 인정이 많고 원만한 대인관계를 위해 노력한다.

③ 지나친 배짱이나 고집 때문에 인생의 굴곡이 생기기 쉽다. 자제할 줄 아는 것이 필요하다.

예) 전 국회의장 신익희(1894년 6월 9일 음력)

| 시 | 일 | 월 | 연 |
|---|---|---|---|
| 乙 | 甲 | 辛 | 甲 |
| 亥 | 寅 | 未 | 午 |

### 갑진(甲辰)

**❶ 분석**

① 갑진(甲辰)은 백호대살이다.

② 육친으로는 목극토(木剋土)의 관계이므로 편재에 해당한다.

③ 진(辰)은 명예살이며, 띠 동물로는 용이다.

**❷ 성격**

① 명예욕이 있고 추진력이 있다. 의지가 굳으며 진취적이다.

② 명랑하고 인정이 많으며 활동적이다.

③ 융통성이 부족하고 쓸데없는 고집이 세다.

④ 자존심이 강해 남에게 굽히기를 싫어하는 성격이다.

⑤ 다소 욱하는 성질이 있으며, 너무 인색한 점이 단점이다. 대인관계에 특히 신경 써야 한다.

예1) 초대 내무장관 윤치영(1898년 2월 10일 양력)

| 시 | 일 | 월 | 연 |
|---|---|---|---|
| 庚 | 甲 | 甲 | 戊 |
| 午 | 辰 | 寅 | 戌 |

예2) 전 국무총리 남덕우(1924년 4월 22일 음력)

| 시 | 일 | 월 | 연 |
|---|---|---|---|
| 戊 | 甲 | 己 | 甲 |
| 辰 | 辰 | 巳 | 子 |

### 갑오(甲午)

**❶ 분석**

① 갑오(甲午) 모두 현침살이며, 더운 기운이 강하다.

② 육친으로는 목생화(木生火)의 관계이므로 상관에 해당한다.

③ 오(午)는 도화살에 해당하며, 띠 동물로는 말이다.

**❷ 성격**

① 두뇌가 뛰어나며, 새로운 것을 추구하고, 창조력이 뛰어나며, 예술 방면에 소질이 있다.

② 왕성하게 활동하고, 언변이 좋으며, 명랑한 성격이다.

③ 현실보다 이상을 추구하기 때문에 손해를 보는 경우가 종종 있다.

④ 인정이 있고, 성실하고 책임감이 있다. 공무원이나 관공서 계통에 진출하면 성공을 거둔다.

예) 소설가 쥘 베른(1828년 2월 8일 양력)

| 시 | 일 | 월 | 연 |
|---|---|---|---|
| 庚 | 甲 | 甲 | 戊 |
| 午 | 午 | 寅 | 子 |

### 갑신(甲申)

**❶ 분석**

① 갑신(甲申) 모두 현침살이다.

② 육친으로는 금극목(金剋木)의 관계이므로 편관에 해당한다.

③ 신(申)은 역마살에 해당하며, 띠 동물로는 원숭이이다.

❷ 성격

① 정열적이고 의리가 있으며 믿음직스럽다.

② 여러 방면에 재주가 있고, 총명하며, 끼가 넘친다.

③ 집중력과 끈기가 부족한 것이 단점이다.

④ 정열이 넘치고 뛰어난 리더십으로 사람들로부터 신뢰와 존경을 받는다.

예1) 라틴가수 훌리오 이글레시아스(1943년 9월 23일 양력)

| 시 | 일 | 월 | 연 |
|---|---|---|---|
| 庚 | 甲 | 辛 | 癸 |
| 午 | 申 | 酉 | 未 |

예2) 전 문교부장관 안호상(1902년 1월 23일 음력)

| 시 | 일 | 월 | 연 |
|---|---|---|---|
| 丙 | 甲 | 壬 | 壬 |
| 寅 | 申 | 寅 | 寅 |

### 갑술(甲戌)

❶ 분석

① 갑목(甲木)이 건조한 술토(戌土)에 뿌리를 내리지 못한다.

② 육친으로는 목극토(木剋土)의 관계이므로 편재에 해당한다.

③ 술(戌)은 명예살에 해당하며, 띠 동물로는 개이다.

❷ 성격

① 명랑하고 활동적이다.

② 대인관계가 원만하고, 독립심과 책임감이 강하며, 성실하게 주어진 상황에 최선을 다한다.

③ 자립심이 강하여 스스로 성공하기 위해 노력한다. 부모 형제와 인연이 약하다.

④ 말솜씨가 좋고 처세술이 뛰어나다. 뛰어난 머리와 지혜로 사회활동에서 자신의 주장을 잘 설득 시키면서 일해 나간다. 이것을 계속 개발해 나가는 것이 필요하다.

⑤ 자신의 위엄과 품위를 지키기 위해 노력하는 타입이다.

예1) IQ 210의 천재 김웅용(1963년 3월 8일 음력)

| 시 | 일 | 월 | 연 |
|---|---|---|---|
| 庚 | 甲 | 乙 | 癸 |
| 午 | 戌 | 卯 | 卯 |

예2) 영화배우 고 김희갑(1923년 7월 18일 음력)

| 시 | 일 | 월 | 연 |
|---|---|---|---|
| 丁 | 甲 | 庚 | 癸 |
| 卯 | 戌 | 申 | 亥 |

예3) 영조 · 논개(1694년 9월 3일 음력)

| 시 | 일 | 월 | 연 |
|---|---|---|---|
| 甲 | 甲 | 甲 | 甲 |
| 戌 | 戌 | 戌 | 戌 |

**생활 속 역학**

## "팔자에 얽힌 속담들_"

「팔자를 잘 타고나서 출세했다」, 「팔자를 고친다」, 「팔자가 좋다」, 「팔자가 기구하다」, 「팔자가 사납다」, 「팔자소관이다」, 「여자 팔자는 뒤웅박 팔자다」, 「팔자는 쌀 뒤주에 숨어도 찾아온다」, 「팔자 도망은 못 한다」, 「팔자가 늘어졌다」, 「팔자에 없다」, 「팔자는 날 때부터 타고난다」 등 우리 생활 속에 '팔자'란 단어는 깊숙이 파고들어와 있다.

팔자(八字)는 사주팔자 즉 태어난 연월일시의 간지인 여덟 글자라는 뜻으로 사람의 평생 운수를 말한다. 이 속담들에 담긴 의미에 대해 알아보자.

**팔자 도망은 못 한다**
① 자신이 타고난 운명을 잘 활용해야 한다.
② 운명은 피할래야 피할 수 없다.

**팔자를 고친다**
① 별안간 부자가 되거나 신분이 높아져 딴사람처럼 된다.
② 여성의 경우에는 새로운 상대를 만나 결혼한다.

**팔자에 없다**
분수에 넘치거나 격에 넘치는 뜻밖의 복을 의미한다.

**팔자소관**
타고난 운수로 어쩔 수 없이 결정되어지는 것을 말한다.

**팔자가 사납다**
운명이 편안하지 않다.

**팔자가 기구하다**
세상살이가 순탄하지 못하고 굴곡이 심하다.

다~ 팔자 소관이라니까

## 2 을목

### 을축(乙丑)

#### ❶ 분석

① 을목(乙木)이 물기가 있는 축축한 축토(丑土)에 뿌리를 내리고 있다.

② 육친으로는 목극토(木剋土)의 관계이므로 편재에 해당한다.

③ 축(丑)은 명예살에 해당하며, 띠 동물로는 소이다.

#### ❷ 성격

① 내성적이면서 은근히 고집이 세고 사람을 가려 사귄다.

② 온화하고 온순하면서도 신념이 강하고 모든 일에 합리적이며 계획적이다.

③ 자기 주관이 지나치게 강하고 흑백이 너무 명확하다.

> **을목**
> 을목(乙木)에는 을축(乙丑), 을묘(乙卯), 을사(乙巳), 을미(乙未), 을유(乙酉), 을해(乙亥)가 있다.

예1) 야구선수 박찬호(1973년 6월 29일 음력)

| 시 | 일 | 월 | 연 |
|---|---|---|---|
| 甲 | 乙 | 己 | 癸 |
| 申 | 丑 | 未 | 丑 |

예2) 문인 최남선(1890년 5월 21일 음력)

| 시 | 일 | 월 | 연 |
|---|---|---|---|
| 丙 | 乙 | 壬 | 庚 |
| 戌 | 丑 | 午 | 寅 |

### 을묘(乙卯)

**❶ 분석**

① 을묘(乙卯)는 천간과 지지가 모두 음목(陰木)이다.

② 육친으로는 을목(乙木)과 묘목(卯木)이 같은 음목(木)이므로 비견이다.

③ 묘(卯)는 도화살에 해당하며, 띠 동물로는 토끼이다.

**❷ 성격**

① 내성적이면서도 의욕적이고 패기에 넘친다. 친밀하다고 느끼면 밝고 명랑하게 변한다.

② 인정이 많고 부드럽고 성실하면서도, 치밀하고 합리적이다.

③ 지구력이 약하고, 이상적인 일을 추구하며, 마음에 비해 실천력이 약하다.

④ 정력적으로 생활하므로 목표를 세워 돌진하면 크게 성공할 운이다.

예) 소설가 톨스토이(1828년 9월 9일 양력)

| 시 | 일 | 월 | 연 |
|---|---|---|---|
| 戊 | 乙 | 庚 | 戊 |
| 寅 | 卯 | 申 | 子 |

### 을사(乙巳)

**❶ 분석**

① 을목(乙木)은 작은 나무이고 사화(巳火)는 큰 불이므로 상관다신약으로 본다.

② 육친으로는 을목(乙木)이 사화(巳火)를 생하므로 상관에 해당한다.

③ 사(巳)는 역마살에 해당하며, 띠 동물로는 뱀이다.

❷ 성격

① 자기 표현력이 탁월하고 상상력이 풍부하며, 아이디어가 반짝인다.

② 자기 분수를 알고 세심하며, 상대를 따뜻하게 배려한다.

③ 변화가 심하고 끈기가 부족하며 생각이 많다.

④ 겉으로는 얌전하고 온순해 보이지만, 속으로는 자기 주관이 강하다.

⑤ 대인관계가 매끄럽고 재치와 임기응변이 뛰어나다.

예) 화가 살바도르 달리(1904년 5월 11일 양력)

| 시 | 일 | 월 | 연 |
|---|---|---|---|
| 庚 | 乙 | 己 | 甲 |
| 辰 | 巳 | 巳 | 辰 |

### 을미(乙未)

❶ 분석

① 을목(乙木)이 뜨거운 미토(未土)에 뿌리를 내리지 못한다. 을미(乙未)는 백호대살이다.

② 육친으로는 을목(乙木)이 미토(未土)를 극하므로 편재에 해당한다.

③ 미(未)는 명예살에 해당하며, 띠 동물로는 양이다.

❷ 성격

① 부드러운 성품이며, 인정이 많다. 상대의 마음을 잘 이해해준다.

② 은근한 고집과 끈기로 하고자 하는 일을 잘 끌고 나간다.

③ 결정적인 순간에 자신을 내보이지 않아서 계산적인 느낌을 주고 오해받기 쉽다.

④ 박학다식하다. 합리적이고 침착하며, 창의력과 수리능력이 뛰어나다.

예1) 영화배우 강신성일(1937년 3월 28일 음력)

| 시 | 일 | 월 | 연 |
|---|---|---|---|
| 壬 | 乙 | 乙 | 丁 |
| 午 | 未 | 巳 | 丑 |

예2) 독립운동가 조소앙(1887년 4월 8일 음력 윤달)

| 시 | 일 | 월 | 연 |
|---|---|---|---|
| 乙 | 乙 | 乙 | 丁 |
| 酉 | 未 | 巳 | 亥 |

### 을유(乙酉)

#### ❶ 분석
① 아래에 있는 유금(酉金)이 위의 을목(乙木)을 극하는 형상이다.
② 육친으로는 유금(酉金)이 을목(乙木)을 극하므로 편관에 해당한다.
③ 유(酉)는 도화살에 해당하며, 띠 동물로는 닭이다.

#### ❷ 성격
① 재주가 뛰어나고 지혜로우며 감각이 남다르다.
② 깔끔하고 냉정한 성품이며, 성실하고 의지가 강하다.
③ 자신의 재주와 능력을 믿고 타인을 무시하거나 배려하지 않는 경우가 있다.
④ 자기의 개성과 취미를 발전시킨다면, 비록 과정이 비록 험난하겠지만 다른 사람들보다 대처능력이 뛰어나므로 쉽게 극복하고 명성을 얻는다.

예) 팝가수 존 레논(1940년 10월 9일 양력)

| 시 | 일 | 월 | 연 |
|---|---|---|---|
| 乙 | 乙 | 丙 | 庚 |
| 酉 | 酉 | 戌 | 辰 |

## 을해(乙亥)

### ❶ 분석

① 을목(乙木)은 작은 나무이고 해수(亥水)는 큰 물이므로 인다신약으로 본다.

② 육친으로는 해수(亥水)가 을목(乙木)을 생하므로 정인에 해당한다.

③ 해(亥)는 역마살에 해당하며, 띠 동물로는 돼지이다.

### ❷ 성격

① 새로운 분야에 뛰어난 재주와 감각이 있고, 표현력이 뛰어나다.

② 정직한 성품이고, 따뜻하고 온정이 있어서 상대를 배려하는 마음이 강하다.

③ 누군가에게 의지하고 싶어하거나 끈기가 부족한 것이 단점이다.

④ 어떤 일을 하면 그 일에만 몰두하는 경향이 많다.

예1) 전 경찰총경 김강자(1945년 1월 23일 음력)

| 시 | 일 | 월 | 연 |
|---|---|---|---|
| 甲 | 乙 | 己 | 乙 |
| 申 | 亥 | 卯 | 酉 |

예2) 역학자 박재완(1903년 12월 13일 양력)

| 시 | 일 | 월 | 연 |
|---|---|---|---|
| 丁 | 乙 | 甲 | 癸 |
| 亥 | 亥 | 子 | 卯 |

## 3 병화

### 병자(丙子)

#### ❶ 분석
① 천간 병화(丙火)는 양이므로 음수인 자수(子水)의 극을 받아들일 여유가 있다.
② 육친으로는 자수(子水)가 병화(丙火)를 극하므로 정관에 해당한다.
③ 자(子)는 도화살에 해당하며, 띠 동물로는 쥐이다.

#### ❷ 성격
① 독창적이고 진취적이며, 항상 새로운 것을 추구하면서도 원칙을 중시한다.
② 솔직담백하고 의지가 강하여 남에게 도움 받는 것을 싫어한다.
③ 쉽게 흥분하고, 신세지면 꼭 갚아야 마음이 편한 성격이다.

**병화**

병화(丙火)에는 병자(丙子), 병인(丙寅), 병진(丙辰), 병오(丙午), 병신(丙申), 병술(丙戌)이 있다.

예) 정치인 송진우(1890년 5월 8일 음력)

| 시 | 일 | 월 | 연 |
|---|---|---|---|
| 壬 | 丙 | 壬 | 庚 |
| 辰 | 子 | 申 | 寅 |

### 병인(丙寅)

#### ❶ 분석

① 병화(丙火) 밑에 장작 역할을 하는 인목(寅木)이 있으므로 활활 타오르는 형상이다.

② 육친으로는 인목(寅木)이 병화(丙火)를 생하므로 편인에 해당한다.

③ 인(寅)은 역마살에 해당하며, 띠 동물로는 호랑이이다.

#### ❷ 성격

① 적극적이며, 원대한 포부와 이상을 갖고 있다.

② 화려하고 예쁘고 멋진 것을 좋아한다.

③ 낙천적이고 명랑한 성격이며, 일을 진취적으로 밀고 나간다.

④ 솔직한 성격인데다 역마살을 타고나서 여기저기 돌아다니므로 기쁜 일도 생기지만, 대인관계에 마찰이 생기고 구설수와 시비가 뒤따르게 된다.

예) 전 독일 총통 히틀러(1889년 4월 20일 양력)

| 시 | 일 | 월 | 연 |
|---|---|---|---|
| 甲 | 丙 | 戊 | 己 |
| 午 | 寅 | 辰 | 丑 |

### 병진(丙辰)

**❶ 분석**

① 진(辰)은 습토이므로 화생토(火生土)가 잘 되지 않는다.

② 육친으로는 병화(丙火)가 진토(辰土)를 생하므로 식신에 해당한다.

③ 진(辰)은 명예살에 해당하며, 띠 동물로는 용이다.

**❷ 성격**

① 매사에 침착하고 끈기가 있으며 중후하고 안정적이다.

② 마음 속에는 꿈과 이상이 있지만, 겉으로 나타내거나 추진하는 데 약하다.

③ 묵묵히 일하며, 중후한 인격과 인품으로 인해 존경을 한몸에 받는다.

④ 대인관계에서 원만하고 친화력이 뛰어나 인기가 높다.

예) 러시아 초대 대통령 고르바초프(1931년 3월 2일 양력)

| 시 | 일 | 월 | 연 |
|---|---|---|---|
| 甲 | 丙 | 庚 | 辛 |
| 午 | 辰 | 寅 | 未 |

### 병오(丙午)

**❶ 분석**

① 병오(丙午)는 화(火)의 기운으로만 이루어져 있다.

② 육친으로는 병화(丙火)와 오화(午火)가 음양만 다르므로 겁재에 해당한다.

③ 오(午)는 도화살에 해당하며, 띠 동물로는 말이다.

## ❷ 성격

① 매사에 적극적이고 진취적이다. 양심적인 성격이다.

② 자존심과 명예욕이 있고 성격이 호탕하고 미래를 꿈꾸며 살아간다.

③ 자존심이 상하는 일은 잘 하지 않으려 하고 성질이 급한 것이 단점이다.

④ 말솜씨가 뛰어나며 명랑한 성격이다.

⑤ 화려하고 아름다운 것을 좋아하며, 이러한 것들을 추구한다.

예1) 관운장

| 시 | 일 | 월 | 연 |
|---|---|---|---|
| 甲 | 丙 | 甲 | 丙 |
| 午 | 午 | 午 | 午 |

예2) 제갈공명

| 시 | 일 | 월 | 연 |
|---|---|---|---|
| 庚 | 丙 | 辛 | 壬 |
| 寅 | 午 | 亥 | 申 |

예3) 전 내무부장관 구자춘(1932년 5월 11일 음력)

| 시 | 일 | 월 | 연 |
|---|---|---|---|
| 己 | 丙 | 丙 | 壬 |
| 亥 | 午 | 午 | 申 |

### 병신(丙申)

**❶ 분석**

① 병(丙)과 신(申)은 역마살의 기운이 있다.

② 육친으로는 병화(丙火)가 신금(申金)을 극하므로 편재에 해당한다.

③ 신(申)은 역마살에 해당하며, 띠 동물로는 원숭이이다.

**❷ 성격**

① 인정이 많고 예의가 바르며 밝다. 사교적이고 대인관계가 원만하다.

② 정직하며, 예쁘고 화려한 것을 좋아하는 여성적인 성격의 소유자이다.

③ 재주가 다양하고, 두뇌가 총명하며, 맡은 일을 솔선수범하여 완벽하게 완수해낸다.

④ 성격이 급하고, 욱하는 성질이 있어 사람들과 충돌하므로 자제심을 기를 필요가 있다.

예) 전 프랑스 대통령 미테랑(1916년 10월 26일 양력)

| 시 | 일 | 월 | 연 |
|---|---|---|---|
| 甲 | 丙 | 戊 | 丙 |
| 午 | 申 | 戌 | 辰 |

### 병술(丙戌)

**❶ 분석**

① 병술(丙戌)은 백호대살이다.

② 육친으로는 병화(丙火)가 술토(戌土)를 생하므로 식신에 해당한다.

③ 술(戌)은 명예살에 해당하며, 띠 동물로는 개이다.

### ❷ 성격

① 낙천적이고 예의바르며, 단정한 성격이면서도 강한 열정을 가지고 있다.

② 감수성이 발달하였고, 순수함이 있어서 종교에 귀의하기도 한다.

③ 겉으로 드러내고 싶으면서도 자신을 내세우지 못해 우울함이나 외로움이 있다.

예1) 러시아 대통령 푸틴(1952년 10월 7일 양력)

| 시 | 일 | 월 | 연 |
|---|---|---|---|
| 丁 | 丙 | 己 | 壬 |
| 酉 | 戌 | 酉 | 辰 |

예2) 전 국회의장 박준규(1925년 9월 12일 음력)

| 시 | 일 | 월 | 연 |
|---|---|---|---|
| 丙 | 丙 | 丙 | 乙 |
| 申 | 戌 | 戌 | 丑 |

### 4 정화

정축(丁丑)

#### ❶ 분석

① 정축(丁丑)은 백호대살에 해당한다.

② 육친으로는 정화(丁火)가 축토(丑土)를 생하므로 식신에 해당한다.

③ 축(丑)은 명예살에 해당하며, 띠 동물로는 소이다.

> **point**
> 
> **정화**
> 정화(丁火)에는 정축(丁丑), 정묘(丁卯), 정사(丁巳), 정미(丁未), 정유(丁酉), 정해(丁亥)가 있다.

❷ 성격

① 아이디어와 기획력이 탁월하다.

② 다소 급한 성격이고, 끈기가 부족하며, 모험을 두려워한다.

③ 인간미가 넘치고 온화하고 부드러운 성격으로 대인관계가 원만하고, 여러 사람으로부터 존경과 칭송을 받는다.

④ 지혜롭고 침착하며, 자기 주장을 뚜렷이 내세우는 타입이다.

예1) 팝가수 프랭크 시내트라(1915년 12월 12일 양력)

| 시 | 일 | 월 | 연 |
|---|---|---|---|
| 辛 | 丁 | 戊 | 乙 |
| 丑 | 丑 | 子 | 卯 |

예2) 전 일본 천황 히로히토(1901년 4월 29일 양력)

| 시 | 일 | 월 | 연 |
|---|---|---|---|
| 癸 | 丁 | 壬 | 辛 |
| 卯 | 丑 | 辰 | 丑 |

### 정묘(丁卯)

❶ 분석

① 정묘(丁卯)는 각각 화(火)와 도화살에 해당하므로 예술적 기질이 있다.

② 육친으로는 묘목(卯木)이 정화(丁火)를 생하므로 편인에 해당한다.

③ 묘(卯)는 도화살에 해당하며, 띠 동물로는 토끼이다.

❷ 성격

① 아이디어와 끼가 있으며, 재주가 많고 성실하다.

② 예의바르고 대인관계가 원만하며 인내심이 있다.

③ 재주가 많아 많은 사람들이 찾아오고, 남에게 베풀기를 좋아하여 아무런 대가 없이 일해준다.

④ 과도하게 베풀며 자기 주관이 너무 뚜렷한 단점이 있다.

⑤ 개성이 매우 뚜렷하여 독특한 옷차림과 행동으로 다른 사람과 구별된다.

예) 영화배우 더스틴 호프만(1937년 8월 8일 양력)

| 시 | 일 | 월 | 연 |
|---|---|---|---|
| 己 | 丁 | 戊 | 丁 |
| 酉 | 卯 | 申 | 丑 |

## 정사(丁巳)

❶ 분석

① 정사(丁巳)가 모두 화(火)이므로 화(火)의 기운이 강하다.

② 육친으로는 정화(丁火)와 사화(巳火)가 오행이 같고 음양만 다르므로 겁재에 해당한다.

③ 사화(巳火)는 역마살에 해당하며, 띠 동물로는 뱀이다.

❷ 성격

① 머리가 뛰어나고 재주가 많으며 예술, 기술, 체육, 문학 계통에 끼가 있다.

② 성품이 착하고 베풀기 좋아하면서도, 호탕하고 명랑하며 사교적이다.

③ 화끈한 성격으로 타인에게 말로 상처주기 쉽고, 일을 잘 벌이지만 끝맺음이 약하다.

④ 남성은 기술과 예술 분야, 여성은 예술과 문학 계통에서 일하면 크게 성공하여 이름을 떨친다.

예1) 영국 총리 토니 블레어(1953년 5월 6일 양력)

| 시 | 일 | 월 | 연 |
|---|---|---|---|
| 癸 | 丁 | 丁 | 癸 |
| 卯 | 巳 | 巳 | 巳 |

예2) 전 전경련 회장 김용완(1904년 4월 9일 음력)

| 시 | 일 | 월 | 연 |
|---|---|---|---|
| 己 | 丁 | 己 | 甲 |
| 酉 | 巳 | 巳 | 辰 |

## 정미(丁未)

### ❶ 분석

① 정(丁)과 미(未)는 더운 기운이 강하다.

② 육친으로는 정화(丁火)가 미토(未土)를 생하므로 식신에 해당한다.

③ 미(未)는 명예살에 해당하며, 띠 동물로는 양이다.

### ❷ 성격

① 순간적인 대처능력이 빠르다.

② 안정적이며 매사에 흔들림이 적고, 맡은 바 책임을 다한다.

③ 고지식하고 융통성이 부족하며 쓸데없는 고집이 있다.

④ 인정 많고 착하다. 예의바르고 대인관계의 폭이 넓으며, 여러 사람들에게 인기가 있다.

⑤ 음악과 예술을 사랑하며, 매사에 여유롭게 행동하고, 남에게 신세지는 것을 싫어한다.

예1) 율곡 이이

| 시 | 일 | 월 | 연 |
|---|---|---|---|
| 壬 | 丁 | 辛 | 丙 |
| 寅 | 未 | 丑 | 申 |

예2) 전 미국 대통령 레이건(1911년 2월 6일 양력)

| 시 | 일 | 월 | 연 |
|---|---|---|---|
| 戊 | 丁 | 庚 | 辛 |
| 申 | 未 | 寅 | 亥 |

### 정유(丁酉)

#### ❶ 분석

① 정(丁)과 유(酉)는 각각 화(火)와 도화살이므로 예술적인 기질이 있다.

② 육친으로는 정화(丁火)가 유금(酉金)을 극하므로 편재에 해당한다.

③ 유(酉)는 도화살에 해당하며, 띠 동물로는 닭이다.

❷ 성격

① 밝고 안정적인 성격이며, 대인관계가 원만하다.

② 지혜롭고 감각이 발달하였다. 예리한 판단력과 끼를 가지고 있다.

③ 평소에는 착한데 쓸데없는 고집을 부릴 때가 있고, 성격이 예민하다.

④ 용모가 수려하고 단정한 사람이 많아 탤런트, 배우, 가수 등 연예계에 진출하면 전망이 밝다.

⑤ 화가 나면 주위를 살피지 않는 불같은 성격의 소유자이다.

예1) 영화배우 장동건(1972년 1월 22일 음력)

| 시 | 일 | 월 | 연 |
|---|---|---|---|
| 壬 | 丁 | 癸 | 壬 |
| 寅 | 酉 | 卯 | 子 |

예2) 초대 대법원장 김병로(1887년 12월 15일 음력)

| 시 | 일 | 월 | 연 |
|---|---|---|---|
| 乙 | 丁 | 癸 | 丁 |
| 巳 | 酉 | 丑 | 亥 |

### 정해(丁亥)

❶ 분석

① 음화(陰火)인 정화(丁火)를 극하는 해수(亥水)가 양화(陽火)이므로 관다신약으로 본다.

② 육친으로는 정화(丁火)를 해수(亥水)가 극하므로 정관에 해당한다.

③ 해(亥)는 역마살에 해당하며, 띠 동물로는 돼지이다.

### ❷ 성격

① 온순하고 착한 성품으로 주위 사람들로부터 많은 사랑과 칭찬을 받는다.

② 감각이나 감수성이 발달하였고, 많은 사람들보다는 적은 사람과의 관계에 치중한다.

③ 예민하고 소심하며, 베풀면서도 실리적인 사람으로 보일 수 있다.

④ 자기를 내세우지 않아도 자연스럽게 자기의 능력을 발휘한다.

예1) 초대 대통령 이승만(1875년 4월 18일 양력)

| 시 | 일 | 월 | 연 |
|---|---|---|---|
| 庚 | 丁 | 己 | 乙 |
| 子 | 亥 | 卯 | 亥 |

예2) 유한양행 창업자 유일한(1895년 2월 9일 양력)

| 시 | 일 | 월 | 연 |
|---|---|---|---|
| 丙 | 丁 | 戊 | 乙 |
| 午 | 亥 | 寅 | 未 |

## 5 무토

### 무자(戊子)

#### ❶ 분석

① 자(子)는 수(水)이므로 찬 기운이 강하다.

② 육친으로는 무토(戊土)가 자수(子水)를 극하므로 정재에 해당한다.

③ 자(子)는 도화살에 해당하며, 띠 동물로는 쥐이다.

### ❷ 성격

① 말과 행동이 우직하고 믿음직스러워서 주위 사람들로부터 신임받는다.

② 은근한 고집과 고집스럽게 밀고 나가는 끈기가 있다.

③ 손해 보는 일은 절대 하지 않으려 하며, 너무 신중한 것이 단점이다.

④ 모든 일에 분명하고 합리적이지만, 돈에 인색하다는 평판을 듣는 편이다.

**무토**

무토(戊土)에는 무자(戊子), 무인(戊寅), 무진(戊辰), 무오(戊午), 무신(戊申), 무술(戊戌)이 있다.

예1) 안중근 의사(1879년 9월 2일 양력)

| 시 | 일 | 월 | 연 |
|---|---|---|---|
| 丙 | 戊 | 壬 | 己 |
| 辰 | 子 | 申 | 卯 |

예2) 서울 시장 이명박(1941년 12월 19일 음력)

| 시 | 일 | 월 | 연 |
|---|---|---|---|
| 乙 | 戊 | 辛 | 辛 |
| 卯 | 子 | 丑 | 巳 |

예3) 프로골퍼 박세리(1977년 9월 28일 양력)

| 시 | 일 | 월 | 연 |
|---|---|---|---|
| 壬 | 戊 | 己 | 丁 |
| 戌 | 子 | 酉 | 巳 |

### 무인(戊寅)

#### ❶ 분석
① 넓은 땅을 의미하는 무(戊)와 인(寅)은 역마살의 기운이 강하다.
② 육친으로는 무토(戊土)를 인목(寅木)이 극하므로 편관에 해당한다.
③ 인(寅)은 역마살에 해당하며, 띠 동물로는 호랑이이다.

#### ❷ 성격
① 자신감이 넘치고 주관이 뚜렷하여 매사에 앞장서서 추진하는 성격이다.
② 신의를 중요하게 여기고, 독립적이다.
③ 감정 조절이 약하고 고집이 세다. 가끔씩 자기 감정을 이기지 못해 상황을 어렵게 만들므로 자제력을 키울 필요가 있다. 그래야 명예와 품위를 지키며 무난히 일을 마칠 수 있다.

예) 한나라당 총재 박근혜(1952년 2월 2일 양력)

| 시 | 일 | 월 | 연 |
|---|---|---|---|
| 庚 | 戊 | 辛 | 辛 |
| 申 | 寅 | 丑 | 卯 |

### 무진(戊辰)

#### ❶ 분석
① 무진(戊辰)은 괴강살에 해당한다.
② 육친으로는 무토(戊土)와 진토(辰土)가 음양과 오행이 같으므로 비견에 해당한다.
③ 진(辰)은 명예살에 해당하며, 띠 동물로는 용이다.

❷ 성격

① 꿈이 크고 통도 크다. 의리와 배짱이 있어서 주변에 사람이 따른다.

② 주어진 일을 꾸준하게 끌고 나가는 끈기가 있으며, 독립적이고 자유를 지향한다.

③ 완벽주의자로서 가까운 사람들에게 잔소리가 심하다.

④ 주어진 일을 완벽하게 해결하는 능력이 있고, 남의 부탁이나 일을 도맡아 처리해준다.

⑤ 재주가 많아 주위 사람들로부터 존경받고 칭찬듣지만, 때로는 구설수에 오르기 쉬우므로 신중하게 행동해야 한다.

예) 전 대통령 권한대행 허정(1896년 4월 3일 음력)

| 시 | 일 | 월 | 연 |
|---|---|---|---|
| 壬 | 戊 | 癸 | 丙 |
| 子 | 辰 | 巳 | 申 |

### 무오(戊午)

❶ 분석

① 무오(戊午)는 양인살에 해당한다.

② 육친으로는 무토(戊土)를 오화(午火)가 생하므로 정인에 해당한다.

③ 오(午)는 도화살에 해당하며, 띠 동물로는 말이다.

❷ 성격

① 어려운 상황에서도 극복해 나가는 배짱과 고집이 있다.

② 독립적이고 자유를 지향하면서도 매우 신중하고 섬세하여 목표를 안정적으로 끌고 나간다.

③ 순간적으로 고집을 부릴 때가 있지만 평소에는 여유로운 성격이다. 때때로 지나치게 꼼꼼한 경

우가 있어서 피곤하다.
④ 자기 일에 매우 신중하며 섬세한 성격이므로 사업에 투신하여 재산을 모으면 크게 성공한다.
⑤ 어려운 상황에서도 쉽게 헤쳐 나갈 수 있는 능력의 소유자로 자신을 돕는 사람이 많으니 원하는 일이 쉽게 해결된다.

예) 초대 국무총리 이범석(1900년 12월 11일 양력)

| 시 | 일 | 월 | 연 |
|---|---|---|---|
| 戊 | 戊 | 戊 | 庚 |
| 午 | 午 | 子 | 子 |

### 무신(戊申)

**❶ 분석**

① 신(申)은 현침살이며 형살이다.
② 육친으로는 무토(戊土)가 신금(申金)을 생하므로 식신에 해당한다.
③ 신(申)은 역마살에 해당하며, 띠 동물로는 원숭이이다.

**❷ 성격**

① 다재다능하고 뛰어난 머리의 소유자로서 전문 직종이나 학문을 하면 좋다.
② 안정적이고 보수적이면서 은근한 고집과 중후함 그리고 우직한 성품을 지니고 있다.
③ 상대를 배려하는 세심함이 있으나, 끈기가 부족하고 배짱이나 돌파력이 약하다.
④ 말을 타고 달리는 장수에 비교되니, 천하를 호령하고 학문으로 명예를 드날리고 이름을 떨친다.

예) 삼성그룹 창업주 이병철(1910년 1월 3일 음력)

| 시 | 일 | 월 | 연 |
|---|---|---|---|
| 壬 | 戊 | 戊 | 庚 |
| 戌 | 申 | 寅 | 戌 |

## 무술(戊戌)

### ❶ 분석

① 무술(戊戌)은 괴강살에 해당한다.

② 육친으로는 무토(戊土)와 술토(戌土)가 음양과 오행이 같으므로 비견에 해당한다.

③ 술(戌)은 명예살에 해당하며, 띠 동물로는 개이다.

### ❷ 성격

① 자존심이 강하고 자유롭고 싶어하며 명예지향적이다. 어려움을 극복해내는 능력이 있다.

② 쓸데없는 의리로 나설 때와 나서지 않을 때를 구분하지 못하고, 몸과 마음이 바쁘다. 공주병 또는 왕자병 기질이 있다.

③ 대인관계가 무난하고 사회생활 또한 원만하다.

④ 일이 많이 생겨 매우 분주하다. 바쁜 생활 속에서도 실속을 챙기니 다행이다.

⑤ 사회생활에 매우 능란하고, 장애물을 잘 헤쳐 나간다.

예) 팝가수 에릭 클랩튼(1945년 3월 30일 양력)

| 시 | 일 | 월 | 연 |
|---|---|---|---|
| 壬 | 戊 | 己 | 乙 |
| 戌 | 戌 | 卯 | 酉 |

## 58년 개띠의 유래

백말띠도 마찬가지이지만, 평범한 것보다는 독특한 것 소위 튀는 것이 사람들의 입에 오르내리게 된다. '58년 개띠' 또한 다른 연도나 띠 동물에 비해 특별한 무엇인가가 있다고 보아야 한다.

1958년생은 무술생(戊戌生)이다. 무술(戊戌)은 둘 다 양토(陽土)이고, 괴강살에 해당한다. 양은 음보다는 적극적이고 활동적인 기질이 있으며, 괴강살 또한 활동적인 성격이다. 또한 무술은 둘 다 토(土)이다. 그런데 토(土)는 고집을 상징한다. 이러한 내용을 종합해보면 무술은 활동적이고 적극적인 성격과 고집 등을 상징한다. 이렇게 남녀 모두 활동적이고 적극적이다 보니 많은 사람들에게 58년 개띠가 눈에 띄게 되었다고 볼 수 있다.

사주명리학적인 설명과 별도로, 1958년생들에게는 여러 가지 특별한 점이 있다. 1953년에 한국전쟁이 끝난 후 아이들이 많이 태어났는데, 이러한 현상은 특히 1958년에 이르러 절정에 다달았다. 그런데 이들 1958년생이 중학교에 들어갈 때에는 입학시험에서 소위 뺑뺑이로 입시제도가 바뀌었고(대도시는 1956년에 바뀜), 이들이 고등학교 본고사를 준비하던 중3 초에 고등학교 입시제도 역시 연합고사를 치르는 것으로 바뀌었다. 또한 이들은 1977년에 역대 가장 높은 경쟁률로 예비고사와 본고사를 치르고 대학에 입학한 세대이다.

이러한 사회적 변화를 겪으면서 이들 58년 개띠들은 그들만의 특징을 갖게 되었다. 즉, 일류 중고등학교가 아닌 평등한 중고등학교에서 학창시절을 보냈기 때문에 자유로움과 평등의식이 강하고, 상대적으로 높은 경쟁률을 뚫고 진학하다 보니 스스로에 대한 자부심과 자신감이 강하며, 자아계발 욕구가 강하다. 이러한 이유로 58년 개띠는 자신들의 앞 세대와 그 이후 세대와 차별점을 갖게 되었다. 그러다 보니 자연스럽게 58년 개띠가 강조된 것이다.

## 6 기토

### 기축(己丑)

**❶ 분석**

① 기축(己丑) 모두 토(土)로 이루어져 있다.

② 육친으로는 기토(己土)와 축토(丑土)가 음양과 오행이 같으므로 비견에 해당한다.

③ 축(丑)은 명예살에 해당하며, 띠 동물로는 소이다.

**❷ 성격**

① 순박하고 착하며, 내성적인 기질이 있다.

② 정을 베풀면서도 자기 통제를 잘 한다.

③ 은근한 고집과 끈기가 있어서 맡겨진 일은 반드시 처리하고자 노력한다.

④ 여러 사람과 어울리는 것을 싫어하여 대인관계가 넓지 못하고, 배짱이 부족하다.

⑤ 말이 별로 없고 수줍음을 많이 타며 조용한 성격이지만, 남다른 고집이 있어서 일단 일이 주어지면 완벽하게 해내고자 하므로 뒤늦게 반드시 성공하는 운세이다.

예1) 영화배우 윤정희(1945년 6월 11일 음력)

| 시 | 일 | 월 | 연 |
|---|---|---|---|
| 戊 | 己 | 癸 | 乙 |
| 辰 | 丑 | 未 | 酉 |

**point**

**기토**

기토(己土)에는 기축(己丑), 기묘(己卯), 기사(己巳), 기미(己未), 기유(己酉), 기해(己亥)가 있다.

예2) 프로골퍼 최경주(1968년 4월 22일 음력)

| 시 | 일 | 월 | 연 |
|---|---|---|---|
| 丁 | 己 | 丁 | 戊 |
| 卯 | 丑 | 巳 | 申 |

## 기묘(己卯)

### ❶ 분석

① 묘(卯)는 천문성에 해당한다.

② 육친으로는 기토(己土)를 묘목(卯木)이 극하므로 편관에 해당한다.

③ 묘(卯)는 도화살에 해당하며, 띠 동물로는 토끼이다.

### ❷ 성격

① 명랑하고 호탕하며 예술, 기술, 연예 계통에 끼가 많다.

② 이상을 추구하는 경향이 많고 끈기가 부족하므로 특히 이성문제에 신중해야 한다.

③ 가족을 사랑하며 평범한 생활을 하고자 한다.

④ 재물과 부귀가 따르며, 아무런 부러움이 없는 인생이 기대되는 좋은 운세를 타고났다.

예) 전 자민련 총재 김종필(1926년 1월 7일 음력)

| 시 | 일 | 월 | 연 |
|---|---|---|---|
| 辛 | 己 | 庚 | 丙 |
| 未 | 卯 | 寅 | 寅 |

## 기사(己巳)

### ❶ 분석
① 기토(己土)는 음이고 이 기토를 생하는 사화(巳火)는 양이므로 인다신약으로 본다.
② 육친으로는 기토(己土)를 사화(巳火)가 생하므로 정인에 해당한다.
③ 사(巳)는 역마살에 해당하며, 띠 동물로는 뱀이다.

### ❷ 성격
① 적극적이고 활동적인 성격이며, 기획력과 아이디어가 탁월하다.
② 감수성이 있고 사물이나 사람을 잘 파악해내지만, 끈기가 부족하다.
③ 자기 주장이 너무 강하고 고집이 세므로 대인관계에 마찰과 충돌이 있을 수 있다.
④ 말수가 적고 조용하며 믿음직스러운 성격이다. 자신감을 갖고 정력적으로 생활해 나간다면 기대 이상의 성과를 얻을 수 있다.

예1) 백범 김구(1876년 7월 11일 음력)

| 시 | 일 | 월 | 연 |
|---|---|---|---|
| 辛 | 己 | 丙 | 丙 |
| 未 | 巳 | 申 | 子 |

예2) 국회의원 정몽준(1951년 10월 27일 음력)

| 시 | 일 | 월 | 연 |
|---|---|---|---|
| 乙 | 己 | 己 | 辛 |
| 丑 | 巳 | 亥 | 卯 |

### 기미(己未)

#### ❶ 분석

① 기미(己未) 모두 토(土)로만 이루어져 있다.

② 육친으로는 기토(己土)와 미토(未土)가 음양과 오행이 같으므로 비견에 해당한다.

③ 미(未)는 명예살에 해당하며, 띠 동물로는 양이다.

#### ❷ 성격

① 정이 많고, 감수성이 발달하고 예민한 성격이며, 머리가 좋다.

② 타인을 배려하느라 하고 싶은 대로 말과 행동을 하지 못하는 소심한 타입이다. 그 결과 손해 보기 쉬우니 강력하게 자기 주장을 할 필요가 있다.

③ 거짓이 없고 순수한 성격으로 오직 진실만을 추구하는 성직자 타입이다.

예) 전 대통령 김영삼(1928년 12월 4일 음력)

| 시 | 일 | 월 | 연 |
|---|---|---|---|
| 甲 | 己 | 乙 | 戊 |
| 戌 | 未 | 丑 | 辰 |

### 기유(己酉)

#### ❶ 분석

① 유(酉)가 형살이다.

② 육친으로는 기토(己土)가 유금(酉金)을 생하므로 식신에 해당한다.

③ 유(酉)는 도화살에 해당하며, 띠 동물로는 닭이다.

❷ 성격

① 섬세하고 감각적이며 감수성이 풍부하고 끼가 넘친다.

② 믿음직스럽고, 말과 행동이 다르지 않으며, 은근한 고집과 끈기가 있다.

③ 융통성과 적극성이 부족한 것이 단점이다.

④ 자기 주관이 강하고 고집이 세어서 항상 자기 중심에서 세상을 바라보는 타입이다.

⑤ 섬세하고 분명한 것을 좋아한다. 아무런 가식이 없어서 사람들로부터 신임받고 사랑받는다.

예) 전 한나라당 총재 이회창(1935년 5월 2일 음력)

| 시 | 일 | 월 | 연 |
|---|---|---|---|
| 乙 | 己 | 辛 | 乙 |
| 丑 | 酉 | 巳 | 亥 |

## 기해(己亥)

❶ 분석

① 기토(己土)는 음이고 극을 당하는 해수(亥水)는 양이므로 재다신약으로 본다.

② 육친으로는 기토(己土)가 해수(亥水)를 극하므로 정재에 해당한다.

③ 해(亥)는 역마살에 해당하며, 띠 동물로는 돼지이다.

❷ 성격

① 활동적이고 열성적이면서 넓은 마음을 가지고 있다.

② 작은 일에도 자상하고 배려할 줄 알며, 예의바르고 은근한 고집과 끈기가 있다.

③ 배짱이 부족하고, 보여주고 싶어하는 기질이 강하여 인간관계에서 손해를 보는 경우가 있다.

④ 성격이 밝고 명랑하여 누구에게나 사랑받는다.

⑤ 허황된 바람을 갖지 않고 작은 일을 소중히 여기며, 남에게 아무런 대가를 바라지 않고 베풀기를 좋아해 항상 주위에 많은 사람이 따른다.

예) 초대 대만 총통 장제스(1887년 9월 21일 음력)

| 시 | 일 | 월 | 연 |
|---|---|---|---|
| 庚 | 己 | 庚 | 丁 |
| 午 | 亥 | 戌 | 亥 |

## 7 경금

**경금**
경금(庚金)에는 경자(庚子), 경인(庚寅), 경진(庚辰), 경오(庚午), 경신(庚申), 경술(庚戌)이 있다.

### 경자(庚子)

#### ❶ 분석

① 금(金)과 수(水)의 차가운 기운으로 이루어져 있다.

② 육친으로는 경금(庚金)이 자수(子水)를 생하므로 상관에 해당한다.

③ 자(子)는 도화살에 해당하며, 띠 동물로는 쥐이다.

#### ❷ 성격

① 뛰어난 재주와 총명한 머리의 소유자로 기획력과 아이디어가 많다.

② 언어능력이 탁월하고 자기 표현을 잘 한다.

③ 자기 생각이 너무 강하기 때문에 구조화된 상황에서는 편하지만, 변화가 심한 경우는 적응하기 어렵다.

④ 뛰어난 재주와 우수한 재능을 가지고 있지만, 자기 주장이 강하고 고집이 세다.

⑤ 재주가 많아서 여러 가지 일을 벌이지만, 막상 제일 중요한 일에는 몰입하지 못하는 편이다.

예1) 북한 국방위원장 김정일(1942년 2월 16일 양력)

| 시 | 일 | 월 | 연 |
|---|---|---|---|
| 丙 | 庚 | 壬 | 壬 |
| 子 | 子 | 寅 | 午 |

예2) 전 미국 국무장관 헨리 키신저(1923년 5월 27일 양력)

| 시 | 일 | 월 | 연 |
|---|---|---|---|
| 丁 | 庚 | 丁 | 癸 |
| 丑 | 子 | 巳 | 亥 |

### 경인(庚寅)

**❶ 분석**

① 서로 대립하는 금(金)과 목(木)으로 이루어져 있다.

② 육친으로는 경금(庚金)이 인목(寅木)을 극하므로 편재에 해당한다.

③ 인(寅)은 역마살에 해당하며, 띠 동물로는 호랑이이다.

**❷ 성격**

① 밝고 명랑하며, 온순하고 온정적이다. 적응력이 뛰어나다.

② 활동적이고 긍정적이며, 생활력과 추진력이 강하다.

③ 대인관계가 원만하지만, 맺고 끊는 것이 약하고 리더로서 힘이 약하다.

④ 정직하고 매사에 확실하기 때문에 상관을 보좌하는 훌륭한 참모가 될 수 있는 직종에 종사하면 성공한다.

예) 소설가 헤밍웨이(1899년 7월 21일 양력)

| 시 | 일 | 월 | 연 |
|---|---|---|---|
| 庚 | 庚 | 辛 | 己 |
| 辰 | 寅 | 未 | 亥 |

### 경진(庚辰)

**❶ 분석**

① 경진(庚辰)은 괴강살에 해당한다.

② 육친으로는 경금(庚金)을 진토(辰土)가 생하므로 편인에 해당한다.

③ 진(辰)은 명예살에 해당하며, 띠 동물로는 용이다.

**❷ 성격**

① 자기 주관이 뚜렷하고, 적극적이며, 배짱이 있다.

② 의리와 명예를 소중히 여기며, 용기 있고 의로운 성격이다.

③ 과도한 고집과 쓸데없이 강한 의리를 내세울 때가 있다.

④ 몸과 마음이 건강하고, 남보다 많이 노력하고 인내하므로 원하는 일을 결국에는 성취한다.

예1) 전 국회의장 이기붕(1896년 12월 20일 음력)

| 시 | 일 | 월 | 연 |
|---|---|---|---|
| 庚 | 庚 | 辛 | 丙 |
| 辰 | 辰 | 丑 | 申 |

예2) 전 자민련 의원 구천서(1950년 2월 28일 음력)

| 시 | 일 | 월 | 연 |
|---|---|---|---|
| 庚 | 庚 | 庚 | 庚 |
| 辰 | 辰 | 辰 | 寅 |

### 경오(庚午)

#### ❶ 분석

① 경(庚)은 금(金)으로 백색이고 오(午)는 말이므로 백말띠이다.

② 육친으로는 경금(庚金)을 오화(午火)가 극하므로 정관에 해당한다.

③ 오(午)는 도화살에 해당하며, 띠 동물로는 말이다.

#### ❷ 성격

① 마음이 넓고 따뜻하며 포용력이 있다.

② 재주가 있고, 감수성이 발달하였으며, 끼가 넘쳐난다.

③ 밖과 안에서 성격과 행동이 각각 다르다. 즉 밖에서는 유연하지만, 안에서는 고집이 매우 세다.

④ 정이 많아 불쌍한 사람을 보고 인심을 베풀기 때문에 여러 사람들에게 존경받는다.

예1) 희극인 고 이주일(1940년 10월 24일 음력)

|  시 | 일 | 월 | 연 |
|---|---|---|---|
| 壬 | 庚 | 丁 | 庚 |
| 午 | 午 | 亥 | 辰 |

예2) 김좌진 장군(1889년 2월 23일 양력)

| 시 | 일 | 월 | 연 |
|---|---|---|---|
| 戊 | 庚 | 丙 | 乙 |
| 寅 | 午 | 寅 | 丑 |

### 경신(庚申)

#### ❶ 분석

① 경신(庚申)은 금(金)으로만 이루어져 있다.

② 육친으로는 경금(庚金)과 신금(申金)이 음양과 오행이 같으므로 비견에 해당한다.

③ 신(申)은 역마살에 해당하며, 띠 동물로는 원숭이이다.

#### ❷ 성격

① 재주가 많고 재능이 있다. 감각이 발달하고 감수성이 풍부해 예체능 분야에 끼가 있다.

② 활동적이고 변화를 추구하는 성격이지만, 자기 주관이 뚜렷하다.

③ 고집이 세고 자기 과시욕이 너무 강하며, 인정받고 칭찬받기를 좋아한다.

④ 예체능 분야의 끼를 살려 예술이나 스포츠 계통, 군인, 경찰이 되면 크게 성공할 운세이다.

⑤ 주위의 말에 쉽게 흔들리지 않고 바른길을 꿋꿋하게 가므로 많은 사람들로부터 존경받는다.

예1) 전 대통령 박정희(1917년 9월 30일 음력)

| 시 | 일 | 월 | 연 |
|---|---|---|---|
| 戊 | 庚 | 辛 | 丁 |
| 寅 | 申 | 亥 | 巳 |

예2) 현대그룹 창업주 정주영(1915년 11월 25일 양력)

| 시 | 일 | 월 | 연 |
|---|---|---|---|
| 丁 | 庚 | 丁 | 乙 |
| 丑 | 申 | 亥 | 卯 |

### 경술(庚戌)

#### ❶ 분석

① 경술(庚戌)은 괴강살에 해당한다.

② 육친으로는 경금(庚金)을 술토(戌土)가 생하므로 편인에 해당한다.

③ 술(戌)은 명예살에 해당하며, 띠 동물로는 개이다.

#### ❷ 성격

① 두뇌 회전이 빠르고 감각이 남다르다.

② 창의력이 강하고 창조정신이 있으며, 큰 일을 쉽게 성사시키는 능력이 있다.

③ 너무 똑똑하여 남을 무시하는 행동을 하며, 고집이 세다.

④ 단정하고 신사적이며, 깔끔한 성격의 소유자이다.

⑤ 비록 겉은 초라하게 보이지만, 매우 섬세하고 치밀한 눈을 가지고 있다.

예) 전 대통령 노태우(1932년 7월 16일 음력)

| 시 | 일 | 월 | 연 |
|---|---|---|---|
| 丙 | 庚 | 戊 | 壬 |
| 戌 | 戌 | 申 | 申 |

## 8 신금

**신금**

신금(辛金)에는 신축(辛丑), 신묘(辛卯), 신사(辛巳), 신미(辛未), 신유(辛酉), 신해(辛亥)가 있다.

### 신축(辛丑)

#### ❶ 분석

① 신축(辛丑)은 차가운 기운이 강하다.

② 육친으로는 신금(辛金)을 축토(丑土)가 생하므로 편인에 해당한다.

③ 축(丑)은 명예살에 해당하며, 띠 동물로는 소이다.

#### ❷ 성격

① 지혜와 지략이 뛰어나며, 기획력과 창의력이 탁월하다.

② 끈기와 은근한 고집이 있으며, 부지런하게 노력하므로 일의 성과가 크다.

③ 융통성과 순간적인 대처능력이 부족하다.

④ 겉으로는 대인관계가 원만하고 사람을 다루는 일에 매우 능숙해 보이지만, 속으로는 그렇지 않다. 이것을 잘 소화하여 발전시킨다면 상당한 발전이 기대된다.

⑤ 요행을 바라지 않고 부지런하게 노력하며 근검절약한다. 보호본능이 강하여 실패는 없지만 남에게 인색한 면이 있고, 일한 만큼 성과를 얻지 못하는 경우가 있다.

예1) 전 국무총리 장면(1899년 8월 26일 음력)

| 시 | 일 | 월 | 연 |
|---|---|---|---|
| 癸 | 辛 | 癸 | 己 |
| 巳 | 丑 | 酉 | 亥 |

예2) 전 국회의원 김두한(1918년 5월 15일 음력)

| 시 | 일 | 월 | 연 |
|---|---|---|---|
| 己 | 辛 | 戊 | 戊 |
| 丑 | 丑 | 午 | 午 |

### 신묘(辛卯)

**❶ 분석**

① 신(辛)은 현침살, 묘(卯)는 천문성에 해당한다.

② 육친으로는 신금(辛金)이 묘목(卯木)을 극하므로 편재에 해당한다.

③ 묘(卯)는 도화살에 해당하며, 띠 동물로는 토끼이다.

**❷ 성격**

① 꼼꼼하고 섬세하며, 알뜰하고 소박하여 평범한 것에 행복을 느낀다.

② 마음이 넓고 부드러우며, 예술과 문학 방면에 재주가 있다.

③ 적극적인 면과 추진력이 약하고, 행동보다는 말이 앞설 수 있다.

④ 미적 감각과 예술적 감각이 뛰어나므로 이 분야의 전문적인 일을 하면 크게 성공하고 명성을 얻을 수 있다.

예1) 영화배우 험프리 보가트(1899년 1월 23일 양력)

| 시 | 일 | 월 | 연 |
|---|---|---|---|
| 乙 | 辛 | 乙 | 戊 |
| 未 | 卯 | 丑 | 戌 |

예2) 전 민자당 대표 박태준(1927년 9월 29일 음력)

| 시 | 일 | 월 | 연 |
|---|---|---|---|
| 戊 | 辛 | 庚 | 丁 |
| 戌 | 卯 | 戌 | 卯 |

### 신사(辛巳)

**❶ 분석**

① 신(辛)은 음이고 신(辛)을 극하는 사(巳)는 양이므로 관다신약으로 본다.
② 육친으로는 신금(辛金)을 사화(巳火)가 극하므로 정관에 해당한다.
③ 사(巳)는 역마살에 해당하며, 띠 동물로는 뱀이다.

**❷ 성격**

① 자기 주관이 뚜렷하고, 자유를 지향하며 독립적이다. 믿음직스럽고 의리가 있으며 예의바르므로 대인관계가 원만하다.
② 행동이 민첩하고 직관력이 탁월해 리더십이 있다.
③ 지기 싫어하고 자기 주장이 강하여 때때로 갈등이 생길 수 있다.
④ 인색하고 차가운 성품으로 매사에 끊고 맺음이 분명하지만, 대인관계에 때때로 충돌을 일으켜

서 오해받는 경우가 생긴다.
⑤ 신의와 믿음이 두터워 쉽게 남의 말에 흔들리지 않고 올바른 길을 가려고 노력한다.

예) 미국 대통령 조지 부시(1946년 7월 6일 양력)

| 시 | 일 | 월 | 연 |
|---|---|---|---|
| 辛 | 辛 | 甲 | 丙 |
| 卯 | 巳 | 午 | 戌 |

## 신미(辛未)

### ❶ 분석
① 신(辛)과 미(未) 모두 현침살이다.
② 육친으로는 신금(辛金)을 미토(未土)가 생하므로 편인에 해당한다.
③ 미(未)는 명예살에 해당하고, 띠 동물로는 양이다.

### ❷ 성격
① 재주가 있고, 획기적인 아이디어를 생각해낸다.
② 이해심이 넓고, 의리를 지키며, 외유내강의 성품으로서 대인관계가 넓다.
③ 신경이 예민하고, 타인에게 신세지기 싫어하며, 자존심이 유난히 강하다.
④ 분석력이 뛰어나고 매사에 세밀하고 정확하지만, 냉정한 면이 있다.

예1) 김수환 추기경(1922년 윤5월 8일 음력 윤달)

| 시 | 일 | 월 | 연 |
|---|---|---|---|
| 壬 | 辛 | 丙 | 壬 |
| 辰 | 未 | 午 | 戌 |

예2) 전 미국 대통령 존 F. 케네디(1917년 5월 29일 양력)

| 시 | 일 | 월 | 연 |
|---|---|---|---|
| 己 | 辛 | 乙 | 丁 |
| 丑 | 未 | 巳 | 巳 |

### 신유(辛酉)

#### ❶ 분석

① 신유(辛酉) 모두 금(金)으로 이루어져 있다.

② 육친으로는 신금(辛金)과 유금(酉金)이 음양과 오행이 같으므로 비견에 해당한다.

③ 유(酉)는 도화살에 해당하며, 띠 동물로는 닭이다.

#### ❷ 성격

① 깔끔하고 냉정하며, 정직하고 지적인 타입이다.

② 자존심이 강하고 의리가 있으며, 명예를 소중히 여긴다.

③ 참을성이 많지만, 신경이 예민하고 고집이 세다.

④ 감각이 발달하여 예술적 자질이 뛰어나며, 감성이 풍부하고, 불의를 보면 참지 못하는 성품이다.

예1) 초대 재무부장관 김도연(1894년 6월 16일 음력)

| 시 | 일 | 월 | 연 |
|---|---|---|---|
| 丙 | 辛 | 辛 | 甲 |
| 申 | 酉 | 未 | 午 |

예2) 영화배우 조디 포스터(1962년 11월 19일 양력)

| 시 | 일 | 월 | 연 |
|---|---|---|---|
| 壬 | 辛 | 辛 | 壬 |
| 辰 | 酉 | 亥 | 寅 |

### 신해(辛亥)

**❶ 분석**

① 신(辛)이 생하는 해수(亥水)가 크므로 상관다신약으로 본다.

② 육친으로는 신금(辛金)이 해수(亥水)를 생하므로 상관에 해당한다.

③ 해(亥)는 역마살에 해당하며, 띠 동물로는 돼지이다.

**❷ 성격**

① 지혜롭고 머리가 총명하며, 한번 보기만 하면 이해하는 능력이 있다.

② 감수성이 발달하고, 언어능력이 탁월하다.

③ 내성적이고 소심하며 생각이 너무 많아서 때때로 냉철한 사람으로 보인다.

④ 착실하게 차근차근 밟아가는 타입으로서 명예와 의리를 중시한다.

⑤ 감성이 예민하여 문학과 예술적 소질이 풍부하다. 그것을 키워 나가는 것이 성공의 지름길이다.

예1) IQ 200의 천재 박철우(1960년 7월 30일 음력)

| 시 | 일 | 월 | 연 |
|---|---|---|---|
| 甲 | 辛 | 乙 | 庚 |
| 午 | 亥 | 酉 | 子 |

예2) 충정공 민영환(1861년 7월 2일 음력)

| 시 | 일 | 월 | 연 |
|---|---|---|---|
| 甲 | 辛 | 丙 | 辛 |
| 午 | 亥 | 申 | 酉 |

## 9 임수

 임자(壬子)

**point**

**임수**

임수(壬水)에는 임자(壬子), 임인(壬寅), 임진(壬辰), 임오(壬午), 임신(壬申), 임술(壬戌)이 있다.

**❶ 분석**

① 임자(壬子)는 양인살에 해당하며, 임(壬)과 자(子) 모두 수(水)이다.

② 육친으로는 오행이 같고 음양이 다르므로 겁재에 해당한다.

③ 자(子)는 도화살에 해당하며, 띠 동물로는 쥐이다.

**❷ 성격**

① 매사에 의욕적이고 진취적이다.

② 재주가 있고 끼가 넘치며 명예를 소중히 한다.

③ 고집이 너무 세어 한번 화가 나면 앞뒤를 가리지 않는다.

④ 속이 깊고 과묵한 성격이지만, 일단 말을 하면 논리정연하고 통솔력이 있다. 포용력이 있고 지구력이 매우 강하다.

⑤ 능력 있고 재주가 많은 사람으로 평가받는다. 기능인이나 전문직에 종사하면 크게 명성을 떨치지만, 한번 화가 나면 격노하기 쉬운 기질 때문에 일을 망칠 수 있으므로 자제해야 한다.

예) 인촌 김성수(1891년 10월 21일 음력)

| 시 | 일 | 월 | 연 |
|---|---|---|---|
| 庚 | 壬 | 己 | 辛 |
| 子 | 子 | 亥 | 卯 |

### 임인(壬寅)

**❶ 분석**

① 인목(寅木)이 자신을 생하는 임수(壬水)에게 기대려는 경향이 강하다.

② 육친으로는 임수(壬水)가 인목(寅木)을 생하므로 식신에 해당한다.

③ 인(寅)은 역마살에 해당하며, 띠 동물로는 호랑이다.

**❷ 성격**

① 원만하면서도 우직하고 과묵한 성격으로 선비나 학자와 같은 중후한 성품이다.

② 머리가 좋고 언변이 있으며 재치가 뛰어나 꾸준히 발전한다.

③ 고집이 세고 우유부단한 성격으로 남에게 의지하려는 경향이 있다.

④ 센스 있고 재치가 있다. 명랑하고 대인관계가 원만하므로 외교 업무에 종사하면 큰 성공을 거둘 수 있다.

⑤ 매사에 능동적이고 박력이 있으며 처세술이 뛰어나지만, 고집이 센 것이 단점이다.

예1) 전 대통령 윤보선(1897년 8월 15일 음력)

| 시 | 일 | 월 | 연 |
|---|---|---|---|
| 癸 | 壬 | 戊 | 丁 |
| 卯 | 寅 | 申 | 酉 |

예2) 흥선대원군 이하응(1820년 12월 20일 음력)

| 시 | 일 | 월 | 연 |
|---|---|---|---|
| 癸 | 壬 | 己 | 庚 |
| 卯 | 寅 | 丑 | 辰 |

### 임진(壬辰)

**❶ 분석**

① 임진(壬辰)은 괴강살에 해당한다.

② 육친으로는 임수(壬水)를 진토(辰土)가 극하므로 편관에 해당한다.

③ 진(辰)은 명예살에 해당하며, 띠 동물로는 용이다.

**❷ 성격**

① 추진력이 있고 자신감 넘치는 타입이다.

② 말솜씨가 뛰어나고 순간적인 대처능력이 있다.

③ 쉽게 흥분하고 급하면서도, 냉정하고 인색하다는 평가를 듣는 편이다.

④ 솔직담백하고 배짱이 있으며, 주관이 뚜렷하여 타인에게 굽히지 않는다.

⑤ 자존심이 강하고 투지가 있다.

예) 세종대왕(1397년 4월 10일 음력)

| 시 | 일 | 월 | 연 |
|---|---|---|---|
| 甲 | 壬 | 乙 | 丁 |
| 辰 | 辰 | 巳 | 丑 |

### 임오(壬午)

**❶ 분석**

① 수(水)와 화(火)가 서로 대립하고 있다.

② 육친으로는 임수(壬水)가 오화(午火)를 극하므로 정재에 해당한다.

③ 오(午)는 도화살에 해당하며, 띠 동물로는 말이다.

**❷ 성격**

① 감수성이 풍부하고 감각이 뛰어나다.

② 부드럽고 온유하면서도 은근한 고집과 끈기가 있어서 한번 정한 목표는 꼭 이루어낸다.

③ 착할 땐 한없이 베풀고 마음이 여려서 남의 말에 쉽게 흔들리는 편이지만, 한번 안 한다 하고 고집을 부리면 죽어도 안 하는 타입이다.

④ 거짓 없으면서도 지혜로운 성품이며, 외교 능력이 뛰어나다.

예) 전 국회의원 고흥문(1921년 8월 15일 음력)

| 시 | 일 | 월 | 연 |
|---|---|---|---|
| 壬 | 壬 | 丁 | 辛 |
| 寅 | 午 | 酉 | 酉 |

### 임신(壬申)

#### ❶ 분석

① 임신(壬申)은 금수(金水)의 차가운 성분으로만 이루어져 있다.

② 육친으로는 임수(壬水)를 신금(申金)이 생하므로 편인에 해당한다.

③ 신(申)은 역마살에 해당하며, 띠 동물로는 원숭이다.

#### ❷ 성격

① 재주가 있고, 다방면에 경험과 지식이 풍부하다.

② 은근한 끈기가 있고, 어려운 일도 대범하게 헤쳐 나가고, 사람들을 설득시키는 능력이 있다. 이 때문에 주위 사람들로부터 너무 설친다는 말을 듣기도 한다.

③ 재주가 너무 많아서 이것 저것 하고자 하는 것이 너무 많을 수 있다.

④ 매사에 적극적이며, 끈기가 있고, 일을 완벽하게 하는 성격이다.

⑤ 대인관계가 매우 능수능란하다.

예) 전 외무장관 정일형(1904년 2월 23일 음력)

| 시 | 일 | 월 | 연 |
|---|---|---|---|
| 丙 | 壬 | 戊 | 甲 |
| 午 | 申 | 辰 | 辰 |

### 임술(壬戌)

**❶ 분석**

① 임술(壬戌)은 괴강살이자 백호대살에 해당한다.

② 육친으로는 임수(壬水)를 술토(戌土)가 극하므로 편관에 해당한다.

③ 술(戌)은 명예살에 해당하며, 띠 동물로는 개이다.

**❷ 성격**

① 타인의 간섭을 싫어하고 자유분방하다. 자존심이 강하고 솔직담백하다.

② 순간적인 대처능력이 있고, 말재주가 뛰어나다.

③ 온화하면서도 대인관계에서 호탕하고 쾌활한 면을 보인다.

④ 감수성이 있고 센스가 풍부하다. 또한 고집이 세며 리더십이 있고 두뇌 회전이 빠르다.

예) 영화배우 찰리 채플린(1889년 4월 16일 양력)

| 시 | 일 | 월 | 연 |
|---|---|---|---|
| 壬 | 壬 | 戊 | 己 |
| 寅 | 戌 | 辰 | 丑 |

## 10 계수

**계수**

계수(癸水)에는 계축(癸丑), 계묘(癸卯), 계사(癸巳), 계미(癸未), 계유(癸酉), 계해(癸亥)가 있다.

### 계축(癸丑)

#### ❶ 분석

① 계축(癸丑)은 백호대살에 해당한다.

② 육친으로는 계수(癸水)를 축토(丑土)가 극하므로 편관에 해당한다.

③ 축(丑)은 명예살에 해당하며, 띠 동물로는 소이다.

#### ❷ 성격

① 은근한 고집과 끈기가 있으며 추진력과 용기가 있다.

② 사람을 가려 사귀는 타입으로 좋은 사람과 싫은 사람의 구분이 명확하다.

③ 믿음직스럽고 조용한 성격으로 남들로부터 칭찬받으며 선량한 사람으로 평가받는다.

④ 남들에게 뒤처지는 것을 싫어하고 끝까지 일을 완벽하게 해낸다.

예) 전 미국 대통령 지미 카터(1924년 10월 1일 양력)

| 시 | 일 | 월 | 연 |
|---|---|---|---|
| 丙 | 癸 | 癸 | 甲 |
| 辰 | 丑 | 酉 | 子 |

### 계묘(癸卯)

#### ❶ 분석

① 계(癸)와 묘(卯)는 모두 도화살에 해당한다.

② 육친으로는 계수(癸水)가 묘목(卯木)을 생하므로 식신에 해당한다.

③ 묘(卯)는 도화살에 해당하며, 띠 동물로는 토끼이다.

## ❷ 성격

① 융통성이 있고 안정적이며 중후한 성격이다.

② 재주가 많고 능력이 있으며 머리가 총명하다.

③ 대인관계는 원만하지만, 완벽한 만남이 적어서 이성문제나 구설수가 따른다.

④ 책임감이 뛰어나고 신의가 있어서 어떠한 일을 맡겨도 완수해낸다. 일을 처리하는 능력이 뛰어나다.

⑤ 재주가 많고 능력 있어서 다방면에서 인정받으며 자기의 재능을 발휘하는 스타일이다. 그러나 다른 사람과 더불어 사는 것을 원칙으로 삼기 때문에 자기 실속만 챙기는 편은 아니다.

예) 팝가수 엘튼 존(1947년 3월 25일 양력)

| 시 | 일 | 월 | 연 |
|---|---|---|---|
| 庚 | 癸 | 癸 | 丁 |
| 申 | 卯 | 卯 | 亥 |

### 계사(癸巳)

## ❶ 분석

① 계(癸)가 극하는 사(巳)가 크므로 재다신약의 의미가 있다.

② 육친으로는 계수(癸水)가 사화(巳火)를 극하므로 정재에 해당한다.

③ 사(巳)는 역마살에 해당하며, 띠 동물로는 뱀이다.

❷ 성격

① 인품이 바르고, 맡겨주고 인정해주면 능력을 발휘한다.

② 인정이 많고 대인관계가 원만하며, 두뇌가 명석하고 외교수완이 있다. 내성적이면서도 강한 추진력이 있다.

③ 타인의 말에 현혹되기 쉬워서 손해를 보는 경우가 많다.

④ 고집이 세고 신경이 예민하다.

⑤ 항상 자기의 원칙을 세워 행동하고, 일단 일을 맡으면 강한 추진력과 활동성으로 일을 처리하여 인정받는다.

예) 화가 파블로 피카소(1881년 10월 25일 양력)

| 시 | 일 | 월 | 연 |
|---|---|---|---|
| 壬 | 癸 | 戊 | 辛 |
| 子 | 巳 | 戌 | 巳 |

### 계미(癸未)

❶ 분석

① 미(未)는 더운 토(土)로서 천간 계(癸)를 극한다.

② 육친으로는 계수(癸水)를 미토(未土)가 극하므로 편관에 해당한다.

③ 미(未)는 명예살에 해당하고, 띠 동물로는 양이다.

❷ 성격

① 대인관계가 원만하여 주변에 사람이 많이 따른다.

② 지기 싫어하는 성격이고, 앞장서서 일을 처리하기 좋아한다.

③ 작은 일에도 고집이 너무 강하고 밀어붙이는 경우가 많다.
④ 성격이 부드럽고 마음이 넓어서 주위 사람들로부터 존경받고, 그들로부터 뜻하지 많은 도움을 받게 된다.
⑤ 재주와 능력이 남보다 뛰어나지는 않지만, 보통의 능력은 지녔기 때문에 소박한 삶을 살아가면서도 돈과 건강 문제로 고민하는 일은 없다.

예1) 한화그룹회장 김승연(1952년 2월 7일 양력)

| 시 | 일 | 월 | 연 |
|---|---|---|---|
| 辛 | 癸 | 壬 | 壬 |
| 酉 | 未 | 寅 | 辰 |

예2) 전 외무부장관 최광수(1935년 2월 4일 음력)

| 시 | 일 | 월 | 연 |
|---|---|---|---|
| 庚 | 癸 | 己 | 乙 |
| 申 | 未 | 卯 | 亥 |

### 계유(癸酉)

**❶ 분석**

① 계유(癸酉)는 차가운 성질이다.
② 육친으로는 계수(癸水)를 유금(酉金)이 생하므로 편인에 해당한다.
③ 유(酉)는 도화살에 해당하며, 띠 동물로는 닭이다.

### ❷ 성격

① 재주가 다양하고 감각이 뛰어나다.

② 소박하고 부지런하다.

③ 자기 재주를 과신하다가 손해를 보거나 이것 저것 벌이기 좋아한다.

④ 예체능과 문학 방면에 재능이 있으므로 그 분야로 진출하면 크게 명성을 얻고 성공할 운이다.

⑤ 겉으로는 화려하게 보이지만, 속으로는 아주 여린 성격이다.

예) 개그우먼 박경림(1978년 12월 8일 음력)

| 시 | 일 | 월 | 연 |
|---|---|---|---|
| 乙 | 癸 | 乙 | 戊 |
| 卯 | 酉 | 丑 | 午 |

## 계해(癸亥)

### ❶ 분석

① 계해(癸亥)는 모두 수(水)이다.

② 육친으로는 계수(癸水)와 해수(亥水)가 오행은 같고 음양은 다르므로 겁재에 해당한다.

③ 해(亥)는 역마살에 해당하고, 띠 동물로는 돼지이다.

### ❷ 성격

① 맑고 깨끗한 용모와 뛰어난 말솜씨를 가졌다.

② 두뇌 회전이 빠르고 판단력이 뛰어나며, 매사에 치밀하고 분명한 것을 좋아한다.

③ 타인에게 보여주는 것을 좋아하다 보니 밖에서 사람으로 인한 문제가 발생할 수 있다.

④ 거짓이 없고 남을 속일 줄 모르는 정직한 성격의 소유자로 주위 사람들로부터 많은 칭찬과 존경

을 받는다.

⑤ 매사에 치밀하고 분명하게 일을 처리하면서도 대인관계에서는 매우 부드럽고 정이 많다.

예1) 일본 천황 아키히토(1933년 12월 23일 양력)

| 시 | 일 | 월 | 연 |
|---|---|---|---|
| 乙 | 癸 | 甲 | 癸 |
| 卯 | 亥 | 子 | 酉 |

예2) 영화배우 엄앵란(1936년 3월 20일 음력)

| 시 | 일 | 월 | 연 |
|---|---|---|---|
| 戊 | 癸 | 壬 | 丙 |
| 午 | 亥 | 辰 | 子 |

**생활 속 역학**

## "백기일(百忌日)"

우리 주위의 많은 사람들이 이사나 결혼 날짜를 잡을 때는 택일을 한다. 택일이란 가정이나 직장에서 크고 작은 여러 가지 일들을 치를 때, 거리끼는 나쁜 날을 취하지 않고 보다 좋은 길한 날을 가려 잡는 것을 말한다.

현대적으로는 어떤 행사를 치를 때 화창하고 좋은 날씨가 우선적인 조건이지만, 택일로 좋은 날을 골라 중요한 행사를 치른다면 당사자는 마음이 편해져서 만족감과 자신감을 얻을 수 있을 것이다. 따라서 무조건 비과학적이라고 매도하기보다는 이러한 것도 있구나 하고 알아두고 필요할 때 참고하면 좋을 것이다.

여기 소개하는 백기일(百忌日)은 각 간지에 해당하는 날마다 피해야 할 일을 말하는데, 천간과 지지로 나누어서 본다. 오래 전 우리 조상들이 생활의 지혜로 활용한 것으로 이해하면 된다.

### ❶ 천간

**甲 갑일** 물건(재물·곡식)을 받거나 내어주지 않는다.

**乙 을일** 씨앗을 뿌리거나 나무를 심지 않는다.

**丙 병일** 부뚜막을 만들거나 수리하지 않는다.

**丁 정일** 머리를 자르거나 다듬지 않는다.

**戊 무일** 논밭이나 토지를 인수하지 않는다.

**己 기일** 서적이나 문서를 훼손하지 않는다.

**庚 경일** 침이나 뜸 치료를 받지 않는다.

**辛 신일** 간장을 담그지 않는다.

**壬 임일** 물을 가두거나 물길을 막지 않는다.

**癸 계일** 송사나 시비를 벌이지 않는다.

❷ 지지

子 자일    길흉을 묻거나 점을 치지 않는다.

寅 인일    복을 빌거나 제사를 지내지 않는다.

辰 진일    울음소리를 내지 않는다.

午 오일    지붕을 덮지 않는다.

申 신일    평상을 설치하지 않는다.

戌 술일    개를 집안에 들이지 않는다.

丑 축일    관례복을 입지 않는다.

卯 묘일    우물이나 구덩이를 파지 않는다.

巳 사일    멀리 가지 않는다.

未 미일    약을 먹지 않는다.

酉 유일    손님을 들이지 않는다.

亥 해일    혼사를 치르지 않는다.

# EXERCISE

## 실전문제

**KEY POINT**

연주와 월주의 작용은 비슷한 정도이고, 일주의 작용이 가장 강하고, 시주의 작용이 가장 약하다.

**1** 다음 중 육십갑자로 운명을 판단할 때 사주팔자의 점수 배열이 올바르게 짝지어진 것은?

① 연주 25점, 월주 25점, 일주 10점, 시주 40점
② 연주 40점, 월주 25점, 일주 25점, 시주 10점
③ 연주 25점, 월주 40점, 일주 25점, 시주 10점
④ 연주 20점, 월주 20점, 일주 50점, 시주 10점
⑤ 연주 25점, 월주 40점, 일주 10점, 시주 40점

원숭이, 편인, 도화살, 화(火)는 예술, 연예, 방송 분야에 끼가 있다.

**2** 다음 중 육십갑자로 보는 운명에서 작용이 비슷하지 않은 것은?

① 원숭이   ② 편인   ③ 도화살
④ 화(火)   ⑤ 역마살

편재, 자(子), 오(午), 도화살은 타인에게 밝고 맑고 명랑한 기질을 보여준다.

**3** 다음 중 육십갑자로 보는 운명에서 작용이 비슷하지 않은 것은?

① 편재   ② 자(子)   ③ 오(午)
④ 도화살   ⑤ 식신

편재의 성격은 도화살의 작용과 비슷하여 밝고, 맑고, 환하고, 명랑하고, 온정이며 대인관계가 좋다.

**4** 다음 중 성격이 밝고 명랑하며 온정적이고, 대인관계가 좋은 사람과 관련된 것은?

① 식신   ② 역마살   ③ 편재
④ 명예살   ⑤ 정인

편재, 도화살, 원숭이, 편인 등은 사람을 상대로 하는 일을 선택하면 좋고, 일정한 끼가 있다.

**5** 다음 중 끼와 관련이 없는 것은?

① 편재   ② 도화살   ③ 원숭이
④ 편인   ⑤ 정관

**6** 다음 중 맡겨주고 인정해주어야 하며, 자신감이 넘치는 것이 아닌 것은?

① 역마살　　② 괴강살　　③ 편관
④ 백호대살　⑤ 명예살

> 괴강살, 백호대살, 양인살, 편관은 자신감이 넘치고 맡겨주고 인정해 주는 직업에 적성이 맞는다.

**7** 다음 중 타인에게 인정받고 싶어하는 기질이 강한 것끼리 묶은 것은?

① 도화살 · 비견　② 역마살 · 비견　③ 도화살 · 편인
④ 편인 · 비견　　⑤ 명예살 · 비견

> 누구나 칭찬받고 인정받고 싶어할 것이다. 특히 도화살과 비견은 타인의 시선에 매우 관심이 많다.

**8** 육십갑자 중 갑진(甲辰)에 대한 설명으로 옳지 않은 것은?

① 갑(甲)도 양이고 진(辰)도 양이므로 양적인 기질이 강하다.
② 갑(甲)이 진(辰)을 극하고 음양이 같으므로 편재에 해당하며, 성격은 부드럽고 밝고 명랑하다.
③ 갑진(甲辰)은 백호대살이므로 배짱이 있고 적극적인 타입이다.
④ 진(辰)은 역마살이므로 활동적이고 움직임이 큰 것이 특징이다.
⑤ 용은 상상 속의 동물이지만 강한 기상을 가지고 있으므로 적극적이고 활동성이 크다.

> 진(辰)은 명예살이다.

**9** 육십갑자 중 정사(丁巳)에 대한 설명으로 옳지 않은 것은?

① 정(丁)과 사(巳) 모두 화(火)이고, 화(火)는 예술적 끼를 의미하므로 예술적 끼가 잠재되어 있다.
② 정(丁)과 사(巳)는 오행은 같고 음양이 다르므로 겁재에 해당하며, 대인관계가 무난하고 안정적이며 자신을 낮추는 겸손한 타입이다.
③ 사(巳)는 뱀에 해당하는데, 뱀은 직선으로만 가고 옆으로 또는 뒤돌아가지 못하는 동물이므로 융통성이 부족하고 고지식하다.
④ 사(巳)는 역마살에 해당하므로 활동성이 있고 움직임이 크다.
⑤ 정사(丁巳)는 백호대살, 괴강살, 양인살에 해당하지 않으므로 비록 화(火) 기운이 강하지만 배짱이 두둑한 편은 아니다.

> 겁재는 대인관계는 무난하지만, 타인에게 인정받고자 하는 기질이 강하다.

# EXERCISE

**KEY POINT**

육십갑자로 운명을 볼 때 가장 작용력이 강한 것은 일주이다.

**10** 다음 사주를 육십갑자로 판단할 때 작용력이 가장 강한 것은?

| 시 | 일 | 월 | 연 |
|---|---|---|---|
| 甲 | 庚 | 己 | 戊 |
| 申 | 寅 | 未 | 申 |

① 연주 무신(戊申)　　② 월주 기미(己未)
③ 일주 경인(庚寅)　　④ 시주 갑신(甲申)
⑤ 연월일시주 모두 작용력이 같다.

호랑이, 말, 개는 고집이 있고 활동성이 있다.

**11** 다음 중 고집이 있고 활동성이 강한 동물로만 짝지어진 것은?

① 인(寅)·오(午)·술(戌)　　② 묘(卯)·미(未)·해(亥)
③ 자(子)·축(丑)·인(寅)　　④ 묘(卯)·진(辰)·사(巳)
⑤ 사(巳)·오(午)·미(未)

원숭이, 도화살, 편인은 모두 끼가 있는 직업이 어울린다.

**12** 다음 중 끼와 관련된 것으로 짝지어진 것은?

① 원숭이·도화살·편인　　② 호랑이·도화살·편인
③ 원숭이·도화살·식신　　④ 원숭이·도화살·정재
⑤ 돼지·도화살·편인

비견과 도화살은 사람들에게 인기를 얻고 살아가면 좋다.

**13** 다음 중 사람을 상대로 하는 것을 짝지은 것은?

① 비견·명예살　　② 식신·역마살　　③ 상관·명예살
④ 비견·역마살　　⑤ 비견·도화살

축(丑), 즉 소는 명예살로서 고집과 명예와 관련이 있다.

**14** 다음 동물 중 예술적 끼와 관련이 없는 것은?

① 자(子)　② 축(丑)　③ 묘(卯)　④ 오(午)　⑤ 신(申)

호랑이, 용, 말, 개는 자유롭고 독립적인 삶에 관심이 깊다.

**15** 다음 중 독립적이고 자유를 지향하는 기질이 강하지 않은 동물은?

① 인(寅)　② 진(辰)　③ 오(午)　④ 술(戌)　⑤ 해(亥)

**16** 육십갑자 중 임자(壬子)에 대한 설명으로 옳지 않은 것은?

① 임자(壬子)는 양인살이므로 지배받기 싫어하는 기질이 있다.
② 양인살이지만 수(水)로만 이루어져 있어서 생각이 깊다.
③ 임(壬)과 자(子)는 둘 다 수(水)이므로 겁재이고, 칭찬받거나 인정받고 싶어한다.
④ 겁재와 도화살이 함께 있으므로 인기가 바탕이 되는 예술, 연예, 방송 등의 분야가 적합하다.
⑤ 임자(壬子)의 자(子)는 쥐로서 약한 동물이니 배짱이 부족하다.

**17** 육십갑자 중 갑술(甲戌)에 대한 설명으로 옳지 않은 것은?

① 갑(甲)과 술(戌)은 모두 양이므로 양의 기질이 강하다.
② 갑(甲)은 술(戌)을 극하고 음양이 같으니 편재에 해당하고, 밝고 명랑하다.
③ 갑(甲)은 건조한 술토(戌土)에 제대로 뿌리 내리지 못하여 윗사람과 상사의 복이 약하다.
④ 술(戌)은 역마살로서 활동적이고 움직임이 크다.
⑤ 술(戌)은 개를 상징하므로 매사에 순종적이고 잘 적응한다.

**18** 다음 육십갑자 중 양적이면서 동적인 기질이 가장 강한 것은?

① 병오(丙午)  ② 임자(壬子)  ③ 을미(乙未)
④ 을묘(乙卯)  ⑤ 계해(癸亥)

**19** 다음 육십갑자 중 음적이면서 정적인 기질이 가장 강한 것은?

① 갑인(甲寅)  ② 정사(丁巳)  ③ 무술(戊戌)
④ 신유(辛酉)  ⑤ 갑신(甲申)

---

**KEY POINT**

띠 동물보다 양인살의 의미가 더 강하기 때문에 임자(壬子)는 배짱과 고집이 있다.

목(木)은 축축한 진(辰)과 축(丑)에는 뿌리를 내릴 수 있지만, 건조한 술(戌)과 미(未)에는 뿌리를 내리기 어렵다. 개는 사람을 가려서 적응한다.

병오(丙午)는 양인살이므로 양적이고, 또한 화(火)에 해당하므로 동적이다.

신유(辛酉)는 음이고 금(金)이므로 음적이면서 정적이다.

**여기 정답!**

1) 4  2) 5  3) 5  4) 3  5) 5
6) 1  7) 1  8) 4  9) 2  10) 3
11) 1  12) 1  13) 5  14) 2  15) 5
16) 5  17) 5  18) 1  19) 4

## 대덕 한마디

## 쓸모없는 사주는 없다

옛날에 아주 유명한 명의가 있었다. 이 사람은 의술이 아주 뛰어나서 신의 경지에 도달했다는 의미로 신의(神醫)라고 불렸다. 그러다 보니 누구든지 의술에 관심이 있는 사람이면 이 사람의 제자가 되기를 원했다. 그러나 막상 와보면 글은 가르치지 않고 일만 시키는 것이었다. 성질이 급한 보통 사람들은 얼마간 버텨보다가 "이거 글러 먹었구먼. 자기가 의술을 통했으면 통했지 제자를 사람 취급도 않다니. 전혀 의술을 알려줄 생각이 없는 거야" 하며 모두 떠나가버렸다.

사실 이 명의를 스승으로 섬기기란 보통 인내심으로는 어려운 일이었다. 그런데 끈질기게 인내하며 버티는 제자가 한 사람 있었다. 이 사람은 스승이 시키는 궂은일을 전혀 마다하지 않고 밤낮을 가리지 않고 묵묵히 해냈다. 제자의 성실함에 만족한 스승이 자신의 비법을 하나 둘씩 열심히 가르쳐주었다.

제자가 스승 곁에 머문 지도 어언 10여 년의 세월이 흘러가고 있었다. 어느 정도 배운 것 같아 제자는 이제 스승 곁을 떠나 독립하고 싶은 마음이 들었고, 고향에 계신 부모님과 가족에 대한 그리움도 사무쳤다. 제자는 큰맘 먹고 스승에게 말했다.

"스승님 이제 제 공부가 얼마나 되는지요? 하산은 언제쯤 하면 될까요?"

스승은 잠시도 지체하지 않고 대답하였다.

"오! 그런가 벌써 10년의 세월이 흘렀구나. 그럼 지금 당장 산에 가서 약초를 살피되 약초가 되지 않는 풀이 있으면 한 가지만 구해오게! 산에 있는 풀 중 약초가 되지 않는 풀 하나만 구해오면 당장 하산하도록 허락하겠네!"

제자는 신바람이 나서 날 듯이 온 산을 뒤졌다. 하지만 아무리 산을 찾아 헤매어도 약이 되는 풀뿐이지 약이 되지 않는 풀은 눈에 띄지 않았다. 밤이 늦도록 찾아 헤맸지만 약이 되지 않는 풀을 찾지 못한 제자는 자신의 공부가 아직도 멀었구나 생각하고 낙심하며 스승에게 돌아왔다.
"스승님 죄송합니다. 온종일 산을 헤매고 다녔지만 넓은 산 어디에도 약이 되지 않는 풀은 찾지 못하였습니다. 아직도 저는 하산할 때가 멀었나 봅니다. 죄송합니다. 고향 생각을 버리고 부족한 공부를 더 열심히 하겠습니다."
이 말을 묵묵히 듣고 있던 스승이 껄껄 웃으면서 말하였다.
"허허허 그랬느냐. 그럼 당장 하산하여라. 세상에 약이 되지 않는 풀은 존재하지 않는다. 세상에 소중하지 않은 풀, 소중하지 않은 나무, 소중하지 않은 인간이 어디 있겠느냐. 그것을 깨달은 너이니 의술을 펼칠 수 있는 자격이 충분하다. 이제 떠나거라."

바로 이것이 사주명리학의 근본 정신이다. 세상에 쓸모없이 태어난 사람은 없다. 다시 말해 어느 누구의 사주팔자라도 장점이 있다는 말이다. 이것을 깨닫게해주는 것이 바로 사주명리학이요 상담이다. 신은 공평해서 누구에게나 반드시 필요한 하나의 장점, 하나의 달란트(talent, 재능)를 준다고 하였다. 이 세상에 쓸모없는 약초가 없듯이 이 세상에 쓸모없는 사주팔자는 없다.

김동완의 사주명리학 강의 Vol.2
사주명리학 완전정복

글쓴이 | 김동완
펴낸이 | 유재영
펴낸곳 | 주식회사 동학사
기  획 | 이화진
편  집 | 나진이
디자인 | 임수미
본문 일러스트 | 김문수

1판 1쇄 | 2005년 12월 15일
1판 20쇄 | 2024년 3월 15일
출판등록 | 1987년 11월 27일 제10-149

주소 | 04083 서울 마포구 토정로 53(합정동)
전화 | 324-6130, 324-6131 · 팩스 | 324-6135
E-메일 | dhsbook@hanmail.net
홈페이지 | www.donghaksa.co.kr
　　　　　www.green-home.co.kr

ⓒ 김동완, 2005

ISBN 89-7190-184-5 03150

• 잘못된 책은 구매처에서 교환하시고, 출판사 교환이 필요할 경우에는
  사유를 적어 도서와 함께 위의 주소로 보내주세요.
• 저자와의 협의에 의해 인지를 생략합니다.